AF233939

ÉDOUARD LOCKROY

AHMED LE BOUCHER

LA SYRIE ET L'ÉGYPTE AU XVIIIᵉ SIÈCLE

PARIS

PAUL OLLENDORFF, ÉDITEUR

28 bis, RUE DE RICHELIEU, 28 bis

1888

AHMED LE BOUCHER

Il a été tiré à part 10 exemplaires sur papier de Hollande numérotés à la presse (1 à 10).

ÉDOUARD LOCKROY

HMED LE BOUCHER

LA SYRIE ET L'ÉGYPTE AU XVIIIe SIÈCLE

PARIS

PAUL OLLENDORFF, ÉDITEUR

28 *bis*, RUE DE RICHELIEU, 28 *bis*

1888

AVANT-PROPOS

Depuis que la civilisation orientale et la civilisation occidentale existent, elles se côtoient sans se pénétrer. Bien que juxtaposées, elles semblent inconnues l'une à l'autre, et les deux races qui habitent les bords de la Méditerranée, l'une au nord, l'autre au midi et à l'est, diffèrent encore plus par les idées, les affirmations religieuses, les conceptions politiques et sociales, que par le langage. Peut-être cette dissemblance profonde a-t-elle sa source dans une organisation cérébrale différente, cause d'une hostilité instinctive et d'un malentendu éternel.

Il n'y a pas de place dans une tête orientale pour les idées européennes; et, de même, notre esprit n'accepte pas facilement les raisonnements, les façons de penser, de voir, d'agir, de comprendre le monde, de pratiquer la vie, des Orientaux. Entre eux et nous s'élève une sorte de barrière intellectuelle infranchissable.

Le contact des deux races est perpétuel et la séparation devient de plus en plus absolue. Rien de ce qui nous passionne ne réussit à émouvoir l'Orient. Ce que nous appelons le « progrès » lui semble une chose inutile, quelquefois dangereuse et le plus souvent ridicule. Il a sous les yeux les merveilles produites par les grandes découvertes du siècle : l'électricité, la vapeur, et il n'en est que médiocrement émerveillé. Le désir de s'assimiler notre civilisation ne lui vient pas comme il est venu à quelques peuples asiatiques : aux Japonais, par exemple. Quant à l'égalité devant la loi, aux droits de l'homme, au *self government,* ces idées ne peuvent germer dans un pays où il y a des croyants, mais où il n'y a pas de citoyens et où il n'y en aura vraisemblablement jamais.

Ces dissemblances se sont hautement manifestées dès l'antiquité, et depuis, pendant les croisades et lors de l'expédition de Bonaparte au Caire; elles éclatent encore aujourd'hui aussi intenses en Algérie, en Tunisie et en Égypte. Les Anglais occuperont peut-être longtemps la vallée du Nil mais sans jamais se mettre d'accord avec ses habitants. La France parviendra sans doute à vivre en paix avec les Maugrabins, mais elle ne s'entendra jamais complètement avec eux. Ce que l'Europe offre à l'Orient est de peu de prix à ses yeux. Il ne comprend pas notre luxe; il ne peut se plier à nos mœurs; notre société organisée et hiérarchisée lui inspire une crainte indicible; nos libertés ne valent pas son indépendance.

Il n'en est pas moins vrai que tout ce qui touche à la Turquie, à l'Asie Mineure et à l'Afrique préoccupe ceux qui ont souci de l'avenir et de la prospérité de notre pays. La France, depuis la conquête de l'Algérie et l'annexion de la Tunisie, est devenue une puissance mahométane et arabe. Elle a envoyé un certain nombre de ses enfants et elle a placé une partie de sa fortune de l'autre côté de la Méditerranée, en pleine terre musulmane. Elle entretient des relations avec la Syrie où, il y a vingt-sept ans, elle envoyait ses soldats; elle trafique avec l'Égypte où, il y a six ans, on massacrait ses colons. Le monde de l'Islam est un peu le sien. Et sa position géographique, l'extension de son commerce, les nécessités de sa politique, ses traditions historiques, la condamnent à vivre avec lui.

Cette nécessité où nous sommes de regarder sans cesse du côté de l'Orient m'a fait penser que quelques pages de l'histoire de la Syrie et de l'Égypte modernes ne seraient pas absolument sans intérêt. Les documents personnels recueillis en voyage, ceux que j'ai trouvés dans les archives des ministères et dans les bibliothèques, m'ont permis d'être aussi exact et minutieux que possible. La Syrie et l'Égypte ont été, à la fin du dernier siècle, gouvernées et ensanglantées par des Turcs, des Arabes, des Druses, des Persans, des Bosniaques, hommes de haute valeur parfois, grands à leur manière et à leur mode, qui, réunis par le hasard, forment un échantillonnage curieux des populations orientales. C'est aussi à cette époque qu'a lieu la première rencontre entre la nouvelle société française, née du grand mouvement de 1789, alors toute pleine d'illusions et d'enthousiasme, et la vieille société musulmane, enfermée dans ses traditions comme un Sarrasin dans sa cuirasse, ignorante, hérissée, sauvage, pleine d'étonnements, croyant à un recommencement des Croisades, mettant le moyen-âge aux prises avec la Révolution française. Bonaparte, qui la frappe imprudemment de son épée, croit la sentir s'écrouler sur sa tête et il se sauve, endolori, et tout étourdi du désastre. « Mon imagination, écrit-il plus tard, est morte devant Saint-Jean-d'Acre. »

Les hommes qui lui disputent la Syrie et l'Égypte, aventuriers comme lui, sont dignes de se mesurer avec lui. Mourad-Bey, Ybrahim-Bey, Dgezzar, déploient souvent une énergie, une constance, une prudence, un courage qui rappellent les beaux moments de l'Islam. Bien que la décadence soit grande autour d'eux, ils réveillent les foules musulmanes endormies et ils réussissent à leur donner encore une apparence formidable. Il semble que le feu d'artifice oriental tire à ce moment ses dernières fusées.

Qui sait, après tout? Les races groupées au fond de la Méditerranée ne sont peut-être pas aussi épuisées et aussi infécondes qu'elles le paraissent aujourd'hui. Après les Mamlouks, nous avons vu Mehemet-Aly; après Mourad-Bey, nous avons vu Osman-Digma. Le défenseur de Plewna a étonné l'Europe militaire, et l'Orient nous réserve sans doute d'autres surprises dans l'avenir.

Son esprit anarchique et religieux le condamnera cependant (au moins cela est probable) à ne plus jouer qu'un rôle secondaire dans l'histoire de l'humanité. La vie s'est retirée de lui. Il a vieilli sans se transformer. Il a dit son dernier mot. Mais il a conservé assez de vitalité et d'énergie pour créer à la civilisation bien des embarras et des résistances. La raison européenne ne triomphera que difficilement, si elle triomphe, de ses idées, de ses habitudes et de ses mœurs. Il restera ce qu'il a été, pendant bien des siècles encore, immuable et impassible, malgré le prodigieux mouvement industriel, commercial, scientifique, économique et philosophique qui s'accomplit à côté de lui.

AHMED LE BOUCHER

L'ÉGYPTE

En 1750, dans un village de Bosnie vivait un jeune chrétien de quinze ans environ, à peu près abandonné des siens, maladif, et qui, pour comble d'infortune, était amoureux de sa belle-sœur. Il essaya de la séduire, et n'y réussissant pas, il la prit de force. Les parents de la jeune femme, après l'avoir longtemps poursuivi, l'allaient tuer quand sa bonne étoile lui fit prendre le chemin de Constantinople : ce fut l'origine de sa grandeur.

Comme tous les Orientaux, ce Bosniaque avait des passions excessives, le goût des aventures et une aveugle confiance dans le hasard. Autant sa raison était faible, autant son imagination était ardente, et, en cela, il ne différait point de ses compatriotes. Les têtes de ces gens-là ressemblent à des montres qui ne sont point encore réglées. Tous les ressorts fonctionnent admirablement; le balancier marche, mais les aiguilles vont tantôt trop lentement, tantôt trop vite : elles ne marquent jamais l'heure vraie.

Le jeune Bosniaque, mendiant son gîte et volant son
pain, atteignit Constantinople. Son imagination naïve
s'était jusqu'alors représenté la grande ville comme
un endroit où tout le monde vivait heureux et devenait riche. De cruelles déceptions l'attendaient. Obligé,
pour manger, de porter des fardeaux sur le port et
d'aider à charger les navires, il vit bientôt, sous la
trique d'un surveillant, tomber ses illusions une à une.
Seule, la misère est déjà terrible mais, quand elle
se complique de bastonnade, elle devient insupportable. Le jeune homme, découragé, s'engagea comme
mousse à bord d'un caboteur. Les horizons monotones de la mer, les querelles qu'il avait avec son
patron, les coups qu'en sa qualité de plus faible il
recevait quotidiennement des matelots, le dégoûtè-
rent vite. Que pouvait-il espérer, d'ailleurs, de cette
humble carrière que la pauvreté lui avait choisie ?
Son navire touchait un soir à la côte d'Asie Mineure :
il déserta. Là, errant de droite et de gauche, mendiant, volant, chassé d'une maison, reçu dans une
autre, dormant le plus souvent à la belle étoile, il vécut plusieurs mois d'une vie problématique et possible seulement en Orient. Le hasard lui donna du
pain.

Malheureusement cette hospitalité qu'offrent aux
vagabonds, les masures, les ruines et les arbres des
grands chemins, a d'insupportables rudesses. Le Bosniaque s'en lassa. Il descendit vers un port de la côte,
s'engagea une seconde fois comme mousse et revint
à Constantinople. Un soir, comme il fumait son chibouque au bord de la mer, un vieux juif vint à passer,
escortant une troupe d'enfants mal vêtus. C'était un
israélite de la ville, enrichi par le commerce des es-

claves et qui allait expédier sa marchandise au Caire.
Le Bosniaque l'arrêta. «Que veux-tu? dit le négociant.
— Me vendre, répondit l'autre. Paye-moi et prends-
moi. La liberté m'a conduit à la misère; peut-être
l'esclavage me réussira. » Le juif se mit à l'examiner
soigneusement et parut satisfait; il ne le paya point
et l'embarqua. Un mois après, à l'entrée de l'hiver,
le Bosniaque, arrivé en Égypte, avait été acheté par
un autre commerçant du pays et il était en route pour
le Caire.

Son nouveau maître, avant de le mettre en vente,
lui fit embrasser l'islamisme et lui donna le nom
d'Ahmed. Il l'exposa ensuite au bazar. Forcé d'abjurer, le jeune esclave, qui n'avait jamais bien connu
sa religion, en adopta sans répugnance une nouvelle
qu'on ne prit pas la peine de lui enseigner. Il changea
subitement de croyance, comme il avait changé de
maître. Les superstitions de son enfance demeurèrent
d'ailleurs intactes. Il mélangea les deux doctrines,
ou plutôt il n'en saisit pas la différence. L'islamisme
des Mamlouks se rapprochant assez du christianisme
des Bosniaques, on était excusable de les confondre.
Quoique différents par la forme, Ahmed les jugea
complètement pareils, quant au fond; Mahomet, et
Jésus lui semblaient deux écrivains qui, ayant à la
fois traité le même sujet, se sont partagé l'approba-
tion des connaisseurs.

Il avait alors de seize à dix-sept ans. C'était un beau
garçon, d'une taille élevée, qui unissait à une grande
force musculaire une grâce toute féminine. Ses traits
étaient réguliers, ses dents blanches, ses cheveux
noirs, son teint rose, et l'expression naïve et un peu
farouche de son regard ajoutait du piquant à sa phy-

sionomie. Toutes ces qualités ne l'empêchèrent pas de demeurer trois mois chez le marchand sans trouver d'acheteur. Au printemps, enfin, sa jeunesse attira les regards d'un homme célèbre alors, oublié aujourd'hui, Aly-Bey, qui en fit l'acquisition moyennant douze cents francs. Quarante-sept ans plus tard, Bonaparte devait dire, en parlant de cet esclave exposé pendant tout un hiver à l'étalage d'un marchand de chair humaine : « Sans lui, j'aurais changé la face du monde ! »

Vingt-quatre ou vingt-cinq mille Mamlouks gouvernaient alors l'Égypte. Cette cavalerie souveraine était composée d'esclaves. Quel que fût leur grade ou leur dignité, qu'ils fussent beys ou simples soldats, tous les Mamlouks sortaient du bazar. Ils formaient une société particulière, unique certainement dans l'histoire, qui différait des autres en ce qu'elle n'avait point de patrie ; que la famille n'y existait pas ; qu'elle ne pratiquait aucun culte bien qu'elle appartînt pour la forme à la religion musulmane ; qu'elle ne connaissait d'autre science que l'équitation et l'escrime de la lance ; qu'elle vivait sans lois, sans règles et sans traditions. Des négociants la recrutaient en Perse, en Moldavie, en Valachie, au Caucase, en Grèce, avec des enfants volés ou achetés, à bas prix, à des parents pauvres. Ces enfants, presque tous d'origine chrétienne, étaient conduits dans les entrepôts d'Alexandrie et du Caire, où des employés les lavaient, les paraient pour la vente et les rendaient mahométans. On avait soin de les choisir bien faits, jolis de figure, fortement constitués, intelligents, propres au double exercice du cheval et du pouvoir. De l'étalage du marchand, ils passaient chez les beys dont ils devenaient les pages, les soldats et quelquefois les héritiers.

Ce singulier genre de vie faisait des Mamlouks des êtres à part. Mahométans par nécessité, ils restaient indifférents à toutes les croyances sans éprouver le besoin de les remplacer par une philosophie quelconque. Élevés loin des leurs, au milieu des soldats, ils ne ressentaient et ils n'inspiraient que des affections de corps de garde. Ils vivaient entre eux, ne se souciant point de l'Égypte qu'ils se contentaient de dévaliser et de violenter.

La révolte était leur situation ordinaire. Ce ramassis d'hommes de toutes les races, réunis par le hasard, étrangers au pays qu'ils habitaient, livrés à toutes leurs fantaisies et avilis dès l'enfance, avait un irrésistible besoin d'indépendance et d'anarchie. Jamais en aucun temps et en aucun pays, même en Pologne, le désordre n'avait été poussé plus loin ni avec plus de furie et d'inconscience. L'Orient, pourtant habitué à des spectacles étranges par de longs siècles de corruption sanguinaire, s'étonnait des mœurs et des violences des Mamlouks. Leur vie était une lutte perpétuelle. Ils s'entr'égorgeaient et s'assassinaient, tantôt pour s'arracher le pouvoir, tantôt pour s'enlever de jeunes esclaves. Les batailles succédaient presque sans trêve aux batailles, les charges de cavalerie aux charges de cavalerie, et, vu de loin, le gouvernement de l'Égypte avait l'aspect d'un carrousel.

Dans l'histoire des Mamlouks, il est souvent question de leurs soldats, des jeunes gens qu'ils achètent sur le marché, des juifs qui gèrent leur fortune : il n'est jamais question de leurs enfants. C'est que, d'ordinaire, ils n'en ont pas. L'aristocratie qui gouvernait la vallée du Nil dédaignait de se reproduire. Elle se renouvelait sans se perpétuer. Si les bazars, qui four-

nissaient aux beys leurs héritiers, avaient été fermés,
la société mamlouke serait morte ; on aurait vu dimi-
nuer et disparaître cette cavalcade omnipotente.

Les grands personnages avaient des harems fournis
de Circassiennes, de Valaques et de Grecques, comme
ils avaient des jardins plantés de fleurs rares, des
écuries dallées de marbre, des pipes à bouquin d'am-
bre et des sabres à poignée d'or. C'était un luxe obliga-
toire. Les femmes ne jouaient au milieu de ce monde
passionné qu'un rôle secondaire. D'habitude en Orient,
elles ne paraissent que rarement sur la scène ; on
ignore leurs noms, mais on devine à chaque instant
leur influence anonyme. Ici, elles ne semblent avoir
ni influence ni autorité. Si par hasard on en aperçoit
une, elle est usée par la solitude et elle donne des con-
sultations politiques. C'est une confidente de tragédie
comme par exemple la vieille esclave de Mourad-Bey,
qui s'aboucha avec Kléber. Dans la vie ordinaire, les
femmes ne comptent ni comme mères, ni comme
filles, ni comme sœurs, ni comme femmes. Elles ser-
vent à meubler des appartements.

L'Égypte, avec ses traditions de soumission passive
et sa torpeur séculaire, se laissait tyranniser par ce
monde-là, mais elle le subissait sans s'y mêler. Elle
était peuplée, comme elle l'est aujourd'hui, de Coptes,
d'Arabes, de Turcs, de juifs, d'Arméniens et de bédouins
du désert, autres cavaliers indépendants qui pillaient
les villages isolés et campaient sur les frontières. Les
Arabes formaient le gros de la population depuis la
conquête. Parmi eux, il y avait quantité de gens riches,
propriétaires urbains ou ruraux. Les Turcs faisaient
du commerce et en faisaient honnêtement ; les Coptes
remplissaient de petites fonctions et fournissaient aux

beys leurs domestiques. El Kahira, « la bien gardée »,
était une ville relativement policée et lettrée. On s'y
occupait encore de littérature, de religion et de gram-
maire. L'Université de la mosquée el Ahzar jetait un
grand éclat : les élèves y abondaient, venus de la Turquie d'Europe, de l'Asie Mineure, de la Syrie, de la
Tunisie et même du Maroc. Ce n'était point un foyer
de fanatisme ardent comme de nos jours. Elle rayonnait sur le monde musulman dont elle conservait les
grandes traditions et qu'elle éclairait de sa lumière.

Avec son université, sa mosquée, sa population la-
borieuse et hétérogène, El Kahira était aussi calme et
aussi tranquille qu'aujourd'hui sous la domination anglaise. Niebuhr affirme qu'on y était plus en sûreté, le
soir, que dans nos capitales d'Europe. Les cadis veil-
laient à la sûreté publique. Les différents quartiers fer-
maient la nuit leurs portes épaisses ; l'ouvrier, le commerçant dormaient paisibles sur leurs nattes de jonc,
tandis qu'on assassinait dans les palais des Mamlouks ;
leurs combats mêmes troublaient à peine le cours de
cette vie uniforme : quand deux partis de cavaliers
s'attaquaient, selon l'usage, sur une de ces petites
places où aboutissent cinq ou six ruelles étroites, les
passants fuyaient, laissant le champ libre aux combattants ; les habitants du quartier barricadaient leurs
portes ; les marchands rentraient en une minute leurs
étalages ; chacun allait attendre plus loin, en fumant
un chibouque, l'issue de la lutte. Aussitôt les derniers
coups portés, la circulation recommençait, les marchands ornaient de nouveau leurs boutiques, et nul,
un quart d'heure après, n'aurait pu se douter que le
destin de l'Égypte venait de se jouer dans ce carrefour.

L'anarchie égyptienne avait cependant commencé

par être un gouvernement, et ce gouvernement, fort
compliqué, était l'œuvre du sultan Sélim qui, en
1517, avait mis fin à la première domination mamlouke.

Le vainqueur avait eu alors à résoudre un problème
assez épineux. L'éloignement de l'Égypte et ses habitudes d'indépendance rendaient difficile une nouvelle
organisation politique et administrative. Accorder le
pouvoir aux Mamlouks, dont on avait fait pendre le
chef Thouman-Bey à un arbre, c'était reconstituer la
puissance qu'on venait de détruire; le donner à un
pacha, c'était mettre à la tête du pays un souverain indépendant et bientôt rebelle. Il fallait donc quelque
chose de nouveau, de mixte et qui sortît de l'ordinaire.
Selim avait les traditions de la politique turque. Il régnait sur ses sujets en les divisant et en excitant les
haines qu'ils se portaient les uns aux autres. Il pensa
régner de la même façon sur l'Égypte. Mais comme
là, par un hasard singulier, les populations n'étaient
point désunies et ne demandaient qu'à vivre en paix,
il s'appliqua à créer des rivalités irréconciliables et
à concentrer dans le pays tous les éléments d'une
guerre civile. Les sultans ne savent pas régner directement et simplement. Il leur faut les complications
perpétuelles de la révolte et de l'anarchie. C'est pourquoi, peut-être, la Constitution de Selim passa pour
une des plus belles imaginations de ce temps-là. Et la
vérité est qu'elle supporta, sans crouler, la poussée
de deux siècles.

Les Mamlouks, vaincus, étaient les ennemis de la
Porte. Selim conserva précieusement les Mamlouks.
Il divisa le pays en vingt-quatre districts, qu'il donna
à commander à vingt-quatre de leurs beys. Ces beys

furent appelés cachefs, et ils eurent un pouvoir purement civil. De guerriers qu'ils étaient, ils devinrent
fonctionnaires et administrateurs. Pour balancer leur
influence, Selim créa sept corps militaires, dont les
plus célèbres furent les janissaires et les azabs, et des
kiayas ou colonels de ces corps militaires il composa
un conseil ou divan. Ce divan eut pour mission de veiller à la sécurité intérieure et extérieure du pays, d'obliger le peuple à l'impôt et de contenir les beys. Deux
autorités rivales n'étaient point suffisantes, et Selim
installa au Caire un pacha qui devait, à la fois, faire
exécuter les ordres de la Porte, intimider les beys et
espionner le divan. Mais comme Selim craignait que
ce pacha devînt un personnage trop puissant, soit en
achetant ses rivaux, soit en s'alliant aux beys contre
les chefs militaires, soit en s'alliant aux chefs militaires contre les beys, il donna au divan le pouvoir de
le déposer, et de le renvoyer à Stamboul. Cette cérémonie de la déchéance était simple. Aussitôt que le
divan avait prononcé, un homme vêtu d'un « habaye »
noir se présentait chez le pacha. Il entrait, s'inclinait
et soulevait un coin du tapis en disant : « Descends,
pacha. » Le pacha se hâtait de descendre de son sopha
d'abord, de son château ensuite, et il allait attendre
seul, dans un village à quelques lieues du Caire, un
bateau qui voulût bien se charger de lui.

Malgré quelques querelles, quelques désordres et
quelques guerres, l'Égypte s'accommoda deux cents
ans de ce régime, et vécut dans une tranquillité rela-
tive. Les pachas étaient impuissants, les beys mé-
prisés, les kiayas pauvres, et c'est ce qui sauvait la
situation.

Une loi fort sage interdisait à ces kiayas de rien pos-

séder personnellement dans le pays. C'étaient seulement les corps militaires qu'ils commandaient qui
avaient des propriétés et une caisse. Enfin, vers 1750,
un certain Ybrahim, kiaya des janissaires, et un certain Rodoan, kiaya des azabs, obtinrent de la Porte, à
force d'argent, l'abrogation de la loi. Ce changement
eut pour contre-coup de rendre l'autorité aux Mamlouks. Ceux-ci, en qualité de chefs de districts, répar-
tissaient l'impôt. Les kiayas, devenus propriétaires,
eurent intérêt à les ménager pour éviter les vexa-
tions. Et comme ces kiayas employèrent dès lors à
acheter des terres l'argent qu'ils étaient obligés autrefois d'employer à solder leurs troupes, les corps
militaires se fondirent ou se désagrégèrent, et les
Mamlouks, seuls organisés, redevinrent maîtres de
l'Égypte. La constitution de Selim sombra dans une
opération financière.

Le kiaya Ybrahim s'empara du pouvoir qu'il céda à
sa mort, arrivée en 1755, à Rodoan. Rodoan, n'ayant
plus ni azabs ni janissaires pour le défendre, fut
chassé. Alors recommença la domination mamlouke.
Les beys se ruèrent les uns contre les autres. Dans la
mêlée un jeune homme se fit remarquer. C'était un
chrétien d'origine, grec schismatique de Géorgie, né
à Abassa. Ybrahim-Kiaya l'avait reçu en présent des
frères Youssef et Isaac Ebrec, fermiers de la douane
et marchands d'esclaves : il se nommait Aly-Bey.

Les maîtres de l'Égypte étaient divisés en deux
factions ennemies. L'une était composée des Mamlouks de la « maison » d'Ybrahim. Huit cachefs sur
les vingt-quatre avaient été ses esclaves. L'autre faction était formée des Mamlouks qui voulaient balancer l'influence de ceux-là. Ils aidaient à relever

l'autorité abattue de la Porte. A la tête des premiers étaient Osman-Bey et Aly-Bey, qu'on avait surnommé le Grand pour le distinguer d'un autre Aly-Bey, dit le Petit, personnage fougueux, tapageur et sans capacités. La seconde faction avait pour chefs Usseïn-Bey, Abd-el-Rhamam kiaya, et le pacha Aly-Hakim-Oglou. Les ennemis de la « maison » d'Ybrahim l'emportèrent d'abord, bien qu'Usseïn fût un brouillon et Abd-el-Rhamam un endormi. Quant au pacha, il passait sa vie, enfermé dans le château, à discuter avec les gens de loi ou à écouter les astrologues. Les astrologues jouaient alors un grand rôle dans l'État. On accordait une confiance entière aux gens qui prétendaient lire quelque chose là-haut, dans le livre où tout est écrit.

A la mort d'Ybrahim, Aly était déjà un personnage. Son maître l'avait envoyé comme cachef dans la Haute-Égypte. Il était revenu au Caire pour se mêler aux guerres civiles. Abd-el-Rhamam, revenu lui-même d'exil, Usseïn, devenu conducteur de la caravane, et le Defterdar Khalil-Bey, parvinrent à le faire exiler. Il partit, rentra, se sauva encore, et le résultat de ces exils et de ces retours fut, à la fin, la mort d'Usseïn, massacré dans sa propre maison, la mort de trois autres beys et la domination d'Aly-Bey sur toute l'Égypte.

Dans un de ses exils, Aly, retiré à Gaza, avait fait connaissance de Dahers-Omar, Arabe de Safed, devenu cheik d'Acre, vieillard révolté depuis plus de soixante-dix ans contre la Porte, espèce de patriarche batailleur, toujours en guerre, tantôt contre les Turcs, tantôt contre ses huit enfants, qu'il aimait beaucoup. Il protégeait Aly-Bey parce qu'il était l'élève et l'ami d'Ybrahim-Kjaya, rebelle comme lui. Souvent, il lui avait écrit : « Venez me demander asile, si jamais vous êtes malheureux. » Aly se réfugia deux fois chez lui : la première au début de sa carrière, la seconde quelque temps avant sa mort. L'hospitalité de Dahers ne lui a jamais manqué.

Aly-Bey acheta des partisans. Au lieu de combattre ses adversaires, il les paya, et cette dépense lui assura la victoire. Les beys se soumirent tout de suite; le pacha du Caire, représentant de la Porte, fut chassé; Aly régna. C'était un homme fougueux, ardent, énergique, passionné, à grandes vues, qui portait sans instruction, sans religion et sans philosophie, le poids très lourd d'une intelligence supérieure. Il rêvait de conquérir la Syrie, l'Asie Mineure et Stamboul, d'en finir avec le Turc dont il aurait partagé les dépouilles avec la grande Catherine, de créer à son profit un nouvel empire d'Orient; de percer l'isthme de Suez; d'ouvrir au commerce de l'Inde la route directe de la mer Rouge. Toutes les vastes conceptions qui successivement traversèrent l'esprit de Bonaparte, de Mehemet-Aly et de M. de Lesseps l'obsédaient. Mais les gens de son entourage ne le comprenaient pas, et se trouvaient incapables de le seconder. Dominé par un favori qui sortait de son corps de garde, exploité par les juifs, trompé par son astrologue, trahi par ses officiers, il ne pouvait ni réaliser ses projets ni venir à bout de ses entreprises. L'ignorance profonde où il était de tout ce qui touche à la politique, à l'administration et aux affaires paralysait son génie. Il avait tout d'un grand homme, et les moyens de devenir un grand homme lui manquaient.

Aly-Bey habitait une petite maison sur la place de

l'Esbekié, non loin de la « contrée » des Francs :
sorte de Ghetto, où les négociants européens étaient
enfermés et où ils risquèrent d'être pillés et assassinés, jusqu'au jour où ils obtinrent d'Abd-el-Rhamam, puissant alors, la permission d'acheter une
porte cochère en chêne, doublée de fer. L'entourage
intime du bey était peu nombreux. Il se composait
d'Elie, médecin juif, d'Ybrahim Serbin et de Joseph
Merced, autres juifs, d'Antoun Francis, Levantin d'o-
rigine italienne, de Mohammed Abou-Dahab, favori
acheté au bazar, d'un astrologue copte nommé Risck,
de M. Rosetti, négociant vénitien, et enfin du jeune
Ahmed, le Bosniaque.

De tous ces gens, trois seulement méritent qu'on
en parle : Ahmed, Risck, Abou-Dahab. M. Rosetti, qui,
dit-on, soufflait à Aly ses projets sur le commerce
des Indes, est toujours resté dans la pénombre. C'est
un personnage muet. Abou-Dahab, au contraire, oc-
cupe toujours le premier plan. Aly en a fait son général. Il l'envoie tantôt à Damas, tantôt dans le Saïd,
contre Hamman-Bey ; tantôt à la Mecque, qu'il prend
d'assaut.

Abou-Dahab était jeune, beau, violent et borné. Peu
à peu, grâce à l'étrange affection qu'il avait inspirée à
son maître, il s'était emparé de l'administration et de
la direction des affaires, comme du commandement
des armées. Le chef des Mamlouks, qui se croyait
aimé de lui, ne prévoyait pas l'avenir : un jour Abou-
Dahab devait le tuer.

Risck n'avait que peu de relations avec les jeunes
beys ; c'était une figure originale. Sobre, avare, fidèle,
politique rusé, diplomate habile, cet astrologue avait
cependant un défaut capital : il croyait à l'astrologie.

Avant de tromper les autres, il se trompait lui-même. Il épelait de bonne foi, dans le ciel, les secrets de l'avenir, et Aly n'ordonnait pas une expédition sans le consulter.

Quant à Ahmed, il était taillé sur le même modèle que les autres Mamlouks.

Exilé autrefois avec son maître, il s'était battu à ses côtés pendant les troubles, mais obscurément, mêlé à la foule, sans pouvoir, malgré ses efforts, reconquérir la faveur que sa jeunesse lui avait d'abord méritée. On croit l'apercevoir une fois seulement, près de Damiette, livrant un combat où il commande en chef, et rapportant ensuite au Caire la tête d'un bey révolté.

Les années passaient, cependant, et de plus en plus le chemin des honneurs se fermait pour lui. Il se raidissait contre l'injustice de la destinée et le côté sauvage de sa nature reprenait le dessus. Ce n'était plus alors l'enfant aventureux, ardent, et pourtant docile qu'on exposait au marché du Caire. Il était devenu un courtisan farouche, quoique jovial, ivrogne, ambitieux, et surtout jaloux de la fortune des autres.

Une passion violente domine toute la jeunesse d'Ahmed : la jalousie terrible que lui inspirait la fortune et la faveur d'Abou-Dahab. Cette jalousie s'aiguisait au frottement de la vie commune. Les deux Mamlouks se rencontraient tous les jours chez Aly. Chaque jour aussi, Ahmed sentait mieux la supériorité de son intelligence et l'infériorité de sa situation. Abou-Dahab disposait de l'Égypte. Il avait l'aveugle confiance du maître. Ahmed, qui se sentait l'esprit plus ouvert, restait au second plan. On ne le consultait point dans les occasions graves; on ne lui donnait point d'armée à conduire. Il n'avait que les bribes des confidences.

qu'on faisait à un autre. La sultane dédaignée ressent moins de dépit qu'il n'en éprouvait. Aucune occasion ne lui apparaissait de se faire remarquer et d'atteindre le pouvoir qu'il ambitionnait.

Le moment était bon, cependant, pour les aventuriers et les soldats de fortune. La Porte et la Russie allaient se heurter. L'Orient s'agitait déjà. On pouvait pressentir l'approche d'une période sanglante où il serait facile de pêcher de grandes positions dans l'eau trouble des guerres étrangères et des guerres civiles. Ahmed se désespérait de n'être point désigné pour remplir un rôle important. Il aurait souhaité être connu du peuple et tiré hors de pair. Sa mauvaise étoile voulait qu'on le laissât dans l'ombre. A la fin, une inspiration lui vint : il se fit bourreau.

Le métier de bourreau n'était point discrédité comme en Europe. Il ne s'exerçait pas non plus de la même façon. Les exécutions n'avaient rien de légal ni de solennel. Sur un ordre du maître, on allait attendre le condamné au coin d'un carrefour ou dans la campagne. On tombait sur lui à l'improviste. On l'égorgeait. Si des serviteurs ou des soldats l'accompagnaient, il fallait dresser une embuscade et livrer bataille. Quelquefois on tuait à domicile. La besogne était pleine de variété et d'émotions.

Ahmed s'acquit vite une réputation. Il avait le dilettantisme de l'assassinat. Il se complaisait dans le sang qu'il savait verser en artiste. Ses exploits le firent craindre et en même temps respecter. On devina en lui une de ces forces que rien n'arrête; et peut-être par horreur, peut-être aussi par admiration, le peuple lui donna le surnom de Dgezzar : « le boucher ». L'histoire le lui a infligé en le conservant.

Dgezzar avait acquis ainsi le titre de bey. Cependant Abou-Dahab le primait encore. Aly, qui crut un jour le moment venu de mettre à exécution un des grands projets qu'il caressait depuis longtemps, porta tout à coup à son comble la gloire et la fortune de ce dernier.

C'était au mois de janvier 1771. La guerre entre la Turquie et la grande Catherine durait depuis un an déjà. La Turquie, que l'Europe croyait forte encore, montrait son incurable faiblesse. Le sultan, enfermé dans son sérail, laissait gouverner ses vizirs, ses femmes et ses valets. Les Russes s'emparaient de la Crimée, ils pressaient les Turcs sur le Danube. Un Français, M. le baron de Tott, employé par la Porte, essayait en vain d'armer les châteaux des Dardanelles, d'organiser l'artillerie et de mettre de l'ordre dans les affaires. Ses instructions n'étaient pas suivies. On livrait aux Russes les canons qu'il avait fondus. Notre ambassadeur, M. le chevalier de Saint-Priest, homme d'une grande énergie, condamné à l'inaction par le ministère, se désolait.

La France souhaitait la continuation de la guerre et la victoire des Turcs, qu'elle n'osait soutenir cependant dans la crainte d'une intervention anglaise. Elle prêtait des navires, en sous-main, qui d'ailleurs ne servaient pas. Le reste de la flotte ottomane (une partie avait été brûlée) se cachait dans le Bosphore. Le capitan avait ordre de ne pas sortir et c'était une des préoccupations des vizirs de l'empêcher d'aller se battre. La chose lui aurait, du reste, été difficile : ses matelots s'en étaient allés chacun chez soi. Il habitait seul son vaisseau amiral transformé en ermitage. Les soldats ne se conduisaient pas mieux que les marins. Ils abandonnaient leurs pachas à la première alerte. Si la cavalerie ottomane était supérieure à celle des Moscovites, en revanche, les fantassins ne voulaient ni se plier à la discipline, ni combattre en rang. La plupart des janissaires de Stamboul refusaient d'aller à la guer Ils se querellaient entre eux dans les rues, et ne tuaient que les passants. Cependant la Syrie était soulevée presque tout entière.

Dahers s'était étendu vers le nord-ouest et avait cessé de payer le Miry. Le comte Orlow menaçait toutes les côtes et interrompait le commerce de l'Orient, avec ses quatre escadres. Il avait établi dans les îles de l'Archipel grec des gouvernements indépendants. Ses corsaires faisaient la course, et coulaient amis et ennemis. Leurs capitaines allaient bombarder les villes du littoral moyennant finances, et louaient les forces maritimes russes à qui avait assez d'argent pour les payer. La lutte entre les deux empires prenait de plus en plus le caractère d'un immense brigandage. Et ce qui sauvait la Turquie démoralisée, désorganisée et démembrée, c'était seulement la barbarie encore inintelligente de ses adversaires.

Aly-Bey se trouvait bien en point pour profiter du désordre. Il n'avait pas de rival à craindre. L'Égypte entière lui obéissait. Depuis longtemps il battait monnaie et mettait en circulation des piastres qui devaient perdre la moitié de leur valeur après sa mort. Les impôts lui rapportaient des sommes considérables et il infligeait encore de lourdes avanies aux négociants européens.

Des Maronites, Grecs et Arméniens, il tirait deux cent mille piastres, autant des Coptes et autant des musulmans. Les religions étaient taxées avec une complète égalité, témoignage d'une indifférence absolue. Il faut ajouter à ces revenus le produit des douanes qu'on avait affermées aux juifs. De telles ressources suffisaient pour mettre sur pied une armée redoutable. Aly, il est vrai, ne pouvait plus compter sur les services des anciens corps militaires : il avait travaillé lui-même à les détruire. A peine restait-il alors des janissaires, mais les soldats étaient mal armés et ne formaient guère qu'une bande plus dangereuse pour les indigènes attardés que pour l'ennemi. L'Odjeak, composé des Odobachis ou officiers, existait encore, mais il était chargé de la surveillance des fermiers juifs de la douane : on ne pouvait songer à lui donner de l'autorité sur des troupes. La force militaire de l'Égypte consistait seulement dans sa cavalerie mamlouke. C'est aussi sur elle que comptait Aly pour lui conquérir un empire.

Le plan d'Aly-Bey, qui plus tard devint celui de Bonaparte, consistait à marcher de Saint-Jean-d'Acre sur Damas; de remonter ensuite jusqu'à l'Asie Mineure et à Stamboul. En Syrie, il trouvait un allié naturel : le vieux Dahers qui l'avait recueilli dans son exil. Il songea à s'en adjoindre un autre, moins sûr à la vérité, mais peut-être plus redoutable : le commandant des escadres russes, favori, amiral et amant supplémentaire de la grande Catherine.

Orlow accepta avec empressement l'alliance d'Aly. Il lui promit la collaboration de ses navires. Dahers leva une armée et les Mamlouks se mirent aussitôt en campagne.

A ce moment, Dgezzar disparaît de la scène. On ne sait ce qu'il devient. Reste-t-il au Caire? Part-il avec l'armée? Les correspondances consulaires ne parlent plus de lui. Quelques voyageurs le disent en Syrie, mais sans preuves. Toute l'attention se porte sur Abou-Dahab à qui Aly a donné le commandement en chef de ses troupes. C'est lui qui est encore chargé de jouer le premier rôle et qui va remplir l'Orient du bruit de son nom.

Cette expédition de Syrie est un des épisodes les plus étranges de l'histoire des Mamlouks.

Aly commença par lancer un manifeste, qui semble avoir servi de modèle à tous les manifestes que Bonaparte, maître à son tour de l'Égypte, lança plus tard. Aly déclarait qu'il ne voulait point faire la guerre au Grand Seigneur mais seulement à Osman, pacha de Damas, comme Bonaparte devait déclarer que s'il envahissait la Syrie ce n'était point pour attaquer le Sultan mais seulement le pacha d'Acre. Le manifeste fit grand bruit et fut jugé très habile. Cependant il ne trompa personne, ce qui est le sort ordinaire des manifestes. La Porte considéra Aly comme un rebelle et elle manda à tous ses pachas d'Asie Mineure d'avoir à lever des troupes et à secourir Osman.

L'avant-garde des Mamlouks occupa Gaza sans coup férir et opéra sa jonction avec Dahers. C'était le moment où la grande caravane revient de la Mecque, conduite par le pacha de Damas. Il était facile de mettre la main sur lui et de se saisir de l'étendard du Prophète, mais le pacha de Tripoli, fils d'Osman, alla avec le Girdhé ou armée de secours au-devant de son père, et l'avant-garde mamlouke non plus que Dahers n'osèrent bouger.

Abou-Dahab arriva bientôt avec une armée qui comptait quarante mille hommes, dont sept ou huit mille combattants. C'était, comme toutes les armées orientales, un rassemblement de goujats, de valets, de marchands, etc. Il ne manquait que les soldats. En tout Abou-Dahab avait quinze cents mercenaires barbaresques pour infanterie. La cavalerie se composait de cinq ou six mille Mamlouks. Le reste suivait, sans intention de se mêler aux batailles. On avait aussi des canons, transportés à grands frais. Mais Abou-Dahab trouvait que l'artillerie était gênante en campagne. Il abandonna une partie de la sienne, dès le début. L'artillerie paraissait un luxe à peu près inutile aux généraux de l'Orient. Ils avaient des canons comme les guerriers chinois ont des masques, plutôt pour effrayer l'ennemi que pour lui faire du mal.

Le premier exploit des Mamlouks fut la prise du château de Mezerib, vieille ruine où l'on entrait à cheval et où se trouvaient quelques approvisionnements. Puis on se mit en route vers Naplouse. On saccagea, en passant, un village. On décapita les hommes, et, après avoir dépouillé les femmes, on les renvoya toutes nues.

L'armée mamlouke s'était augmentée de l'armée de Dahers. Dahers avait avec lui quinze cents Arabes de Saphed, sa patrie, et des cavaliers mothualis commandés par Nassif, espèce de seigneur féodal dont le château se trouvait à quelques lieues à l'est de Sour, l'ancienne Tyr. Enfin, à la tête des huit enfants du vieux cheik et de leurs hommes, marchait Aly-Daher, l'aîné, que la Syrie tout entière regardait comme un héros.

Les pachas étaient résolus à attendre l'ennemi aux environs de Damas. Ils étaient quatre ou cinq : le pacha de Killis; le pacha d'Alep; le pacha de Tripoli, etc. Il leur manquait le général en chef : le

Sérasquier, Néhuman-Pacha, qui était resté dans le nord tranquillement, à faire ses préparatifs. Osman, le pacha de Damas, prit à sa place le commandement.

Cet Osman, Persan d'origine, était un type assez curieux. Son père l'avait vendu, tout enfant, à un marchand d'esclaves de Stamboul et celui-ci l'avait revendu à Chaad-Pacha, pacha de Damas. Osman, qui s'était fait aimer de son propriétaire, recueillit sa succession. Il eut deux fils. Pour son aîné il obtint le pachalik de Tripoli, et le pachalik de Seyda pour le plus jeune. Quant à lui, il conserva toujours Damas malgré les vizirs, le Sultan, la Sublime Porte, qui le destituèrent un nombre incalculable de fois mais sans réussir à lui faire abandonner la place. Privé de tous ses titres, il continua à gouverner, à commander les armées et à servir le Grand Seigneur malgré lui. C'était d'ailleurs un diplomate très habile. Comme général, il était malheureux. Sa vie se passa à se battre toujours et à être toujours battu.

Les deux armées se rencontrèrent près de Damas. On raconte diversement la bataille. La vérité semble être que les pachas se présentèrent successivement devant l'ennemi. Successivement aussi leurs troupes se dispersèrent, taillées en pièces par Aly-Daher et le bey Aly-Tantaouy qui se distinguèrent dans la mêlée. Le soir, les pachas de Killis et d'Alep déclarèrent à Osman qu'ils en avaient assez et qu'ils retournaient chez eux. Osman lui-même fut obligé de décamper escorté de vingt-cinq hommes. Ayoub-Bey prit aussitôt possession de la ville et Abou-Dahab y fit son entrée triomphale le 5 juin.

Quelques Maugrabins au service des Turcs s'étaient réfugiés dans un vieux château protégé par des fossés

d'eau croupie. On ne put jamais les en déloger. De là
ils tiraient des coups de fusil sur l'armée d'Abou-
Dahab.

. Alors se passa un fait inouï. L'armée était maîtresse
de la ville; elle avait dispersé les forces des pachas;
rien ne semblait devoir l'arrêter dans sa marche en
avant, quand, tout à coup, un matin à l'aube, Damas
fut réveillé par une déroute effroyable : les Mamlouks fuyaient au grand galop, à travers les rues et
les bazars, sabrant leurs infanterie maugrabine, poussant devant eux les chameaux qui beuglaient de
frayeur, déchargeant leurs armes sur les maisons,
au milieu d'un nuage de fumée et de poussière qui
remplissait la ville assourdie par les roulements de
tambour, les sonneries de trompettes, le crépitement
des armes à feu, les cris des femmes écrasées, les
hurlements des goujats. L'ordre de la retraite avait été
donné par Abou-Dahab, mais si inopinément que chacun pris de panique croyait à une catastrophe. Aly-
Dahers, furieux et qui se voyait abandonné, essaya
d'arrêter cette cavalerie affolée. On lui passa sur le
ventre. Damas se vida d'Égyptiens en une heure.
A franc étrier et presque sans reprendre haleine, les
Mamlouks retraversèrent la Syrie et le désert. En
Syrie ils abandonnèrent leurs canons; dans le désert,
ils laissèrent leurs bagages. Cette course fut si rapide
qu'on ne connut le désastre, au Caire, que trois heures
avant le retour de l'armée.

Aly-Dahers, abandonné, se retira de son côté vers
le pont d'Yacoub avec les Mothualis et les Saphédiens.

Que s'était-il passé? On crut d'abord à un miracle.
Puis on raconta que les Turcs avaient fait courir le
bruit de la mort d'Aly-Bey, et que les Mamlouks

étaient tous partis, chacun comptant recueillir sa succession. Ce n'était pas cela. Osman-Pacha, au lieu de se sauver comme le pacha d'Alep, ou de se perdre dans le désert comme le pacha de Killis, était resté avec ses vingt-cinq hommes d'escorte dans les environs de Damas comptant sur son adresse diplomatique pour réparer ses fautes stratégiques. Au bout de peu de temps, il fit demander une audience de nuit à Abou-Dahab. Ce qui se passa entre eux est facile à deviner. Osman représenta au bey que la paix allait être bientôt conclue entre la Russie et la Porte; et de fait, à ce moment, quelques pourparlers avaient eu lieu. Il ajouta sans doute que le Grand Seigneur, délivré de ses ennemis, enverrait toutes ses forces en Syrie, et qu'il écraserait les rebelles; qu'il y avait plus de profit à le servir qu'à lui faire la guerre; enfin que la tranquille possession de l'Égypte pourrait être la récompense de celui qui trahirait ou renverserait Aly-Bey. Osman accompagna peut-être ces paroles de quelque comédie de sa façon. C'était un fabricant très adroit de fausses pièces officielles. Il imitait toutes les signatures et tous les sceaux. M. de Taulés, consul de France à Seyda, raconte qu'il avait toujours chez lui une douzaine de bonnets pointus (les bonnets pointus étaient la coiffure des Tartares qui portaient les ordres du Sultan), et avec cela tout autant de firmans fort bien imités. Aussi, dès que le besoin s'en faisait sentir, un soi-disant courrier de la Porte arrivait à point nommé. Osman montra-t-il à Abou-Dahab un firman de cette espèce qui le nommait pacha du Caire? Lui présenta-t-il, comme un envoyé du Sultan, un de ses domestiques déguisé en Tartare? On ne sait. Toujours est-il que le bey s'en retourna, et qu'à partir de ce jour, soit ouvertement, soit en secret, il servit le parti du Grand Seigneur.

La situation devint après cela, au Caire, singulièrement compliquée et difficile; on crut qu'Aly-Bey allait exiler ou tuer son général. Il n'en fit rien. Peut-être Abou-Dahab était-il déjà trop puissant pour rien craindre. L'apparence est qu'Aly l'aimait encore et qu'il pardonna.

Quant aux Égyptiens, ils firent moins attention au retour de l'armée qu'à son départ. La victoire ne les avait pas étonnés. La déroute leur sembla toute simple. Chose assez curieuse : les consuls français qui correspondaient avec le ministre parlèrent peu de cet événement. Il se passait des choses si étranges dans ce pays que, seules, les choses étranges y paraissaient naturelles.

L'expédition de Syrie eut une grande influence sur la vie d'Ahmed-Dgezzar. Voyant qu'Aly gardait le pouvoir, il persista à le servir, mais sentant qu'Abou-Dahab était devenu tout-puissant, il cessa de le détester.

Il continua d'être bourreau, mais il vécut bourgeoisement. Il était riche, il avait de bons chevaux et de belles armes. Il devint hospitalier et se prit de passion pour les beaux-arts. Sa maison se transforma en une sorte d'académie libre et de restaurant littéraire où les danseurs, les chanteurs et les poètes errants purent, sans payer autrement qu'en concerts, improvisations et ballets, manger fumer et dormir. Ses sentiments philanthropiques se développèrent du même coup. On distribua, sur son ordre, des vivres à tous les pauvres du quartier. Un jour qu'il allait assassiner quelqu'un, on le vit s'arrêter sur le seuil de sa porte et, lui-même, avec des précautions maternelles, donner la bouillie à un petit enfant.

Pendant que Dgezzar vivait si tranquille, Aly-Bey, inquiet de la puissance d'Abou-Dahab et n'osant point le châtier, essaya de l'affaiblir en frappant ses amis. Au nombre de ceux-ci était Saleh-Bey, homme assez influent et assez populaire parmi les Mamlouks. On dit qu'il avait tenu quelques propos injurieux pour Aly. Quoi qu'il en soit, il fut secrètement condamné à mort. Aly fit venir son bourreau ordinaire, Dgezzar, et lui commanda de tuer Saleh-Bey.

Dgezzar, contre son habitude, se prit à réfléchir : obéir, c'était renoncer au bénéfice de sa réconciliation avec Abou-Dahab. Il refusa net.

Abou-Dahab paraît avoir été présent à cette scène. Il vit là une occasion de dissiper les craintes d'Aly et de prouver sa fidélité. Le métier de bourreau n'était point déshonorant. Il se chargea de l'assassinat.

Saleh-Bey fut trouvé mort le lendemain au bord du Nil : on crut le reconnaître, au moins, car il n'avait plus ses armes, ni ses bijoux, ni sa tête.

Cependant, le refus de Dgezzar devait avoir pour lui de graves conséquences : quelques mots échappés à Aly-Bey, peu après, annoncèrent sa disgrâce prochaine. En se levant un matin, il aperçut des Mamlouks qui cernaient sa maison : impossible de sortir. Le premier acte honnête qu'il eût commis dans sa vie l'avait perdu.

La pensée d'une mascarade lui vint alors à l'esprit. Il courut à l'appartement de ses femmes ; l'une d'elles le quittait pour aller au bain. Dgezzar la prit doucement par la main, la fit rentrer, lui enleva son grand voile blanc, s'en enveloppa, sortit et referma la porte à clef. Une litière attendait en bas; il y monta sans être reconnu, en faisant signe aux porteurs de partir.

Les Mamlouks d'Aly, qui gardaient la maison, voyant une litière de femme, baissèrent les yeux et s'écartèrent. Dgezzar se fit conduire au bain, y laissa son voile, et, quittant la ville, se sauva à pied dans la campagne. Son but maintenant était de gagner Alexandrie, puis Stamboul, et, grâce à sa réputation, qu'il supposait, sans grandes preuves, universelle, d'obtenir du sultan un poste pareil à celui qu'il avait si longtemps occupé en Égypte. Après des peines inouïes, — car des partis de cavaliers lui couraient après sur toutes les routes, — il atteignit enfin un port, s'embarqua sur une galiote turque et retraversa cette mer que, tout enfant, il avait traversée, courant comme alors après la fortune. La jeunesse, la richesse, le pouvoir lui avaient tour à tour échappé. L'espérance lui restait encore.

Malheureusement, en Turquie, pour parler au Sultan, pour obtenir un emploi surtout, il fallait acheter les bonnes grâces d'un vizir, d'un pacha ou d'un eunuque. Les grands seigneurs de cet empire n'étaient que des mendiants très riches. Dgezzar avait épuisé toutes ses ressources : il eut bientôt des créanciers, mais il ne trouva pas de protecteurs. Dgezzar apportait cependant un plan de campagne qu'il jugeait brillant et pratique et qui lui aurait permis de faire sa fortune en sauvant l'empire. Il voulait que le Sultan, tout en faisant tête aux Russes, dans le nord, envoyât un corps expéditionnaire en Égypte, pour la reprendre à Aly-Bey. L'ancien Mamlouk prétendait avoir conservé des relations dans le pays, avoir préparé des trahisons, s'être entendu avec les personnages reli-

gieux les plus influents du Caire, et il demandait qu'on
le chargeât de l'entreprise. Malheureusement il n'inspirait pas confiance. On ne croit guère, généralement,
aux gens qui ont assez de crédit pour donner un
royaume et qui n'ont pas assez d'argent pour payer
leurs dettes.

Dgezzar dut se morfondre là, trois mois au moins :
d'octobre ou novembre 1771 à février 1772. Son mal-
heur vint de ce qu'il ne connaissait pas la situation.
Il proposait une nouvelle guerre, et l'entourage du
Sultan trouvait que la guerre avait duré trop longtemps.
On ne voulait plus en entendre parler, et c'est à peine
si on écoutait les remontrances de l'ambassadeur de
France.

Le sultan, Mustapha III, plusieurs fois frappé d'apoplexie, était arrivé à un état de faiblesse intellectuelle
irrémédiable. Toutes les affaires de l'empire étaient
faites par des subalternes, écuyers ou valets, tous à
la dévotion du grand vizir. Ce grand vizir, qui commandait l'amas de soldats qu'on appelait l'armée du
Danube, était le partisan le plus acharné de la paix.
Ne pouvant néanmoins la conclure tout seul, et sans
le Divan, et contrecarré sans cesse par des événements
inattendus, il s'entendait en secret avec les généraux
russes. Le seul moyen qu'il eût trouvé d'arriver 'à
signer promptement un traité, était de faire battre ses
troupes à plates coutures; toute sa stratégie consistait à se procurer des défaites effroyables. Sitôt que
les pachas placés sous ses ordres faisaient un mouvement, il en prévenait l'ennemi. Les pachas étaient
surpris et taillés en pièces. On perdit une fois ainsi les
canons de M. de Tott, une autre fois les approvisionnements de l'armée. Ces malheurs servaient au vizir

à plaider la nécessité de terminer la guerre. Il accumulait les désastres pour pouvoir multiplier ses arguments. --

En vain M. de Saint-Priest et l'ambassadeur de Suède faisaient-ils leurs efforts pour obtenir que les affaires prissent une meilleure tournure. Rien n'y faisait. La politique belliqueuse n'était guère soutenue que par les gens de loi qui perdaient tous les jours de leur ancien crédit.

Dans cette situation, Dgezzar ne pouvait avoir de succès avec ses projets de conquête. Il fut éconduit, mais ce voyage malheureux lui apprit à connaître Stamboul, les intrigues du sérail et les secrets de la politique ottomane.

La rage le prit. Il avait alors trente-sept ans. Il se trouvait aussi pauvre, aussi dénué de tout que lorsqu'il s'était vendu comme esclave. La même misère trouait ses hardes; seulement la vieillesse, cette fois, arrivait à grands pas. Que faire? Son ambition, éveillée par vingt ans de richesse, ne lui laissait plus de repos. Mais où aller? L'Égypte ne voulait plus de lui; la Turquie d'Europe le repoussait; la Turquie d'Asie, surveillée de trop près par Stamboul, ne lui offrait que peu de chances de réussite. Un seul pays l'attirait : la Syrie, et c'est vers lui qu'il se dirigea.

A Baïrout, le navire qui le portait jeta l'ancre. Dgezzar descendit à terre, gagna la montagne et s'achemina vers la résidence de l'émir des Druses. La nuit le surprit près d'une ville brûlée en 1860, florissante alors : Deïr-el-Kamar. Après avoir suivi une ruelle étroite, bordée de boutiques, il arriva en face d'une grande maison à porte ogivale, devant laquelle plusieurs hommes de mauvaise mine fumaient le chi-

bouque. Dgezzar reconnut la demeure d'un des grands
de la terre et demanda l'hospitalité. A la lueur vacil-
lante d'une lampe fumeuse, on pouvait apercevoir, à
l'extrémité de la chambre où on le fit entrer, deux
hommes assis par terre et différents d'âge et d'aspect.
L'un, qui devait avoir trente-trois ans, était grand,
pâle, bien fait, portait toute la barbe et aurait été un
fort joli homme sans une tache brune sur l'œil gauche qui le défigurait. Sa médiocrité intellectuelle se
lisait, d'ailleurs, sur ses traits. L'autre personnage,
vieux, ridé, cassé, usé, serré dans un fourreau noir,
coiffé d'une étrange forme sombre, écrivait sur ses
genoux. « Chez qui suis-je? » demanda Dgezzar à son
interlocuteur. L'autre répondit : « Chez Youssef, fils
de Malhem II, prince des Druses; voici son ministre,
Sad-le-Curé qui est assis à côté de lui. »

Bien des événements s'étaient passés en Égypte
depuis le départ de Dgezzar. Aly-Daher était venu au
Caire. La flotte égyptienne avait quitté Alexandrie
et elle avait aidé le vieux cheik d'Acre à reprendre
Seyda, l'ancienne Sidon, sur les Turcs. Le cheik
d'Acre avait toujours la déroute de Damas sur le
cœur, et, quoiqu'en très bons termes avec le gouvernement des beys, il n'avait pu s'empêcher d'écrire
une lettre d'injures à Abou-Dahab.

Pendant un voyage qu'avait fait Risck, les fermiers juifs de la douane avaient conspiré contre lui;
Risck s'en était vengé au retour en les remplaçant
par des chrétiens, et l'Égypte n'y avait pas gagné
grand'chose.

Un moment était venu, cependant, où Aly-Bey, sur
un mot de M. Rosetti, avait senti le danger que lui
faisait courir le trop de puissance d'Abou-Dahab. Il

résolut de s'en défaire; mais soit faiblesse, soit habileté trop habile, soit affection violente encore, il ne voulut pas donner un ordre précis. M. d'Amirah, alors consul au Caire, écrivait à cette date (28 février 1772) : « Dans la façon dont Aly s'y est pris, on découvre la violence qu'il a dû se faire pour éloigner de lui Abou-Dahab. »

Il avait, en effet, ordonné au jeune bey de quitter le Caire. Mais en même temps il avait commandé aux gardiens des portes de ne laisser sortir personne. Sans doute il espérait qu'un conflit s'élèverait entre le bey et les gardiens, et que dans ce conflit le bey serait tué. On le supposa. Aly, de cette manière, ne se trouvait pas responsable de la mort de son favori. Le hasard se chargeait d'une exécution qu'il ne se sentait pas la force d'ordonner.

Malheureusement les gardiens laissèrent passer Abou-Dahab, qui se réfugia dans la Haute-Égypte, près du cachef Ayoub-Bey. Il y était depuis quelques jours à peine, lorsqu'un courrier arriva du Caire apportant à Ayoub l'ordre de le tuer. Les cavaliers d'Abou-Dahab s'emparèrent par hasard de la lettre et la remirent à leur maître. Celui-ci aussitôt se saisit d'Ayoub-Bey, lui fit couper les deux mains et l'envoya ainsi mutilé à Aly. Le voyage se fit en bateau; mais, à moitié du trajet, Ayoub échappa à ceux qui le gardaient, se jeta dans le Nil et ne reparut plus.

Tous les mécontents, tous les beys que la supériorité d'Aly éloignaient du pouvoir vinrent se joindre à Abou-Dahab qui bientôt marcha sur le Caire. Parmi ces beys se trouvait le jeune Mourad, qui devait plus tard se mesurer avec Bonaparte, et qui alors, par un

étrange hasard, était amoureux d'une des femmes
d'Aly-Bey.

Au Caire, on rassembla une armée à la tête de laquelle étaient douze beys et quatre kiayas. Aly, malgré les conseils de tous ceux qui l'entouraient, avait
voulu en donner le commandement à Ismaïl-Bey, personnage douteux, ambitieux et prêt à la trahison. A
la première halte Ismaïl fit massacrer un bey nommé
Ismaïl comme lui, avec lequel il s'était disputé. Il en-
trava ensuite, autant qu'il put, la marche des troupes.
Enfin, quand il se vit en présence d'Abou-Dahab, il ex-
horta les autres beys à abandonner Aly. Lui-même
donna l'exemple en désertant avec tout son monde.
Beaucoup le suivirent. Sans Rousvan-Bey, qui arrêta
les fuyards, l'armée entière se dispersait.

Elle se replia sur le Caire, où Aly put trouver encore
quatre mille hommes à lever. Il alla s'établir avec eux
sur une éminence. De là, il couvrait la ville et il surveillait sa propre armée, toujours prête à lui échapper. Le jour du combat arriva enfin. Il fut court. Les
Mamlouks d'Aly-Bey le terminèrent en se rangeant
du côté d'Abou-Dahab. Aly-Bey se vit abandonné de
tous. Sa puissance croula comme un château de
cartes. Il rentra la nuit au Caire, chargea ses trésors
sur des mules et prit le chemin de Saint-Jean-d'Acre,
escorté de quelques beys, de son médecin et de
deux ou trois juifs qui vivaient de lui.

Abou-Dahab envoya des cavaliers à sa poursuite,
des Arabes du désert lui barrèrent la route; il mit les
uns en fuite, il passa sur le ventre des autres, et il
atteignit bientôt le territoire du vieux Dahers.

A peu près au moment où Aly arrivait en Syrie par
le sud, Dgezzar y arrivait par le nord. Le cheik d'Acre

offrait à Aly l'hospitalité, tandis que Dgezzar la demandait à l'émir Youssef. Le maître et l'esclave, exilés tous deux et tous deux dépossédés, se réfugiaient ensemble dans ce pays plein d'aventures où ils supposaient que devait se cacher la fortune qui leur avait échappé.

LA SYRIE

Avant de retrouver Dgezzar, il faut dire sur quel échiquier il allait jouer sa dernière partie; quelle était alors la situation politique de la Syrie; quels hommes y remplissaient un rôle.

Deux grands partis divisaient la Syrie. A la tête du premier était Osman, le pacha de Damas; à la tête du second, Dahers, le cheik d'Acre. Les partisans de la Porte étaient surtout massés, au nord et à l'est, dans les pachaliks d'Alep, de Tripoli et de Damas. Les rebelles occupaient le sud et se groupaient autour d'Acre, de Saphed, de Sour, de Rama et de Gaza, d'où ils pouvaient donner la main aux Égyptiens révoltés. Entre les deux, au-dessus de Seyda et occupant tout le Liban jusqu'au delà de Baïrout, habitait le peuple serré, nombreux et puissant des Druses et des Maronites. Les Druses auraient pu donner la victoire à qui ils auraient voulu, en s'alliant, soit aux rebelles, soit au sultan. Le poids des quarante mille hommes qu'ils armaient, en temps de guerre, eût suffi à faire pencher la balance. Mais les Druses étaient divisés, comme la plupart des autres peuples de Syrie. Une moitié s'intéressait aux rebelles. L'autre moitié soutenait le Grand Seigneur et ces deux forces se neutralisaient.

Il en était ainsi un peu partout. Dans chaque pachalik, dans chaque ville, dans chaque bourgade, les rebelles et le Grand Seigneur avaient des partisans. Il en résultait des massacres après chaque campagne, et presque après chaque bataille. La faction qui se croyait la plus forte, tombait sur l'autre. Jaffa, par exemple, a eu ses luttes intérieures, ses proscriptions et ses tueries tout comme une république italienne. Il va sans dire que la guerre civile se compliquait de vengeances personnelles et de haines religieuses.

Deux sortes de bandits menaçaient, à l'est et à l'ouest, la Syrie déjà ensanglantée au nord et au sud. A l'est, c'étaient les bédouins du désert qui profitaient des troubles pour se jeter sur les caravanes ou pour brûler les villages et les récoltes. A l'ouest, c'étaient les forbans de l'escadre d'Orlow : Coreïl, le célèbre Panayoti, et le matamore qu'on appelait : « le comte Joanni ».

Osman, chef du parti du Grand Seigneur, levait ses troupes dans le pachalik de Damas et dans celui de Tripoli, où il avait établi son fils Mehemet. Dans les grandes occasions, comme lors de l'invasion d'Aly-Bey, les pachas de l'Asie Mineure et de la Mésopotamie lui amenaient leur contingent. C'étaient les pachas de Killis, de Mossul, d'Alep, le voïvode de Merdin, Dely-Khalil, enfin le pacha d'Orfa, surnommé le Fou, à cause de sa bravoure qu'on prétendait inconsidérée, et qui commandaient des hordes kourdes. Ces Kourdes, cavaliers errants comme les bédouins, étaient des pillards. Ils s'habillaient de manteaux rouges, ce qui les distinguait des autres soldats.

Les armées n'avaient alors pas plus d'uniforme que de discipline. Chacun s'y accoutrait à la mode de son pays. On y rencontrait des turbans de toutes les grosseurs, de toutes les couleurs et de tous les aspects ; des couffis, sortes de mouchoirs de soie bariolés qu'une corde en poil de chameau retient sur la tête ; des vestes blanches soutachées de noir avec les manches ouvertes qui pendent sur le côté, les gilets étriqués et courts dont le dos est rempli par un gigantesque soleil jaune, les larges manteaux rayés de noir et de blanc qui ressemblent à un sac et qu'on appelle des « habayes », les culottes multiformes, les chaussures les plus invraisemblables : souliers jaunes, savates brunes, bottes écarlates.

Dans ces foules, les chefs se reconnaissaient à leurs broderies d'or et aux rondelles d'argent qui couvraient la croupe, le front et le poitrail de leurs chevaux. Les armes étaient plus bizarres que les costumes. Le moyen âge avait laissé en Syrie un lot de bric-à-brac. Certains soldats se battaient encore à la hache. Les cavaliers portaient de longues piques, dont le fer s'enlevait ou se remettait à volonté. Les tromblons étaient à mèche. Cependant on commençait à se servir de fusils et de pistolets à pierre. Souvent les lames des sabres recourbés étaient ornées de versets du Coran incrustés en lettres d'or. De longs kandjiars droits et affilés sortaient des ceintures. De-çà, de-là, on apercevait des soldats qui avaient au bras gauche un bouclier rond.

A ces troupes régulières Osman joignait des bédouins du désert et des mercenaires barbaresques. Les bédouins, qu'il payait souvent fort cher, le trahissaient toujours. C'étaient de petits hommes bruns, très féroces, qui portaient la nuque coupée à l'antique et qui ne conservaient qu'une longue mèche de cheveux sur le sommet de leur crâne rasé. Ils étaient armés de lances énormes terminées par une pointe qui s'échappait d'une couronne de plumes d'autruche. Les mercenaires barbaresques étaient les seuls qui combattissent à pied. Il fallait surtout à la tactique orientale des cavaliers pour fondre à l'improviste sur l'ennemi; pour lui échapper s'il était en force; pour l'étourdir et l'épouvanter avant le combat par la rapidité des évolutions. Elle faisait de la guerre une *fantasia*.

Quand on projetait un siège, l'armée était accompagnée de trois ou quatre canons, traînés par des mules. Derrière, montés sur des dromadaires caparaçonnés, venaient les artilleurs. La batterie avait ordinairement pour chef un homme vêtu comme tous les autres à l'arabe, mais dont la physionomie dénonçait l'origine européenne. C'était un officier de fortune allemand, anglais ou italien.

Tout cela marchait pêle-mêle, comme une nuée de sauterelles, laissant derrière soi le pays dévasté. Une multitude de valets et de goujats, à âne, à mulet et à cheval, suivait. De longues files de chameaux portaient les munitions et le butin. On ne s'éclairait jamais. On ne se gardait pas. Le soir, on dressait la tente du pacha, et les soldats, assis autour de grands feux, écoutaient les poètes qui improvisaient des chansons ou qui récitaient le roman d'Antar.

Osman venait alors d'être révoqué. Un Muschavéré, ou assemblée des grands de l'empire, s'était tenu à

Constantinople et avait décidé de le remplacer par Adin-Oglou-Mehemet-Pacha. Osman ne s'inquiétait pas plus de sa révocation qu'il ne s'était réjoui, quelques mois auparavant, de sa confirmation à vie dans le pachalik de Damas que lui avait envoyée le Grand Seigneur. L'obstination faisait le fond de son caractère. Il était fidèle à ses haines. Il l'était aussi à sa place.

Osman était certain de se débarrasser des remplaçants qu'on lui envoyait. Il savait leur rendre la vie insupportable. Habituellement il n'avait pas l'air de s'apercevoir de leur présence et il continuait de gouverner comme s'ils n'eussent pas été là. S'il était obligé de leur abandonner le sérail, il prenait le commandement de l'armée et il venait camper aux portes de la ville. Le nouveau pacha ne pouvait plus lever les impôts, ni faire la guerre, ni même sortir de chez lui. Une fois, un des successeurs d'Osman reçut, par un Tartare, un firman qui le destituait. Il se crut destitué, naïvement, et ne l'était pas. Osman avait payé le Tartare et fabriqué le firman. Sa dernière ressource était le faux en écriture impériale.

On avait essayé de le faire étrangler; il avait défendu sa vie aussi bien que son titre. Les Capidjis n'avaient rien à gagner avec lui. La Porte découragée s'était dit qu'enfin il n'y avait qu'un moyen de s'en débarrasser, c'était de lui donner une grande fonction au loin. Or, comme, après la retraite d'Abou-Dahab, Osman avait fait le fanfaron, allant jusqu'à offrir 50,000 bourses de la succession d'Aly-Bey, qui était vivant, on le nomma pacha du Caire.

Évidemment, on croyait qu'il partirait en Égypte. Osman accepta le titre et resta à Damas. Ce fut même

le moment où il fut le plus puissant et le mieux obéi
en Syrie. Malgré tout cela, il ne tenta jamais de se
rendre indépendant, comme les autres pachas, et il
demeura, jusqu'à sa mort, le sujet le plus fidèle et le
plus dévoué du Grand Seigneur.

Il ne s'inquiétait donc point de ce qui se passait à
Constantinople. Mais ce qui se passait à Acre le préoccupait.

Le parti des rebelles avait son centre à Acre et comme
nous l'avons dit, Dahers était son chef.

Les forces de Dahers se composaient d'Arabes de
Saphed, de Mothualis et de Barbaresques mercenaires
à pied et à cheval. Ces Barbaresques infestaient toute
la Syrie. Les navires français en amenaient continuel-
lement de Tripoli ou de Tunis, malgré les ordres de
M. d'Aiguillon et les instructions de notre ambassadeur. C'était la lie de la population africaine. Ils se
louaient indifféremment à tout le monde et quand leur
solde était en retard, ils se payaient eux-mêmes en
mettant à sac les villes qu'ils étaient chargés de défendre.

Le principal aga de ces Barbaresques venaient de
Tunis. Il valait mieux que ses troupes. C'était un
homme d'une grande énergie, qui faisait trembler
tout le monde, et honnête à sa façon. Il aimait personnellement Dahers. Aussi, sa fidélité dura-t-elle
plus longtemps que celle des enfants du vieux cheik.
Leur trahison précéda la sienne. On le nommait
Degnizlé.

Les Mothualis, musulmans de la secte d'Ali, sont,
dit-on, d'origine persane. Ils ont les traits réguliers et
les beaux yeux fendus en amande des personnages
qu'on voit sur les boîtes peintes de Téhéran. Ce peuple

était divisé en deux groupes séparés par une grande distance; le premier habitait au nord de la plaine de la Beka, dans les environs de Baalbeck. Il obéissait tantôt à l'émir Youssef, tantôt à Osman de Damas. Le second, infiniment plus nombreux et plus important, occupait toute la partie de la montagne qui se trouve à l'est de Sour. Ce dernier marchait avec Dahers qui était censé payer très cher son alliance. Depuis un temps immémorial, les Mothualis refusaient le miry et se chamaillaient avec le pacha de Seyda, de qui ils relevaient directement. Dahers, dans un moment où il était en paix avec la Porte, proposa au Grand Seigneur de prendre à sa charge l'impôt des Mothualis, sous la seule condition que leur territoire serait distrait du pachalik de Seyda et ajouté au pachalik d'Acre. Le Grand Seigneur accepta, et Dahers, qui ne paya jamais l'impôt, acquit, gratis, une province et une armée.

Les Mothualis lui furent fidèles sans cesser d'être indépendants. Ils obéissaient à des espèces de seigneurs féodaux qui prenaient le titre de cheiks. C'était Aly-Dervisch, Aly-Ferez, Hussein-Mansour, Aly-Mansour, Abbas-Aly, Abbas-Mohammed, qui gouvernait Sour, enfin Nassif, qui portait le titre de grand cheik. Il y en avait un autre encore, nommé Capellan, mais qui ne se mêlait pas aux guerres. Les correspondances consulaires nous le peignent comme un philosophe prudent. Sans se brouiller avec Dahers, il avait su ménager le Grand Seigneur, auquel il envoyait le miry quatre fois par année, régulièrement, comme un honnête bourgeois paye son terme. Les orages passaient au-dessus de sa tête sans l'atteindre, et les cataclysmes le laissaient tranquille.

Ces cheiks habitaient des châteaux fortifiés qu'ils armaient de leur mieux, et où ils entassaient dans des cachettes introuvables l'or, l'argent, les armes, les étoffes, les provisions de toute nature qu'ils avaient arrachées à l'ennemi, aux marchands européens ou à leurs sujets. Le château de Tebny, le plus célèbre de tous, se trouvait à sept ou huit lieues de Sour. C'était là qu'habitait le grand cheik Nassif, renommé dans toute la Syrie. Nassif faisait le commerce en même temps que la guerre, et il était aussi à craindre comme négociant que comme soldat. Sur ses terres, qui s'étendaient très loin, il cultivait le coton et l'olive. Une sorte de colosse, dont la figure hideuse avait l'air d'un masque, vivait chez lui et ne le quittait presque jamais. Cet homme avait une réputation de férocité dans un temps où tout le monde était féroce; il se battait avec rage; son corps était couvert de blessures. On l'appelait Gadban.

Marié depuis peu, il eut un jour, on ne sait pourquoi, l'idée que sa femme pouvait être infidèle, bien que cependant rien n'autorisât ce soupçon. Gadban n'en coupa pas moins la tête à sa femme. Il alla ensuite raconter l'aventure au grand cheik. Nassif le loua fort de sa susceptibilité. L'opinion générale était alors qu'un homme capable de commettre un meurtre, sans prétexte, et seulement parce qu'une pensée désagréable lui est venue à l'esprit, est un homme qui a un vif sentiment de l'honneur. Le plus curieux est que la sœur de la morte devint amoureuse de Gadban et qu'elle l'épousa.

Les Arabes de Saphed qui combattaient à côté des Mothualis étaient généralement placés sous les ordres d'Aly-Dahers. C'était une tribu autrefois nomade et qui s'était fixée dans le sud de la Syrie. Les Saphédiens avaient conservé la sauvagerie et les habitudes des guerriers du désert. La ville d'Acre trembla quand, après sa conquête, Dahers les y amena pour la première fois.

A ces bandes de forcenés, Dahers ajoutait quelques milliers de Mamlouks. Aly-Bey n'avait pas renoncé à la conquête de la Syrie, même après l'échec de Damas. Dès le mois d'octobre de la même année, tant pour soutenir Dahers, toujours assailli par Osman, que pour habituer les Syriens à la domination égyptienne, il avait envoyé des garnisons dans quelques villes de la côte, à Rama, à Gaza, à Haïffa et à Jaffa. Il entretenait, en outre, un gouverneur à Seyda, Mustapha-Bey, qui partageait le pouvoir avec le Barbaresque Degnizlé, commandant du château.

Dahers était alors au comble de sa puissance. Sa vieillesse avait la fougue et l'éclat de l'âge mûr. Il venait d'atteindre sa quatre-vingt-sixième année, et il avait conservé le goût du harem et de l'écurie. Ses femmes venaient de Circassie et de Géorgie. Il achetait ses étalons aux tribus bédouines de Saqr et d'Anazé. Son activité prodigieuse se retrempait dans les inquiétudes de la politique et dans les dangers de la guerre.

Comme autrefois, il dirigeait lui-même ses expéditions militaires; il chargeait l'ennemi à la tête de ses hordes. La fatigue n'avait point de prise sur ce corps de fer. Pendant des mois, il dormait à la belle étoile, décampant chaque nuit, se battant chaque jour. Quand il avait fait la paix avec la Porte, il avait à se défendre contre sa famille. Ses troupes revenaient presque toujours victorieuses.

Les Turcs l'avaient surnommé « l'Heureux ». Quand on le compare à ses contemporains, il apparaît comme un homme d'État habile et comme un homme de guerre remarquable. C'est le seul dont les campagnes indiquent presque des combinaisons tactiques. Aucune puissance ne pouvait le déloger du territoire sur lequel il s'était jeté un beau jour, dont il avait fait un État libre et qu'il défendait, envers et contre tous, à la tête de ses huit enfants. Dans ce bédouin devenu pacha, il était resté quelque chose de l'homme du désert : l'horreur de la corruption égyptienne, l'indomptable passion de l'indépendance. Ali-Bey se révoltait pour s'emparer du pouvoir, Dahers pour échapper à un maître. Il y avait plus de noblesse dans sa rébellion.

L'aîné de ses fils, Aly, le plus batailleur de tous, touchait à la soixantaine. Les autres, Ahmed, Saïd, Salèh, Saladin, étaient des hommes mûrs ; le plus jeune, Osman, passait pour un poète distingué. Il était plus aimé que les autres et il aimait Dahers avec passion. C'est lui qui, exilé en Égypte, où Aly-Bey l'avait reçu avec de grands honneurs, écrivait à son père : « Jetez-moi en prison, chargez-moi de chaînes, mais laissez-moi revenir à Acre. Le plus grand supplice est d'être éloigné de vous. » Tous avaient épousé des femmes bédouines des tribus environnantes. Tous avaient des enfants. Ces mariages affermissaient la puissance de Dahers, en lui faisant des alliés parmi les nomades. Malheureusement, le vieux cheik, peut-être par affection, peut-être pour se conformer à l'usage, s'était laissé aller à doter ses fils. A chacun d'eux il avait donné une portion de son territoire. Ils se trouvaient ainsi placés, en face de lui, dans la situation où les pachas et lui-

même se trouvaient en face de la Porte. De là des jalousies que la rivalité des femmes légitimes excitait,
des querelles perpétuelles, des guerres civiles. Les
frères se jetaient les uns sur les autres, où se liguaient
contre leur père.

Leurs luttes, qui bouleversaient le pachalik, ne troublaient cependant pas plus l'union de la famille que de
simples discussions amicales. Si l'ennemi voulait profiter des troubles pour une invasion, aussitôt on faisait
la paix, et, ensemble, on courait à sa rencontre. L'ennemi dispersé, on reprenait la guerre civile au point
où on l'avait laissée.

Après une longue lutte, Dahers tenait un jour deux
de ses enfants, Aly et Saïd, qui s'aimaient beaucoup,
enfermés dans une de leurs forteresses. Un courrier
tartare vient trouver le cheik. Il le prévient qu'Osman,
parti de Damas à la tête d'une armée, compte tomber
à l'improviste sur Acre, dégarnie de troupes. Dahers
fait cesser le feu. Il envoie prier à dîner ses fils assiégés. Ceux-ci devinent qu'il s'agit de quelque chose de
grave. Ils arrivent en hâte. Aly et Saïd embrassent la
main de Dahers ; Dahers demande des nouvelles de ses
petits-enfants. Le repas est cordial. A la fin, Dahers
raconte ce qui se passe. Tout à coup, Aly se lève. Il
propose de surprendre Osman pendant la nuit. Dahers,
qui l'approuve, lui prête ses bédouins de Saphed. Aly
part. Il revient victorieux dans sa forteresse et il
recommence à se défendre contre son père qu'il a
sauvé.

L'homme de confiance de Dahers était le prétexte
habituel de ces discordes. Les enfants voulaient qu'il
fût chassé. C'était un appelé Ibrahim Sebag, l'être
le plus sec, le plus avare et le plus impitoyable qui fût

en Syrie. On retrouve ce même type d'homme auprès de tous les pachas et de tous les princes de l'Orient. Les princes ou les pachas font la guerre : le juif ou le chrétien qui est près d'eux se gorge des richesses conquises. C'est la sangsue sur le malade. Sebag poussait la soif de l'or jusqu'à la monomanie. Il entassait dans de grands coffres, pêle-mêle, tout ce que rapportaient la paix et la guerre : armes, bijoux, pipes, harnais, argent produit par la douane ou par l'impôt. On était obligé de le bâtonner pour le forcer à payer les soldats. La population le haïssait. Son nom seul armait les tribus contre Dahers. Avec cela, c'était un homme très rusé et très énergique, méprisé de son maître, qui pourtant avait confiance en lui. Dahers ne pouvait s'en séparer. Peut-être savait-il que l'impopularité du ministre ne l'atteignait pas. Quelle que fût la cause de la guerre, le cheik conservait son autorité et son prestige. Il avait le respect de la Syrie tout entière, et ce respect lui sauva la vie, au moins une fois.

Dahers était un jour menacé dans Acre par Saïd et Aly encore révoltés. Leur armée battait l'estrade autour de la ville, ravageant les moissons et brûlant les hameaux. Justement, Dahers avait congédié ses troupes quelques jours auparavant, après une victoire sur Osman de Damas. Il était furieux et se trouvait aux abois.

D'abord, il s'enferme dans ses murs, et se tient tranquille. Mais il voit ravager la campagne, sous ses yeux, et sa patience se lasse; il fait distribuer des armes aux marchands du bazar, et à la tête de ces gens pacifiques il se lance dans la plaine. La lutte s'engage ; au premier coup de fusil, tout son monde se disperse en criant. Les bédouins de Saïd chargent à fond de train ; ils n'ont que la peine de tuer les fuyards. Dahers, entraîné, galope du côté d'Acre, cherchant à gagner la porte, quand un cavalier qui le poursuit, la lance haute, va l'atteindre et le frapper. Alors il se retourne sur sa selle, et, levant les bras, il se met à crier : « Je suis Dahers ! » Le cavalier l'entend, il baisse sa lance, il s'arrête, il descend de cheval et il vient embrasser le pied du vieux cheik. « Mon père, dit-il, permets que je t'accompagne. » Dahers fait un signe d'assentiment, et, tous deux, le jeune cavalier protégeant le vieillard, reprennent au pas le chemin de la ville, à travers le fracas et le tumulte de la panique.

Dahers avait transformé le pachalik d'Acre. De désert et inculte qu'il était auparavant, il l'avait fait riche. Il avait éloigné les bédouins qui le désolaient : il avait cultivé la plaine. Des comptoirs s'étaient établis dans la ville, dont on avait amélioré le port. Un marais, d'où s'échappait la fièvre, avait été desséché par une colonie de Cypriotes, appelés par le cheik. Ces Cypriotes avaient fui les persécutions de Kior-Pacha, qui jetait ses ennemis du haut d'une muraille, sur des crampons de fer où il les laissait pourrir. Dahers avait en outre complété les fortifications d'Acre, en se servant des travaux des croisés. Toutes vieilles qu'elles étaient, elles paraissaient formidables. Il ne faut pas oublier que, dans ce pays, on assiégeait ordinairement les villes à cheval.

Mariti nous a laissé un portrait détaillé de Dahers. Il était de taille moyenne, maigre et fortement charpenté. Sa barbe, quoiqu'il fût très vieux, n'était encore qu'à moitié blanche. Il ressemblait à tous les bédouins. L'hiver, il portait de grands pantalons en drap.

qui descendaient jusqu'à terre, à la mode turque de ce
temps-là ; l'été, une culotte large et plus courte, de
toile. Sa *machla*, ou manteau, était noire, avec quelques ornements d'or. Le noir était le signe de sa dignité. Il se coiffait d'un bonnet rouge, sur lequel il
posait un immense mouchoir de soie à longues fran-
ges, qu'une corde en poil de chameau retenait sur sa
tête. Sa famille et lui logeaient dans l'ancien palais
du grand maître de l'ordre des chevaliers de Jérusalem. La ruine était devenue repaire. Entre ses murs
ébranlés par les catapultes des croisades, grouillait
toute l'armée des Maugrabins.

On reprochait à Dahers l'humilité de ses débuts. Il
avait commencé par être conducteur de chameaux,
comme d'ailleurs Mohamed et presque tous les nomades, pauvres ou nobles. Puis, un jour, il avait hérité
de son père, et, après bien des guerres, bien des querelles avec les pachas de Damas; après avoir successivement tué son oncle et ses frères, il était devenu seul
maître du territoire de Saphed/ L'ambition le prit à
soixante ans. Il voulut un port de mer à lui pour commercer avec l'Occident d'une part, avec le désert de
l'autre. Il chassa l'agha que le pacha de Seyda entretenait à Acre et s'y établit. Le pacha de Seyda se
fâcha : il l'apaisa avec de l'argent. Il paya aussi les
grands de l'empire qui firent accepter l'usurpation au
Grand Seigneur. Ce fut alors qu'il s'annexa le pays des
Mothualis (1760) et qu'il se livra au négoce. Les bédouins se servaient encore d'arquebuses à mèche, de
flèches et d'arcs. Il leur vendit des fusils et des pistolets. Le coton, la soie, l'olive, qu'il fit cultiver, lui
rapportèrent des sommes considérables. Sa puissance
s'accrut : il s'intitula « cheik d'Acre, prince des princes,

seigneur de Nazareth, de Tibériade, de Saphed et de toute la Galilée ». Toujours en achetant des consciences, qui d'ailleurs étaient à vendre, il finit par obtenir de la Porte le titre de pacha, les deux queues et la pelisse d'honneur qui l'accompagnait toujours. Sa forteresse tira cent coups de canon en signe de réjouissance; mais, à partir de ce moment, il cessa de payer l'impôt.

A son autorité personnelle, Dahers ajoutait le prestige du sacrilège. Il avait aidé les bédouins du désert, en 1757, à piller la grande caravane de la Mecque. Dahers, comme parfois les hommes de sa race, n'avait point de religion. L'islamisme, le christianisme lui semblaient également indifférents. Les pèlerins furent dévalisés, massacrés ou abandonnés par lui tout nus dans les plaines; il apporta l'étendard du Prophète à Acre, et cette aventure émut l'Orient. Elle devint le prétexte de toutes les querelles qu'on chercha depuis au vieux cheik, et il put croire un instant qu'on allait prêcher contre lui la guerre sainte.

Il bravait tout : les malédictions de l'Islam et les menaces de Stamboul. En pleine paix, il avait osé passer un traité avec les corsaires maltais qui pillaient et détruisaient les navires du Grand Seigneur. On lui apportait les marchandises volées; il les faisait vendre au bazar. Mais alors, la Porte gronda et voulut sévir. Elle consentait à fermer les yeux sur le sacrilège; elle ne pouvait pardonner le vol.

Dahers s'en tira encore avec des présents. Mais le Divan, qu'il corrompait, lui suscitait en dessous des ennemis. Osman et ses deux fils, les pachas de Tripoli et de Seyda, s'acharnaient sur lui. Un instant on l'avait cru perdu : c'était après la déroute d'Abou-Dahab à Damas. Il n'en fut rien. La tempête passée, le vieux bandit se retrouva à peu près intact.

Entre Osman de Damas et Dahers il y avait les Druses et les Maronites. Ils formaient le troisième élément militaire de la Syrie.

Les Druses ne ressemblaient en rien aux autres peuples. Ils habitaient la montagne où ils avaient conservé leur indépendance, et où ils se croyaient inexpugnables. Sujets de la Porte, ils ne permettaient à aucun représentant de la Porte de pénétrer chez eux. C'était au pacha de Seyda qu'ils devaient payer le miry. Le jour de l'échéance, le pacha venait jusqu'à la frontière. Là, en grande cérémonie, il recevait l'argent de ses tributaires, que le grand Émir lui apportait. Puis, il s'en retournait au plus vite, sans avoir osé mettre le pied sur un territoire qui était censé faire partie de son pachalik.

Fackr-Eddin avait rendu le nom des Druses célèbre dans toute l'Europe. Ils étaient en train de perdre leur réputation de bravoure. Dans presque toutes les batailles, leur rôle se bornait à une fuite précipitée. Seuls, en Syrie, ils n'avaient point de cavalerie. Ils auraient cependant pu devenir redoutables, la marche ne les fatiguant jamais et la faim leur étant inconnue, s'ils avaient su se discipliner et s'ils avaient voulu combattre. Malheureusement, ils n'avaient aucune idée de la discipline et ils redoutaient les combats.

Les Druses étaient divisés en deux factions, les Gaisi et les Yamani, à la tête desquelles étaient deux familles de cheiks, les Djimbat et les Lesbeck. Le dernier grand émir, Mahalem II, avait réussi à contenir les adversaires et à empêcher la guerre civile. A sa mort, en 1759, les troubles commencèrent. Il laissait un fils âgé de onze ans et quelques enfants plus jeunes. L'autorité fut confiée à son frère, l'émir Mansour, qui relégua son neveu à Djebaïl, l'ancienne Byblos, petite ville située au bord de la mer, en pays chrétien.

Les intentions de Mansour n'étaient pas douteuses : il voulait écarter à jamais du pouvoir le fils de son frère. Peut-être aurait-il réussi, si l'enfant n'avait pas trouvé dans un curé qui l'élevait un conseiller ambitieux, remuant, tenace et avare. Ce curé laissa d'abord grandir le petit, s'occupant seulement d'arrondir sa fortune et de cultiver ses propriétés. Cette partie de la Syrie où se trouve Djebaïl est un petit coin tranquille, abrité, séparé du territoire de Baïrout par l'immense coupure de la montagne au fond de laquelle coule le fleuve du Chien. La guerre civile ne pouvait pas aller y troubler le maître et l'élève.

Toute la région était affermée par le pacha de Tripoli à des cheiks qui ne payaient qu'inexactement leurs impôts. Sad, c'était le nom du curé, se porta adjudicataire : il obtint la ferme et il étendit son autorité jusqu'au village d'Edhen, où se trouvent les cèdres. L'année suivante, et toujours à prix d'argent, il obtint le droit de faire la guerre aux Mothualis campés sur l'autre versant du Liban, du côté de Baalbeck. Dès lors, il commença à devenir une puissance et il entreprit la ruine de l'oncle Mansour. Mansour, qui paraît avoir été un homme assez nul, subissait l'influence de Dahers. Bien qu'ayant reçu l'investiture du pacha de Seyda, Mehemet-Dervich, fils d'Osman de Damas, il n'était point favorable aux Turcs. Ses amis appartenaient surtout à la faction des Yamani : ce fut une occasion pour Sad de faire de son élève un partisan déclaré et dévoué du Grand Seigneur.

Le curé se mit à intriguer. Il alla à Tripoli, à Seyda et dans la montagne. Les Gaisi l'accueillirent, et il trouva un allié dans le plus riche des cheiks druses, Aly-Djimblat, arrière-grand-père de ce Djimblat qui fut exécuté en 1860 à Baïrout, après les massacres. Ces Djimblat sont une race énergique. Un quart d'heure avant de lui couper la tête, le bourreau demandait au Djimblat de 1860 : « Que souhaites-tu avant de mourir ? Donne-moi ta pipe, » dit Djimblat.

Djimblat gouvernait le Chouf et le Belat-el-Karoub. Il entraînait avec lui d'autres cheiks : Abdelsallam, dont le fief commandait la route de Baïrout ; Koleib, qui résidait à Deïr-el-Kamar, etc. La révolution éclata dès 1770. L'oncle Mansour fut rendu à la vie privée. Sad le curé fit de son élève un grand émir, et de lui-même un ministre.

Ni Sad ni le petit prince ne gardèrent longtemps le pouvoir : une seconde révolution les chassa, une troisième les remit en place. Il s'établit dans le pays un jeu de bascule qui élevait tantôt Sad, tantôt Mansour, à des intervalles réguliers. Tous les six mois environ, on changeait de gouvernement. Cela dépendait des événements extérieurs. Quand Dahers était victorieux, le parti de Mansour devenait le plus fort, et Sad disparaissait. Quand Dahers était menacé, Sad émergeait avec son élève, et Mansour s'enfonçait dans des profondeurs insondables. Selon que l'un ou l'autre gouvernait, on devinait le résultat des batailles. Ils étaient le thermomètre de cette situation compliquée. Mansour acceptait son rôle avec résignation. Sad se désespérait. Il ne pouvait pas s'habituer à ces descentes subites, et il était pris d'accès de rage quand il voyait monter son compétiteur. Ce qui ajoutait à son chagrin, c'est qu'il avait des prétentions à l'homme d'État, qu'il élaborait des plans de gouvernement, et que sans cesse, au moment de les appliquer, tout à coup il se trouvait par terre. Une politique suivie était impossible avec ce régime, et le métier de premier ministre se trouvait gâté par l'abondance des mortes saisons.

Une fois, en 1773, les Druses essayèrent de mettre fin à cette situation pénible. Un traité fut conclu entre Sad, son élève l'émir Youssef, et Mansour. Ce traité décidait que les deux rivaux, au lieu de gouverner la montagne à tour de rôle, la gouverneraient ensemble. Ils ne purent y réussir.

L'émir Youssef était un grand garçon naïf, barbu et sanguinaire. Il tremblait sous la férule de Sad, qu'il considérait comme un grand homme. C'était, d'ailleurs, dans sa nature de trembler. Placé entre Stamboul et Acre, il passait sa vie dans des transes continuelles. Dahers l'épouvantait ; le sultan le remplissait de terreur. Tôt au tard, il lui semblait qu'il aurait affaire à l'un ou à l'autre ; que le sultan ne lui pardonnerait pas de n'avoir pas fait ouvertement la guerre à Dahers, ou que Dahers le châtierait d'avoir été du parti du sultan. Dans son inquiétude, il se cherchait partout des protecteurs. L'idée bizarre lui vint un jour d'écrire en France, à Turgot. Ce fut M. de Taulès, ancien capitaine de dragons, consul à Seyda, qui envoya la lettre. Il avait pour ami et pour soutien le fils d'Osman, Mehemet-Dervich-Pacha, autre fonctionnaire mélancolique. Quand les affaires tournaient mal, Dervich allait se réfugier chez Youssef, qui lui-même allait demander du secours à Dervich. Ils se rencontraient ordinairement en chemin.

Telles étaient donc les forces qui se partageaient la Syrie. D'une part Osman à la tête du parti du Grand Seigneur, de l'autre Dahers à la tête des rebelles. Entre eux, les Druses avec Mansour et Youssef.

Pour l'intelligence de ce qui va suivre il faut maintenant reprendre l'histoire de la Syrie depuis la déroute des Mamlouks d'Abou-Dahab à Damas, jusqu'à l'arrivée d'Aly-Bey et de Dgezzar.

La fuite inexplicable de l'armée d'Égypte avait complètement changé la face des choses. Les rebelles avaient subitement passé de l'état de vainqueurs à celui de vaincus. Le parti du Grand Seigneur était redevenu puissant, et Osman et les Druses s'étaient unis pour détruire Dahers, isolé et affaibli par l'abandon de ses alliés.

Le pacha de Damas avait, bien entendu, après le départ d'Abou-Dahab, repris tranquillement possession de son pachalik et de sa ville. Son armée s'était reconstituée. Ces armées-là se reconstituaient presque aussi vite qu'elles se débandaient. C'étaient des volées d'oiseaux qu'un coup de fusil disperse, et qui se reforment l'instant d'après. Une bataille les détruisait rarement ; le pays se trouvait, après chaque déroute, couvert de soldats isolés. Le danger passé et l'ennemi parti, ces hommes se rejoignaient, se groupaient, s'aggloméraient à nouveau, et l'on voyait réapparaître, aussi menaçante qu'auparavant, l'armée vaincue.

Un phénomène de ce genre avait rendu à Osman ses forces militaires. Tout changea en un instant. Des déserteurs de l'armée de Dahers vinrent grossir la troupe du pacha. Dans la montagne druse, le parti de Mansour, qui s'était compromis avec les rebelles, n'osa plus souffler. Youssef, enfin, triomphant grâce à la politique du curé Sad, déclara qu'il marcherait sur Acre à la tête de 40,000 hommes.

Osman préparait son expédition et donnait des ordres à l'émir druse, comme s'il eût été seraskier, ou général en chef. Il ne l'était pas le moins du monde. La Porte avait nommé depuis un an séraskier en Syrie, Nehuman-Pacha. Ce Nehuman, qu'on ne consultait jamais dans les questions militaires, habitait Alep. A vrai dire, il ne semblait pas pressé d'exercer son commandement. On le disait occupé à rassembler des forces et à organiser une armée; mais il avait laissé Aly-Bey envahir la Syrie et écraser le parti du Grand Seigneur, sans bouger et sans hâter ses préparatifs. A ce moment encore, il écrivait aux émirs de la montagne et aux pachas qu'il allait arriver bientôt et qu'on devait l'attendre pour agir. Cependant, il ne remuait pas, et les voyageurs qui arrivaient d'Alep affirmaient n'y avoir pas aperçu un bachi bouzouck. La vérité est que Nehuman vivait là-bas fort tranquille, et qu'il mangeait paisiblement l'argent que la Porte lui avait confié pour payer ses troupes.

Quoi qu'il en fût, Osman craignait de se voir enlever la gloire d'avoir détruit Dahers. Il se résolut à agir vite et avant l'arrivée possible de Nehuman. Le camp fut levé au milieu d'août 1771, et l'armée se dirigea sur le pachalik d'Acre.

La lutte devait s'engager sur deux points : à l'est, sur la route d'Acre à Damas, parcourue par les troupes d'Osman; au nord, le long de la côte, vers Sour, Seyda et le pays des Mothualis où devait opérer Youssef. Malheureusement, Youssef n'était pas prêt; il ne pouvait réussir à rassembler ses Druses, bien que la déclaration de guerre eût été faite solennellement. Des hérauts s'étaient répandus sur les sommets de toutes les montagnes, et de là ils avaient fait entendre ce cri que les échos répétaient et renvoyaient grossi dans les vallées : « A la guerre! à la guerre! Prenez les fusils! prenez les pistolets, nobles cheiks! Montez à cheval, armez-vous de la lance et du sabre! Zèle de Dieu! zèle des combats! »

Ce zèle était tiède. Aussi Youssef pria-t-il Osman d'attendre. Mais Osman ne voulut pas l'écouter. Il partit sans s'inquiéter de son allié. Son armée était forte d'environ dix mille hommes. Il avait douze canons et quatre mortiers. Lochanan-Orlou-Pacha et le voïvode de Merdin l'accompagnaient. Il avait aussi avec lui un prince bédouin, suivi d'une cavalerie imposante. Mais ce prince bédouin s'était vendu à Dahers.

Le 30 août, Osman passa le Jourdain sur le pont de Yacoub, où l'on dit que le patriarche l'a passé en fuyant Esaü. Il vint camper, contre l'avis de ses officiers, dans une vallée où son artillerie ne pouvait pas servir et dans l'endroit même où, en 1156, Noureddin avait surpris et battu Beaudoin III, roi de Jérusalem.

Le lendemain, à quatre heures du matin, comme tout le monde était endormi, une espèce de trombe passa sur le camp. C'étaient Dahers, les Arabes de Saphed et les Mothualis. Prévenus de l'imprudence d'Osman, ils arrivaient de quatre côtés à la fois, ventre à terre.

Tout fut bouleversé. Un hurlement formidable s'éleva et la vallée s'emplit d'un immense nuage de poussière. Ce fut fini. Quand la poussière retomba, l'armée d'Osman avait disparu.

Le massacre qui suivit la bataille dura toute la journée. Les Turcs, ahuris, se jetèrent en masse dans le Jourdain, où ils se noyèrent. Quelques-uns tâchèrent de gagner le pont de Yacoub; ils le trouvèrent gardé par les cavaliers mothualis. Osman avait essayé de traverser la rivière : on le crut mort. Un hasard le sauva. Sa tente, ses armes, ses chevaux, son narguilhé furent perdus. Lochanan-Orlou fut fait prisonnier. Quant au voïvode de Merdin, on assure qu'il eut la tête coupée par suite d'un quiproquo, Nassif, le grand cheik des Mothualis, l'ayant pris pour Osman. Cette tête fut envoyée à Aly-Bey, qui la renvoya ensuite à Dahers quand il sut la vérité et le peu d'importance de son ancien propriétaire.

Acre illumina en apprenant la défaite d'Osman. On obligea les négociants français à pavoiser leur khan; la forteresse tira le canon. Mais Dahers ne poursuivit pas sa victoire. Il se contenta d'envoyer son fils Aly battre l'estrade aux environs de Damas. Quant à prendre la ville, il n'y songeait point. C'était un trop gros morceau pour lui. Ses cavaliers ne pouvaient rien contre des murailles, si minces fussent-elles. Osman d'ailleurs n'était plus à craindre pour le moment : il n'était pas seulement vaincu, il était ruiné. La guerre avait vidé ses coffres. — Pas d'argent, pas de soldats. Le pauvre pacha, enfermé dans son sérail, se trouvait réduit à chercher des combinaisons pour refaire sa fortune aux dépens de ses administrés.

Tous les efforts de Dahers se tournèrent vers Seyda, qu'il aimait mieux que Damas et qu'il espérait prendre avant que l'émir Youssef, moralement affaibli par la bataille du pont de Yacoub, eût enfin rassemblé ses soldats. Seyda était une grande ville, riche, siège d'un pachalik, qui avait le monopole du commerce de la montagne et dont on pouvait tirer de grosses sommes. Malheureusement, elle était habitée, comme encore aujourd'hui, par une population fanatique et dévouée aux émirs druses. En outre, elle se trouvait enclavée dans leur territoire. Les Druses n'avaient qu'à se laisser glisser sur les pentes du Liban pour y entrer.

Dahers poussa ses Mothualis et ses Saphédiens dans les environs de Seyda, qu'il ravagea, sans que le pacha, Mehemet-Dervich, fils d'Osman de Damas, osât bouger. Quelques milliers d'Égyptiens armés par Aly-Bey avaient grossi son armée. Il envoya alors un de ses officiers sommer Mehemet-Dervich d'avoir à abandonner Seyda.

Dervich pleura, mais n'hésita pas un instant. Il rassembla son divan, et, dans un discours pathétique, il déclara qu'il n'avait pas d'autre parti à prendre que la fuite. Son divan, dont tous les membres d'ailleurs partirent le soir même, déclara que le pacha devait rester et s'ensevelir sous les ruines de la ville. Cet avis fut peu goûté de Dervich, qui monta à cheval au sortir de la séance et prit le chemin de la montagne, laissant Seyda à qui la voulait. Dervich n'eut pas de chance dans sa fuite. Il était à peine à trois lieues qu'il se heurta au frère de l'émir Youssef, qui arrivait à la tête d'un gros de fantassins.

Le prince prit le pacha par les épaules, l'obligea à faire volte-face, et tous deux rentrèrent dans Seyda.

Peu de temps après, l'émir Youssef se mit lui-même en campagne. A la fin, il avait rassemblé ses Druses. Deux mois s'étaient écoulés depuis la défaite d'Osman au pont d'Yacoub, et il arrivait, tout enflammé, pour opérer sa jonction avec une armée qui n'existait plus depuis soixante jours. Youssef envoya d'abord Djimblat à Seyda auprès de Dervich. A la moindre alerte, le pacha pouvait s'évader. Il lui fallait un gardien qui le tînt en laisse. Le grand émir des Druses se jeta ensuite sur quelques villages mothualis dont il massacra la population. Ses hommes n'épargnèrent ni femmes, ni vieillards, ni enfants. Puis il s'avança du côté d'Acre, sans trouver grande résistance. Tout à coup, et presque sans s'en apercevoir, il fut battu à plate couture.

Son avant-garde descendait une pente rapide, quand elle se rencontra inopinément avec cinq ou six cents cavaliers mothualis. Les Mothualis, exaspérés par le sac de leurs villages, chargèrent avec rage. L'avant-garde tourna les talons et se mit à regrimper, la lance dans le dos, cette pente qu'elle avait descendue. Au sommet, elle rencontra l'armée. L'armée, la voyant arriver à toutes jambes, crut que c'était l'ennemi, et croyant que c'était l'ennemi, elle se sauva. La déroute fut effroyable. On jeta les fusils, les munitions, les drapeaux. Il y avait là quarante mille hommes. La pensée de résister ne vint à personne. Les cinq cents Mothualis n'eurent que la peine de frapper dans le tas des fuyards.

Quand la nouvelle de cette défaite arriva à Seyda, la terreur fit perdre la tête à Mehemet-Dervich et à Djimblat. Ils décampèrent, l'un emmenant son harem et l'autre ses troupes. Avant de s'en aller, cependant, les Druses pillèrent la ville. Elle fut repillée par les hommes de Dahers, qui arrivèrent conduits par le Maugrabin Degnizlé et par le gouverneur égyptien Mustapha, un des lieutenants d'Aly-Bey.

Degnizlé et Mustapha se trouvèrent, le lendemain de la prise de la ville, dans une situation aussi critique que celle où s'était trouvé Mehemet-Dervich. Un brusque changement de fortune fit que les Druses défaits, mais non anéantis, se reformèrent, coupèrent les communications, isolèrent la ville et que Dahers ne put venir à son secours, inopinément attaqué par le pacha de Jérusalem et les bédouins qui menaçaient Gaza, Jaffa et Acre.

Ce fut alors que Degnizlé fit des prodiges. Il n'avait avec lui que des Maugrabins et des Égyptiens. Les Égyptiens étaient des marchands du Caire qu'Aly-Bey avait armés et fait partir de force : ils ne songeaient qu'à retourner à leurs boutiques. Les Maugrabins, ne se trouvant pas suffisamment payés, conspiraient ou désertaient. Avec des murailles aussi tremblantes que celles de Seyda, il était presque impossible de soutenir un siège. Les provisions, détruites ou consommées pendant le pillage, manquaient.

Dégnizlé, abandonné momentanément par Dahers, gardait donc une grande ville déserte. La garnison pouvait s'élever à sept ou huit cents hommes, et ce nombre diminuait tous les jours. Sous un prétexte ou sous un autre les soldats gagnaient la campagne et ne revenaient plus. Ils n'avaient à attendre qu'une attaque, un assaut, un massacre. Degnizlé vit venir le moment où il se trouverait seul avec Mustapha. Il alla, alors, tous les matins, s'asseoir à la porte de Seyda, sa pipe dans une main et son pistolet dans l'autre. Jusqu'à la nuit, il restait là, fumant et regardant la campagne et la mer. Seulement, quand un soldat se présentait pour passer, il se levait et il lui brûlait la cervelle.

Sa garnison n'était plus alors que de trois cents hommes. Il disait qu'il risquait sa vie et qu'il voulait que tous la risquassent avec lui. Du reste, il affectait une entière confiance quand il causait avec les cinq ou six négociants français qui étaient restés. Cette attitude tranquille contenait les soldats. Un Maugrabin ayant été condamné à deux cents coups de bâton, il lui en fit donner quatre cents parce qu'il avait demandé sa grâce. On vint un jour lui dire que trente mille Druses allaient attaquer la ville : il se mit à rire. Pourtant les affaires allaient mal. Osman de Damas préparait une nouvelle expédition contre l'Égypte et Dahers. Il avait reçu de la Porte huit mille bourses pour lever des troupes. Cinq pachas l'avaient rejoint : entre autres le célèbre Dely-Khalil, avec ses Kourdes. Enfin, Dahers venait de subir un grave échec : Jaffa lui avait été enlevée, la nuit, par surprise.

Un événement inattendu aggrava la situation des soldats de Degnizlé : la chute d'Aly-Bey. L'Orient tout entier en retentit. Seyda, la première, sentit le coup. Les Égyptiens se précipitèrent dans le sérail le sabre au poing, criant qu'Aly-Bey n'étant plus souverain ils étaient libres de tout engagement. Pendant ce temps, les Maugrabins se répandaient dans les maisons désertes pour enlever ce que les fugitifs y avaient laissé. Au rapport du consul, il ne restait pas trente habitants dans la ville. Ces malheureux se barricadèrent chez eux pour échapper à un massacre probable. Degnizlé, seul, apaisa la sédition. Il fit tomber quelques têtes, distribua quelques coups de bâton et tout rentra dans l'ordre. Le soir, cependant, deux ou trois Égyptiens s'évadèrent grâce à un Turc que sa femme dénonça le lendemain. Degnizlé fit pendre le Turc à la porte de la ville. Et on laissa le cadavre pourrir au bout de sa corde pour servir d'épouvantail.

Pas un seul navire n'osait entrer dans le port. Seyda épouvantait les marins, comme si la peste l'avait ravagée. L'aspect de la ville était sinistre. Toutes les boutiques du bazar, grandes ouvertes, montraient leur intérieur dévasté. Les maisons étaient muettes et, dans les longues rues vides, les Maugrabins de Degnizlé se promenaient comme des bêtes fauves.

Acre était consterné, voyant la fortune abandonner Dahers et les désastres s'accumuler. La prise de Jaffa, surtout, qui empêchait toute communication avec le sud, y produisit une impression profonde. Elle décourageait les soldats et provoquait la désertion. Un cheik bédouin, nommé Koleïb, jusqu'alors fidèle à Dahers, s'était rendu à Damas et avait été faire sa soumission à Méhémet : un de ces pachas de passage qu'Osman était en train de mettre doucement à la porte. Koleïb, à vrai dire, avait été mal reçu. « Puisque tu trahis Dahers, lui avait dit Méhémet, tu me trahiras aussi. » Et il lui avait fait trancher la tête.

Bientôt après, Gaza tomba comme Jaffa au pouvoir des partisans du Grand Seigneur, par suite d'un quiproquo, le gouverneur ayant lui-même ouvert les portes à l'ennemi. Dahers se trouva alors dans une situation presque désespérée. Au nord, son lieutenant Degnizlé, bloqué dans Seyda, pouvait, d'un moment à l'autre, se voir forcé de capituler; au sud, ses villes fortes lui échappaient. Encore un échec et il était perdu.

C'est sur ces entrefaites qu'Aly-Bey et Dgezzar dé-

barquèrent en Syrie. Aly-Bey, malade, se fit transporter à Haïffa, au fond du golfe de Saint-Jean-d'Acre,
où campaient les Mamlouks qu'il avait amenés avec
lui. Une douleur profonde l'accablait. Le Sultan avait
fait complimenter Abou-Dahab de son arrivée au pouvoir. La guerre entre la Turquie et la Russie allait
cesser et il était facile de prévoir que toutes les forces
ottomanes se tourneraient vers la Syrie pour écraser
les rebelles.

Dgezzar avait étudié la situation politique et, malgré ses déboires de Stamboul, il voulait s'enrôler
dans le parti du Grand Seigneur. Se joindre à Dahers
lui était d'ailleurs impossible : il retombait dans
les griffes de son ancien maître, Aly. Mais, inconnu
dans le pays, errant et misérable comme au temps
de sa jeunesse, il ne pouvait songer à s'adresser
directement au pacha de Damas. Le pacha l'eût mis
dehors. Il lui fallait la recommandation de quelqu'un de considérable. Youssef lui parut pouvoir être
ce quelqu'un-là. La bienveillance de l'émir était
connue. Dgezzar pensa lui inspirer facilement de la
confiance. C'était, quand il voulait, un étonnant co-
médien.

Il y a, dans les séances de Hariri, un personnage
qui, à chaque chapitre, change de nom, d'état, de
costume et de visage. Dgezzar semble avoir eu cette
faculté : on l'a quitté bourreau en Égypte; ici, on le
retrouve bouffon. Reçu d'abord par Youssef comme
un hôte, il s'implante peu à peu dans la maison, se
mêle à la suite de l'émir et conquiert une position
mixte entre celle d'ami et celle de valet. Son titre de
bey-mamlouk fait qu'on le considère : les Mamlouks avaient, dans tout l'Orient, une réputation de

bravoure; ses plaisanteries et ses intarissables gasconnades font qu'on le supporte et qu'on l'héberge. Il accompagne Youssef dans tous ses voyages. Il vient avec lui à Baïrout. Il le suit dans la montagne. Tout le temps il chante; il fait des farces aux passants ou il se grise avec le vin d'or. Quand le soir est venu, il raconte des histoires fantastiques dont il est le héros, et qui inspirent à Youssef une admiration profonde et mêlée d'un peu de terreur.

L'émir avait besoin de gaieté autour de lui. Rien n'était plus triste que sa résidence à Deïr-el-Kamar; Sad le Curé, toujours ficelé dans une grande robe noire, comme un parapluie dans son fourreau, avait l'air du croque-mort de la dynastie. Il rêvait, alors, de se faire nommer consul de France à Baïrout, et il pressait son maître d'écrire à Louis XV pour lui en obtenir le titre. Sad, comme toute la famille de l'émir, cherchait un appui à l'étranger.

Précisément à cette époque, Osman priait Youssef de se joindre à lui et de faire marcher ses Druses contre Seyda et Acre pour en finir une bonne fois avec Dahers. Youssef craignait qu'on le détrônât pendant son absence s'il partait avec une armée, mais d'autre part, il n'osait rien refuser au pacha de Damas dans la crainte de se brouiller avec la Porte dont les partisans paraissaient les plus forts. Il demanda conseil à Dgezzar. Dgezzar vit dans la guerre une occasion de fortune. Son éloquence entraîna l'émir à accepter les propositions d'Osman. Bientôt les hérauts se répandirent dans la montagne, poussant de nouveau le cri de guerre : « Zèle de Dieu! zèle des combats! »

Dgezzar ne pouvait point avoir de commandement

chez les Druses, qui ne voulaient obéir qu'à leurs cheiks ; mais Youssef lui donna ce qu'il ambitionnait depuis son arrivée : une lettre pour Osman-Pacha. Il courut aussitôt à Damas. Osman, qui voulait être agréable à l'émir, fit bien les choses. La veille du jour où l'armée devait se mettre en marche, Dgezzar reçut le commandement de quatre drapeaux, c'est-à-dire d'un escadron de quarante hommes.

Le rendez-vous de l'armée turque et druse était sur les bords de la petite rivière qui coule au nord de Seyda. Chacun devait y aller de son côté et à son heure. Osman comptait, cette fois, reprendre d'abord Seyda et marcher ensuite sur Acre, dont les gens de Jaffa attaquaient le territoire par le sud. Ses forces étaient considérables. C'étaient précisément celles qu'il avait réunies quelques mois auparavant sous prétexte d'attaquer l'Égypte et que la chute d'Aly permettait de diriger contre Degnizlé et Dahers.

A Seyda, on était inquiet, et ce n'était pas sans tristesse que Degnizlé et ses soldats, debout sur les terrasses des maisons, voyaient les ennemis se rassembler tout près d'eux. Chaque jour, il en venait de nouveaux, et de grands cortèges accompagnaient les pachas et les émirs. Aux vêtements, aux armes, au brillant des harnais, à la grandeur des tentes, on reconnaissait facilement les personnages. Il y avait là Dely-Khalil, entouré de Kourdes vêtus de rouge ; l'ancien pacha de Karkaut, Mustapha, qui semblait un lingot tant il était couvert d'or ; Sary-Kiaya, le lieutenant d'Osman, qu'on disait terrible à la guerre ; l'émir Youssef, escorté de ses frères et des cheiks druses, tous coiffés de turbans blancs. On regardait surtout enfin, à l'extrémité gauche du camp, un personnage inconnu en Syrie, qui paraissait avoir de l'autorité dans l'armée et qui portait le costume des Mamlouks : c'était Dgezzar.

En se tournant vers la mer, les Maugrabins avaient un autre spectacle. Une grosse cayasse druse, armée en guerre, les menaçait d'un bombardement. Ils se croyaient perdus, quand, tout à coup, cinq ou six voiles parurent du côté d'Acre.

C'était une escadre russe dont les capitaines avaient reçu de l'argent de Dahers pour venir au secours de Degnizlé. La cayasse se sauva, et les Russes continuèrent sur Baïrout qu'ils devaient bombarder. Dahers avait espéré que les Druses quitteraient l'armée d'Osman pour secourir le seul port de mer qui leur appartint. Ils n'eurent pas besoin de se déranger. Les gens de Baïrout offrirent aux capitaines russes trois « charges » et demie de soie, valant quatorze bourses, s'ils voulaient se retirer. Le prix était minime, et il fallait se contenter de le recevoir en marchandises. Cependant les capitaines de Catherine II n'hésitèrent pas. Ils embarquèrent leurs écheveaux et ils renoncèrent à la diversion que Dahers avait eu tort de leur payer à l'avance.

La situation devenait tout à fait grave pour les Maugrabins enfermés dans Seyda quand, le 10 juin, au matin, Degnizlé qui était sur le rempart poussa un cri de joie. Il venait d'apercevoir, au sud, dans la plaine, une masse énorme de cavalerie. C'était Dahers, qui avait lâché ses ennemis du sud et qui arrivait accompagné des Mothualis, des Saphédiens et des Mamlouks d'Aly-Bey.

On a raconté diversement la bataille. Le vrai est qu'elle fut ce qu'avaient été les batailles précédentes :

un choc suivi d'une débâcle. Les Druses engagèrent l'action par une fusillade. Ils étaient hors de portée : personne ne fut atteint. Un pêle-mêle s'ensuivit. Les cavaliers de Dahers chargèrent en hurlant. Les Druses lâchèrent pied aussitôt; ils avaient la routine de la fuite. Leur masse compacte poussa vers la montagne les émirs, dont les chevaux, étourdis, s'emportèrent. Dans le tumulte, deux ou trois coups de canon partirent. Alors, le combat se changea en une immense bousculade. Au milieu des clameurs, des cris, des détonations, l'armée d'Osman disparut. Deux cavaliers seulement, escortés d'une petite troupe, résistèrent et firent, un instant, reculer les Mothualis : Sary-Kiaya et Dgezzar. Voyant tout perdu, ils se retirèrent au pas très tranquillement, et menaçant encore. Mais au bout d'un quart de lieue, la déroute les emporta.

A neuf heures du matin, tout était fini. Dahers avait mis en ligne dix mille hommes, les Turcs et les Druses trente mille; il n'y avait pas trois cents cadavres sur le champ de bataille. Après la lutte, le massacre commença. C'était la règle. Il arriva seulement que ce furent les Druses qui égorgèrent leurs alliés. Une fois l'armée vaincue hors de l'atteinte de Dahers et réfugiée dans la montagne, l'effroyable tuerie commença. Les cavaliers d'Osman avaient de belles armes, des habits brodés d'or fin, des harnais chargés de grandes plaques d'argent. On se jeta sur eux pour les dépouiller. A peine pouvaient-ils se défendre. Leurs montures trébuchaient et roulaient sur la raideur des pentes. Une fois qu'ils étaient par terre, on leur écrasait la tête à coups de crosse, ou on les lardait avec les kandjiars. Bien peu s'échappèrent. Les morts furent laissés tout nus le long des chemins. Et le soir, les Maugrabins de Seyda devinèrent le désastre en voyant redescendre dans la plaine, au galop et sans mors ni selle, des chevaux de guerre ensanglantés.

L'armée des rebelles se dispersa aussitôt après la victoire ; les Mothualis retournèrent chez eux, et Dahers ramena les Saphédiens et les Mamlouks devant Jaffa, qu'il voulait assiéger et reprendre. Dgezzar regagna par la côte la route de Damas. Sa conduite, dans cette bataille, lui avait fait une réputation ; Youssef l'admirait de plus en plus. Quiconque attendait la fin d'un combat pour prendre la fuite, était regardé par l'émir comme un héros. Il rappela bientôt, à Deïr-el-Kamar, l'ancien bourreau d'Aly-Bey. Il éprouvait le besoin d'avoir près de lui quelqu'un qui le conseillât, qui le rassurât et qui lui donnât de l'énergie. L'émir Youssef était de la nature des plantes grimpantes. Il ne pouvait vivre sans un tuteur.

La défaite avait singulièrement ébranlé son pouvoir. On exploitait contre lui l'incurable lâcheté de son armée. C'était l'émir, disait-on, qui était responsable du désastre, et les Druses acceptaient volontiers cette opinion qui les innocentait.

Youssef craignait de tout perdre, cette fois : son autorité, son titre, les richesses amassées par son ministre, et de ne pas même trouver de refuge dans le pays chrétien où d'ordinaire il se retirait. C'est alors qu'il lui vint une idée qu'il jugea tout à fait excellente : s'assurer d'une place forte ; y cacher son trésor et y mettre une garnison et un commandant fidèle. Avec cela, il croyait pouvoir défier les révolutions. Les

Druses essayaient-ils de le renverser? Il s'enfermait dans sa forteresse en attendant des temps meilleurs que son argent préparait. La ville lui paraissait indiquée : Baïrout. Elle avait un port et des remparts qu'on disait formidables. Restait à trouver une armée à mettre dedans. Youssef, craignant les trahisons, ne voulait point de Druses. Il connaissait trop son peuple pour avoir confiance en lui. Quant au commandant, nul ne lui paraissait plus propre à ce métier ni plus honnête homme que Dgezzar.

A peine est-il besoin de dire que l'ancien Mamlouk approuva l'idée de l'émir avec enthousiasme. Il entrevit, aussitôt, l'occasion si longtemps et si vainement cherchée par lui d'un coup d'éclat. La garnison fidèle et énergique ne devait pas être, à l'entendre, bien difficile à trouver. Il fallait demander des Turcs à Osman. On n'avait pas à craindre qu'ils se laissassent jamais gagner, soit par leur ennemi Dahers, soit par les Druses qui avaient égorgé les cavaliers de Damas après la dernière bataille. Quoi qu'il arrivât, Baïrout resterait, avec eux, éternellement attachée au parti d'Youssef. Et Dgezzar insista pour que le trésor y fût transporté le plus tôt possible.

Youssef, convaincu, écrivit à Osman pour lui demander des hommes. Dgezzar se chargea de la lettre. Mais, aussitôt, Osman flaira une bonne affaire. Fallait-il donner la garde de Baïrout à Dgezzar tout seul? Osman ne le connaissait que depuis peu. A tout prendre, l'ancien bey pouvait se vendre à Dahers. Il était peut-être même capable de rester fidèle à Youssef. Rien n'indiquait qu'on pût compter sur lui. Osman consentit à prêter la garnison; il consentit à ce que Dgezzar eût un commandement, mais il exigea

que ce commandement fût partagé par son homme
de confiance, Sary-Kiaya.

Ce collaborateur imposé gênait les plans de Dgezzar. Cependant, il ne dit rien, et parut satisfait. De
son côté, l'émir Youssef, enfin tranquille, fit transporter toutes ses richesses à Baïrout.

Dgezzar n'était que commandant du château; Sary-
Kiaya était gouverneur de la ville. Sary-Kiaya avait
donc le grade le plus élevé. S'en débarrasser n'était
point facile à l'ancien Mamlouk. Il lui fallait attendre une occasion favorable. Jusque-là, il n'avait qu'à
se renfermer dans son rôle modeste : c'est ce qu'il
fit. Il déploya même une grande activité à réparer
les murs de la ville et à construire des tours. Dgezzar avait des prétentions à l'architecture. Souvent
il dressait lui-même le plan des monuments ou des
fortifications qu'il faisait élever. Cet air d'ingénieur
qu'il se donnait avait l'avantage de dissimuler son
ambition.

Sary-Kiaya, lui, s'occupait d'une nouvelle expédition contre Seyda. Osman voulait venger sa défaite.
Il venait de réussir à faire révoquer par la Porte son
compétiteur dans le pachalik de Damas, Mehemet, et
d'obtenir le titre de sérasquier, en Syrie. A force
d'être battu, chose curieuse! il était devenu général
en chef. Dely-Khalil, le terrible pacha kourde, avait
été chargé par lui de voir les cheiks druses et l'émir
Youssef et de leur demander s'ils ne seraient pas dis-
posés à recommencer la guerre. Le moment était
bon. Toutes les forces de Dahers et d'Aly-Bey se trouvaient retenues devant Jaffa qu'ils assiégeaient. Les
Kourdes et les Druses pouvaient arriver jusqu'à Acre
sans trouver de résistance, et, pendant ce temps-là,

Sary-Kiaya et Dgezzar, à la tête de la garnison de Baïrout, devaient facilement s'emparer de Seyda.

Dgezzar poussa énergiquement Sary-Kiaya à partir en guerre avant que les Druses eussent pris une décision. L'armée suivit le bord de la mer, vint camper dans le bois d'orangers qui est au nord de Seyda ; mais, là, ne se sentant pas soutenue par les troupes de l'émir Youssef, elle rétrograda, malgré son chef, et revint à Baïrout en débandade, après avoir fait une quarantaine de prisonniers auxquels on coupa la tête.

Au bout de quelque temps, Sary-Kiaya se remit en campagne. Sa seconde expédition se termina par un échec comme la première. Dgezzar, qui avait tout conduit, fut récompensé de son habileté. Après deux tentatives aussi ridicules, Sary-Kiaya perdit toute autorité et tout prestige, et Osman se trouva obligé de le rappeler à Damas. Resté seul à Baïrout, Dgezzar obtint facilement alors, par l'entremise de l'émir Youssef, son protecteur et son maître, le titre de commandant en chef.

Aussitôt il changea de manières, de langage et de conduite. La transformation fut immédiate. Cette occasion d'un grand coup, qu'il avait inutilement poursuivie depuis son enfance, se présentait à la fin. Sa joie éclata, furieuse. On l'eût dit pris de délire. Il courut aux portes et les ferma. Il ordonna de placer des canons sur les tours, et quand, un beau matin, l'émir Youssef voulut entrer comme à son ordinaire dans sa bonne ville de Baïrout, un Maugrabin, armé d'un fusil, lui cria du haut de la muraille : « Si vous essayez de revenir ici, Dgezzar vous fera empaler ! »

LE SIÈGE DE BAIROUT

Pendant que ces événements s'accomplissaient, Dahers et Aly-Bey poursuivaient le siège de Jaffa qui, commencé en juillet 1772, devait durer jusqu'en février 1773. Un siège n'était point, alors, pour les Arabes, une chose facile à mener à bien. La majorité des troupes était à cheval, et l'on ne savait guère se servir du canon. Généralement, on commençait par établir des batteries à une portée de fusil des murailles et ce n'était qu'après que beaucoup d'artilleurs avaient été tués qu'on se retirait dans un endroit moins dangereux. Jamais on ne creusait de tranchées, jamais on ne cherchait à mettre les soldats à l'abri. L'armée campait tout autour de la ville, et, tandis que l'infanterie tiraillait, la cavalerie exécutait des *fantasias* devant les portes. Pour qu'une place un peu bien fortifiée fût réduite à se rendre, il fallait que le commandant trahît ou perdît la tête, ou bien que les habitants n'eussent plus de quoi manger.

Les gens de Jaffa savaient qu'ils n'avaient point de pardon à attendre. Ils résolurent de se défendre jusqu'à la dernière extrémité. Les pierres tombales des cimetières chrétiens et juifs, et même des cimetières musulmans, furent arrachées pour réparer les brèches faites aux murailles. On barricada toutes les rues, de telle sorte que la ville pût résister encore, une fois le rempart ouvert ou détruit. La population avait cette énergie indomptable que donne l'habitude de la guerre civile. Il lui paraissait moins horrible de mourir de faim, au milieu des ruines de Jaffa, que de retomber entre les mains de Dahers.

Le vieux cheik était accablé de tourments et d'inquiétudes. Outre que la résistance inattendue de Jaffa l'irritait au dernier point, il craignait une diversion d'Osman, le pacha de Damas, et il venait d'apprendre la révolte d'un de ses enfants, Otman le poète. Otman avait eu en dot Nazareth, dont, prudemment d'ailleurs, son père n'avait pas voulu lui donner la forteresse. En manière de compensation, seulement, Dahers avait promis de servir à son fils une sorte de rente annuelle. Mais Ybrahim-Sebag, le ministre juif, s'était avisé de payer cette rente en piastres égyptiennes qui, depuis la chute d'Aly-Bey, avaient perdu moitié de leur valeur. Otman, se voyant volé, réclama, se fâcha et, n'aboutissant à rien, se révolta. L'idée lui vint aussitôt d'aller demander son alliance au gouverneur de Naplouse, qui, peu de mois auparavant, avait battu Dahers. Le gouverneur de Naplouse s'empara de lui, le jeta dans un cachot et lui fit dire que sa tête répondait de celle du gouverneur de Jaffa. Au bout de quelque temps, Otman réussit à s'évader ; il gagna la côte et se jeta dans Gaza, déjà révoltée contre son père et où il se déclara indépendant.

Ses cavaliers battaient l'estrade tout autour de Jaffa,

enlevant des vivres aux assiégeants. Les hordes du pacha de Damas faisaient des incursions sur le territoire d'Acre. Pour comble de malheur, les Mothualis, peu habitués à des sièges, remontaient à cheval à tous moments et s'en retournaient chez eux. C'était une affaire pour obtenir leur retour. Quand vint le moment de la récolte, il fut impossible de les empêcher de partir en masse. L'armée n'était jamais au complet. Elle diminuait tout à coup de la moitié ou des trois quarts. Dahers, dans un moment de désespoir, voulut forcer à marcher tout ce que son pachalik contenait d'hommes valides. Les Maugrabins lui furent d'un grand secours. A eux seuls, ils soutinrent toutes les fatigues. Quant aux Mamlouks, ils étaient à peu près inutiles. Ces hommes ne comprenaient la guerre qu'en rase campagne, et il leur paraissait déshonorant de combattre à pied.

Aly-Bey était toujours malade. Ybrahim-Sebag, qui remplissait à la fois les fonctions de ministre, de trésorier, de secrétaire et de médecin, le soignait, mais sans succès. La véritable maladie d'Aly-Bey était la perte de l'Égypte. Son astrologue Risck, qui était parvenu à le rejoindre, interrogeait tous les soirs les étoiles pour savoir quand le retour en Égypte serait possible. Ses dialogues muets avec les astres pouvaient seuls distraire Aly-Bey de ses souffrances et de la monotonie du siège.

Il roulait cependant de grands projets, comme à son habitude. Il avait envoyé Zufktar-Bey, l'un de ses Mamlouks, auprès du comte Orlow, commandant de la flotte russe, qui se trouvait alors à Paros, pour offrir, à la Grande Catherine de lui conquérir Jérusalem et de la rendre maîtresse des lieux saints, si

elle voulait l'aider à reprendre le pouvoir. Un grand
événement venait alors de se passer dans le nord. La
Porte et la Russie, qui avaient été au moment de
faire la paix, avaient rompu les négociations. Le
congrès, dit « congrès de Tocsian », s'était dispersé
sans aboutir, grâce aux efforts de la France et de la
Suède. La guerre allait recommencer, plus violente,
et l'occasion paraissait admirable pour une expédition
contre le Caire. C'est ce qui rendait encore plus amère
à Aly-Bey l'humiliation d'être arrêté par une bicoque.

La réponse du comte Orlow vint cependant le cal-
mer un peu. Orlow le traitait en souverain détrôné. Il
lui disait entre autres choses :

« La main de Dieu qui veut se venger et qui doit
punir la maison d'Ottoman a fait que la trève est
rompue... Dites-moi les secours que vous désirez.
Vous les obtiendrez. Je vous jure sur ma parole sainte
de ne pas vous abandonner et que je vous ferai rentrer
dans votre pays. Vous serez toujours regardé par
nous comme étant ce que vous étiez : le roi d'Égypte. »

Aly demanda et obtint deux choses : la coopération
d'une escadre russe et l'envoi d'un bombardier vénitien. Ce bombardier, ancien officier dans on ne sait
quelle armée européenne, fut reçu au camp avec les
plus grands honneurs. On lui fit don d'une pelisse et
de cinquante sequins. Dahers et Aly s'imaginaient
qu'il allait renverser Jaffa en deux ou trois coups de
canon. Le bombardier tira et n'abattit pas les murailles de Jaffa. Alors Aly-Bey entra dans une fureur
épouvantable. Il fit déshabiller le bombardier et il le
condamna à recevoir deux cents coups de bâton. On
rapporta ce malheureux à Acre. Il n'avait plus ni peau,
ni chair sur le dos.

Quelque temps après, au .mois de novembre, l'escadre envoyée par Orlow arriva. Elle se composait d'une frégate et de trois polacres ; Panayote ou Panayoti, sorte de forban très célèbre alors, la commandait. Elle tira environ quinze cents coups de canon contre la ville, débarqua des artilleurs européens et n'obtint pas de résultat.

Ce ne fut que longtemps après son départ, au mois de février de l'année suivante, que Jaffa, épuisée de vivres, n'ayant plus d'espoir d'être secourue, consentit à se rendre. Dès lors, Aly-Bey n'eut plus qu'une idée : retourner en Égypte.

Ses préparatifs lui prirent deux mois encore. Ce n'était pas assez. Il n'avait avec lui, que deux ou trois mille Mamlouks et quelques cavaliers ramassés au hasard en Syrie. Les Russes lui avaient promis des secours. La patience lui manqua pour les attendre. Peut-être craignait-il de lasser l'hospitalité de Dahers. Peut-être avait-il simplement trop de foi dans les prédictions de son astrologue. Risck avait lu une victoire certaine dans les astres, et son assurance avait déterminé Aly, qui croyait aux promesses des étoiles. Un jour, malgré les conseils de tous, il se mit en marche. Un fils du cheik d'Acre, Seleby, qui avait passé sa vie dans un coin, sans réclamer d'apanage et en philosophe, lui demanda de l'accompagner. Il devait mourir à côté de lui.

De son côté, Abou-Dahab, prévenu, s'était dirigé sur la Syrie à la tête de vingt mille hommes. Les deux avant-gardes se rencontrèrent près de Salhè. Celle d'Aly battit celle d'Abou-Dahab. Mais Aly fut blessé dans le combat. Un engagement plus sérieux devait avoir lieu le lendemain ; Aly, incapable de monter à cheval, se résigna à attendre sous sa tente le résultat de la lutte.

Aly avait été trompé par ses espions qui lui avaient annoncé que la plupart des beys déserteraient le parti d'Abou-Dahab. Il ignorait qu'on avait prêché la guerre sainte contre lui et qu'on l'avait accusé de vouloir établir la religion chrétienne en Égypte. Son armée était battue à l'avance.

De loin, étendu sur un tapis, il entendit le bruit du combat. Les clameurs arrivaient faiblement à ses oreilles : il écoutait, haletant. Vers le soir, un de ses cavaliers, lancé à fond de train, s'arrêta devant sa tente. « Fuyez, dit-il, tout est perdu. » Aly dit : « Non. » Déjà les soldats ennemis paraissaient à l'horizon. Le cavalier continua sa route. Alors Aly prit un sabre, se traîna sur ses genoux devant la porte de toile, et attendit. Les Mamlouks d'Abou-Dahab se ruèrent sur lui. Il se défendit une demi-heure.

Aly avait voulu mourir le sabre au poing. Son attente fut trompée. Il tomba, mais sans mourir. On le porta loin de là, à travers les sables, à travers le champ de bataille où son armée avait combattu sans lui, jusqu'à la tente d'Abou-Dahab. Ces deux hommes se regardèrent une dernière fois. Abou-Dahab s'inclina devant son ancien maître et il lui baisa la main.

Aly fut ramené au Caire, à la suite de l'armée. Abou-Dahab le relégua dans la petite maison de la place de l'Esbekié où plus jeune il avait gouverné l'Égypte. Peu de jours après, on apprit sa mort. Un de ses esclaves lui avait fait boire un verre d'eau empoisonnée.

Mourad-Bey, qui se vantait de l'avoir pris, épousa sa femme.

Aly mort, Abou-Dahab disparaît un instant de la

scène et rentre dans la coulisse pour quelques mois. Toute cette histoire de l'Orient se compose d'une suite d'épisodes qu'aucun lien ne paraît rattacher l'un à l'autre. Il serait impossible de l'écrire d'ensemble ou d'en supprimer les détails. Cela tient à ce qu'aucun des acteurs ne suit de plan arrêté, ne combine d'opération, ne se propose un but politique. Hommes d'État, pachas, généraux se confient au hasard. Ils agissent isolément, quand ils éprouvent l'envie d'agir. L'idée de se soutenir, de s'entr'aider, de se concerter, ne leur vient jamais. On voit ainsi Abou-Dahab revenir tranquillement en Égypte sans profiter de sa victoire pour tomber sur Dahers, auquel il doit déclarer la guerre peu de temps après; Dahers rester plusieurs mois sans délivrer Seyda, attaquée par les Druses; Osman laisser Aly-Bey et Dahers s'épuiser devant Jaffa sans songer à profiter de leur situation pour envahir le territoire d'Acre; Youssef demeurer tranquillement dans ses montagnes quand il trouve l'occasion de venger ses défaites.

Vingt fois la victoire est facile à tous. Ils la négligent pour exécuter, séparément, leurs coups de tête.

Cependant, la nouvelle que la ville de Baïrout était perdue pour les émirs du Liban, que l'ancien esclave d'Aly-Bey s'était révolté, que le prince des Druses avait été menacé du pal, produisit en Syrie l'effet d'un coup de foudre et fit oublier un instant le siège de Jaffa. Youssef surtout fut accablé. Il ne pouvait croire, non plus que le curé Sad, à une si extraordinaire trahison. C'était celui-là même qu'il avait chargé de défendre sa ville et son trésor qui lui faisait la guerre et qui lui volait son argent! Toutes ses précautions avaient abouti à le mettre en danger, et, au moment même où il pensait n'avoir plus rien à craindre, il se trouvait en présence de la pointe de fer acérée sur laquelle Dgezzar menaçait de le faire asseoir.

Il n'eut pas le temps de se remettre. A peine averti qu'il ne devait plus reparaître à Baïrout, les hostilités commencèrent. Dgezzar se mit à ravager la campagne environnante. Ses bandes incendièrent des villages, enlevèrent des bestiaux et saisirent deux paysans mothualis au service de l'émir, qui n'avaient point réussi à se sauver. On les amena dans la ville. Dgezzar les décapita en présence de ses troupes. Puis il fit empaler les deux corps sans tête et les planta sur le rempart. C'était une nouvelle menace à Youssef. D'ailleurs, Dgezzar aimait le pal.

Baïrout devint bientôt une sorte d'abattoir. On ne sait comment ce Dgezzar, qui ne croyait pas à grand'-chose, qui était chrétien et qui n'était devenu musulman que par occasion, réussit à allumer les haines religieuses. En quelques jours, il fanatisa la population et la lança sur les chrétiens maronites habitants de la ville, qui n'étaient pour rien dans tout ceci. Les églises furent brûlées, les maisons pillées avec rage; on jeta les reliques à la mer, on fit fondre les calices, on se déguisa avec les vêtements des prêtres, on tua tout ce qui ne parvint pas à fuir. La boucherie s'ajouta au vol. Un tiers de la population périt, écharpée.

Ce massacre était habile. Dgezzar forçait ainsi les mahométans qui avaient fait le coup, à rompre avec le grand émir. Le sang répandu leur enlevait tout espoir de pardon; le pillage les rendait complices du vol des trésors de Youssef. Une fois le crime accepté et aggravé, il ne leur restait plus d'autre ressource que de se défendre à outrance et jusqu'à la mort.

Cette période de la vie de Dgezzar est une de celles où il déploya le plus d'intelligence, A ce moment, il devient odieux, mais il est presque intéressant. Rien ne lui échappe. Il est prêt à tout. Il réfléchit, il se trace une ligne de conduite, il exécute résolument ce qu'il a décidé. Ce n'est plus un homme comme les autres. On dirait qu'il se transforme : son activité n'abandonne rien au hasard. A le voir présidant la tuerie dans les rues, commandant ses hordes en rase campagne, élevant les remparts de sa ville, construisant des jetées, des digues et des tours pour défendre le port, on pressent le futur adversaire de Bonaparte. Ce qui se passe en lui ressemble à une explosion de férocité et de talent. L'Orient est stupéfait et se demande ce que c'est que ce nouveau venu. On répète son nom; on s'enthousiasme pour sa cause. Sa façon de se rendre indépendant, de prendre une ville, de défier la Syrie tout entière, consterne, émeut et fanatise. Tout le monde regarde avec admiration cet ancien esclave, mendiant de la veille, qui déclare la guerre à des princes et à des peuples, et qui est seul.

Sa gaieté devient prodigieuse. Plongé dans le sang jusqu'au cou, il ne cesse pas de rire. C'est une joie particulière. Elle se traduit par des histoires à dormir debout qu'il raconte à tout venant. Quand on lui reproche son ingratitude pour le prince des Druses, il répond que Youssef est son obligé, et que lui, Dgezzar, à la grande bataille qui a eu lieu devant Seyda, il l'a emporté sous son bras droit tandis qu'il tenait sa pipe sous son bras gauche. En disant cela, il se tient les côtes. En même temps, il fait fabriquer un man-

nequin de paille qui représente l'émir et il l'accroche,
pendu, à une des portes de la ville. Plus tard, quand
il sera canonné par la flotte russe, il racontera qu'une
bombe est tombée un matin dans son assiette, au
moment où il déjeunait ; qu'alors il a tranquillement
trempé son mouchoir dans la soupe ; qu'il a enveloppé
la bombe dans ce mouchoir mouillé et qu'il l'a déposée
délicatement sur un sofa. Ni l'Arabie, ni la Turquie,
ni la Syrie ne connaissaient, alors, ce type extraordinaire : le pacha loustic. Elles ne comprenaient rien à
cette sorte de bête féroce qui racontait les mêmes histoires que le baron de Crac..

Les plaisanteries alternaient avec les horreurs.
Dans le môle qu'il faisait construire pour mettre le
port à l'abri, Dgezzar fit murer vivants vingt chrétiens. « Cela rendra mon ouvrage plus solide, » disait-
il à un négociant Levantin, M. Fornetti, de passage à
Baïrout.

Pour que la chose fût publique et parût spirituelle,
il avait ordonné de laisser passer les bras des victimes
entre les pierres, de façon à tenir lieu de ces gros an-
neaux de fonte où s'attachent les barques. Il se tor-
dait quand il voyait ces mains raidies par la mort qui
sortaient d'un mur et qui tenaient des amarres.

On le croirait fou, si toute sa conduite, toute sa
politique, ne montraient un homme plein de sens,
de finesse et de volonté. Une fois la population de
Baïrout compromise par le massacre des chrétiens, il
la brouille avec les rebelles. Ce n'est plus seulement
contre Youssef qu'il tourne sa colère : c'est contre
Dahers et les Mothualis. Il espère ainsi que, s'il se
trouve plus tard en danger, Osman viendra le secourir ; que, s'il est vainqueur, la Porte le confirmera

dans le gouvernement de Baïrout ou lui offrira un pachalik. La ville de Seyda, où Degnizlé commande toujours, est sa voisine. Il ne peut penser, avec le peu de
monde qu'il a, à la prendre de vive force, mais il essaye de la réduire par la famine. Le voilà, qui lance
des cavaliers sur toutes les routes de la montagne, qui
exécute des razzias et qui affame tout le pays. Degnizlé, un beau matin, n'a plus de quoi nourrir sa garnison de Maugrabins; il est obligé de se jeter sur le
pays druse, et cette diversion permet à Dgezzar de
respirer et de s'organiser.

Son armée n'est pas considérable. On ne sait comment il la rassemble. Elle se compose de deux mille
hommes dont six cents Maugrabins. Il les paye avec
l'argent de l'émir qu'il s'est approprié. Dgezzar, loin
d'être avare, est prodigue. C'est encore là une qualité
qui le distingue de ses contemporains. Ses soldats
reçoivent beaucoup d'argent. Il les encourage à s'amuser et à boire. La plupart sont des bandits, qui se disent Turcs, mais qui, en réalité, appartiennent à toutes
les nations syriennes, et qui ont été chassés de chez
eux pour des crimes qu'ils ont commis.

Dgezzar leur donne des musiques; il leur distribue
des drapeaux. Il les appelle « défenseurs de la foi ».
Leur ignominie le remplit de gaieté. Ce ramas de bandits lui semble drôle à voir. De fait, Falstaff ne traîne
pas derrière lui une troupe plus sinistre. Pas un des
officiers de la bande ne s'élève au-dessus du brigand.
Il semble que toutes les potences de la Syrie doivent
se tourner, à ce moment, vers Baïrout, comme les
aiguilles de toutes les boussoles vers le pôle. Ces
gens-là sont tellement capables de tout, que les Maugrabins de Degnizlé, les soldats druses et les bédouins

de Dahers paraissent innocents à côté d'eux. Tous, cependant, tremblent devant Dgezzar.

Leur férocité s'adoucit devant la sienne. Ils sentent en lui quelque chose de supérieur et de terrible, et ils se laissent parfois mener et châtier comme des chiens. La soumission et la frayeur sont si grandes, qu'il arrive un jour ceci : un officier qui a commis une faute est appelé chez Dgezzar. La pensée qu'il va se trouver vis-à-vis de son maître en colère le trouble à tel point qu'il se met à frissonner et à claquer des dents, et qu'enfin il s'affaisse sur lui-même. On s'empresse de le relever : il est mort.

Le coup de tête de Dgezzar avait enlevé à Youssef tout son prestige en le rendant ridicule. Ses partisans se trouvèrent bientôt obligés de capituler devant ceux de son oncle Mansour et de consentir à une nouvelle organisation des pouvoirs publics. Mansour fut rappelé en grande cérémonie et l'on convint qu'il régnerait en même temps que son neveu. Seulement, le neveu fut placé sous la tutelle de l'oncle. C'était en quelque sorte l'interdire.

Cette affaire réglée, les Druses s'occupèrent de Baïrout. Il leur parut impossible de laisser le seul port de mer qui leur appartînt encore et les richesses de l'émir entre les mains de Dgezzar. Mais un siège, après toutes leurs défaites, les effrayait. Ils convinrent de s'adresser à Osman, de lui demander d'ordonner à Dgezzar de rendre la ville, et, en cas de refus, de marcher contre le traître, avec eux. Baïrout leur avait toujours appartenu : ils payaient assez régulièrement le miry au Grand Seigneur. Le représentant du Grand Seigneur, à ce qu'ils pensaient, leur devait son appui à l'occasion.

Osman accueillit leurs envoyés en se moquant. Puis, comme ils se fâchaient, il leur déclara tout net que Dgezzar et lui s'étaient entendus; qu'ils avaient passé un traité par lequel Dgezzar s'engageait à lui donner Baïrout à la condition d'en être nommé gouverneur; que Dgezzar avait acquis des droits à la reconnaissance de la Sublime Porte en affamant Degnizlé et les rebelles de Seyda; enfin, que la ville ayant un bon port, se trouvant peu éloignée de Damas, était bonne à prendre et par conséquent bonne à garder.

Les envoyés se retirèrent furieux et portèrent à leurs princes cette réponse inattendue. Les princes eurent un violent accès de colère. Youssef se jeta sur son sabre. Mansour demanda un cheval. La guerre immédiate fut décidée et les hérauts se répandirent encore une fois sur les crêtes en poussant le cri traditionnel : « Zèle de Dieu ! zèle des combats ! »

La montagne était indignée, et, quelques jours après, les émirs parurent devant Baïrout à la tête d'une vingtaine de mille hommes. Dgezzar les attendait. Un combat s'engagea presque immédiatement dans les environs de la ville. Il dura longtemps. Les Druses reculèrent et beaucoup prirent la fuite.

Le soir mit fin à l'action et les émirs délibérèrent. L'impossibilité de la réussite devint évidente. Que faire contre un enragé ? Alors, battus, ils choisirent le plus mauvais parti. Ils firent sommer Dgezzar de rendre la ville. C'était s'y prendre trop tard. Leur défaite préalable rendait la sommation ridicule. Dgezzar, cependant, y répondit avec tant de politesse, que des pourparlers pour la paix commencèrent immédiatement. Le lendemain, un traité fut conclu. Les émirs avaient obtenu de Dgezzar la promesse qu'il rendrait

Baïrout au bout de quarante jours. Ils se crurent sauvés. Les émirs ne connaissaient pas l'ancien Mamlouk.

Dgezzar ne demandait qu'une chose : gagner du temps. Il n'avait point terminé encore ses travaux de fortifications ; il espérait un secours d'Osman et il voulait lui donner le temps d'assembler une armée. Ce délai de quarante jours qu'il avait demandé était d'ailleurs inexplicable. Pourquoi quarante jours ? Pourquoi ne rendait-il pas la ville tout de suite à ses propriétaires légitimes ? Dgezzar avait si peu l'intention de remplir ses engagements que, le soir même, interrogé par M. Fornetti sur la paix qu'il venait de conclure : « C'est une paix durable », dit-il, et frappant sur son grand sabre recourbé, il ajouta : « En voici l'instrument. »

Les quarante jours écoulés, les Druses se représentèrent devant Baïrout pour en prendre possession. Des coups de fusil mêlés à des éclats de rire leur répondirent. Ils se retirèrent. Youssef écumait, Mansour aussi, bien que moins directement engagé dans la querelle. Que faire ? La Porte, protectrice naturelle des Druses, les abandonnait. Seuls ils n'était point assez forts pour prendre une ville : ils n'avaient ni canons, ni bombes, ni instruments de siège. De désespoir, Youssef eut l'idée de demander secours à son ancien ennemi Dahers. Dahers venait justement de prendre Jaffa.

Le plus courageux des émirs druses, Aly-Djimblat, fut chargé des négociations. Il partit, suivi de quelques cavaliers, et s'en alla trouver le grand cheik des Mothualis, l'allié le plus puissant de Dahers, Nassif, seigneur féodal du château de Tebny. Nassif comprit

tout de suite de quelle importance était pour le cheik
l'alliance des Druses. Avec eux, Osman n'était plus à
craindre. Nassif se rendit en diligence à Acre. Là, il
expliqua l'affaire. Une alliance offensive et défensive
fut conclue. Dahers s'engagea à reprendre Baïrout.

C'était s'avancer beaucoup.

L'expérience qu'il venait de faire avec Aly-Bey devant Jaffa lui avait appris combien sont dangereux les
sièges et quel tort ils font au prestige des généraux.
Aussi ne pensa-t-il pas à se rendre en personne à
l'armée. Mais il promit aux émirs la collaboration de
la flotte russe. Cette collaboration pouvait s'obtenir
facilement quand on y mettait le prix. Les Druses
acceptèrent avec enthousiasme. Leur armée fit de
nouveau ses préparatifs pour retourner devant Baïrout, et la perte de Dgezzar sembla assurée.

Toutes les forces vives de la Syrie se tournaient
contre lui : Dahers, Youssef, Orlow, et de plus en plus
il se sentait isolé dans sa bicoque. Ses canons ne
valaient pas grand'chose ; sa marine se réduisait à un
mauvais bateau ; ses fortifications, comme toutes les
fortifications syriennes, n'étaient point faites pour
résister aux boulets. Cela ne l'empêchait pas de tout
braver, debout sur cette espèce de château de cartes.
Quand on lui représentait l'imminence du péril, et le
châtiment immanquable : « J'en ai trop fait, maintenant, disait-il, pour mourir comme les autres hommes. »
Il indiquait par là qu'il voulait finir les armes à la
main ou sur la pointe d'un pal. Les préparatifs de ses
adversaires ne faisaient que l'exciter davantage. Ce
fut à ce moment que des émeutes éclatèrent à Damas.
Le peuple voulait que le pacha partît immédiatement
au secours de Baïrout. Un muphti, qui chercha à

apaiser le mouvement, fut roué de coups, et l'on massacra le quartier chrétien. Dgezzar avait communiqué
sa fièvre à toute la Syrie.

D'autre part, les avidités des Russes, des Druses,
de Dahers semblaient outre mesure surexcitées, et les
négociations préalables entre les alliés étaient hérissées de difficultés. Chacun voulait se réserver la plus
grosse part du butin. Degnizlé, le commandant de
Seyda, qui était habile autant qu'énergique, fut chargé
par Dahers de s'entendre avec les lieutenants d'Orlow.
Les Russes voulaient de l'argent tout de suite et la
garantie du cheik d'Acre. Mais Degnizlé n'entendait
rien promettre. C'était avec le comte Johanni qu'il
traitait. Les pourparlers durèrent assez longtemps.
On échangea plusieurs lettres sans s'entendre. Tout
allait être rompu quand parut un nouveau personnage qui, dans cette période troublée, joua un certain
rôle : l'abbé Agemy. Cet abbé, qu'on croit Français,
était un intrigant assez mystérieux, qui vivait, on ne
sait comment, tantôt aux dépens des cheiks et des
pachas, tantôt aux dépens des négociants européens.
Quand il ne s'occupait pas de politique, il se mêlait
d'affaires commerciales. Son impudence en avait
imposé à beaucoup de gens, et même, un instant, à
nos consuls. Alléché, lui aussi, par l'espoir de tirer
quelque chose de la prise de Baïrout, il se trouva à
point nommé à Sour, pour renouer les conférences
de Degnizlé et du comte Johanni. Grâce à lui, on
convint que Degnizlé demanderait à Dahers de pleins
pouvoirs pour traiter définitivement avec les Russes
et que, pendant ce temps, la grande escadre qui était
au mouillage à Haïffa s'en irait prendre position devant.
Baïrout.

Dans ces négociations, Degnizlé avait eu évidemment l'avantage. Il n'avait rien promis au nom de Dahers, et, en envoyant les Russes à Baïrout, rejoindre les troupes druses, il les avait obligés à traiter directement avec les émirs.

Le 9 juillet 1773, à onze heures du matin, l'escadre russe mouilla devant Baïrout. Elle se composait de : un vaisseau de vingt pièces de canon commandé par Kosakoff, qui paraît avoir eu la direction de l'expédition ; une frégate de vingt et une pièces de canon, commandée par Panayoti ; une autre frégate de vingt et une pièces de canon commandée par le comte Johanni Waïnowich ; une espèce de vaisseau de seize pièces de canon commandé par le sieur Coreïl ; un autre vaisseau commandé par le comte Marco ; enfin un chebeck de vingt pièces ; cinq polacres et dix ou douze petits bâtiments, felouques ou galiotes, dont quelques-uns appartenant à Dahers.

Ce que cette flotte russe offrait de particulièrement remarquable, c'est qu'il ne s'y trouvait pas de Russes. Les équipages étaient italiens ou grecs. Les officiers, affublés de noms d'emprunt, appartenaient à toutes les nations. On ne sait au juste ce que c'est que Kosakoff, mais Panayote était un simple corsaire grec élevé par Orlow au grade de capitaine de vaisseau. Le comte Marco, qui n'était pas comte, était de Venise. Des aventures peu honorables l'avaient forcé de quitter l'Italie. Il passait, cependant, pour plus honnête que ses collègues, malgré sa profession de condottiere aquatique. Le sieur Coreïl avait pour patrie La Ciotat, en Provence. Ancien caboteur de la Méditerranée, brouillé depuis longtemps avec la justice, il avait trempé dans quelques barateries. La baraterie et la piraterie se donnent volontiers la main. Le comte Johan-ti est un personnage plus extraordinaire encore. Toute l'Asie Mineure avait connu son père, marin caravaneur dans les'Échelles. Lui-même était resté longtemps employé dans un magasin de Smyrne. Il se faisait appeler : Wainowich, pour se donner une apparence moscovite. Les étranges hasards de la vie orientale avaient seuls pu faire un capitaine de vaisseau de ce commis en rupture de comptoir.

Mis en possession d'une escadre, ces gens-là faisaient la fête. Ils se grisaient toute la journée, volaient des femmes dans les villages de la côte et couraient sus à tous les navires, qu'ils fussent turcs ou européens. C'est la France qui souffrait le plus de leurs brigandages. A chaque instant nos capitaines étaient arrêtés, visités, dévalisés. Notre ambassadeur et le cabinet de Versailles réclamaient en vain auprès du gouvernement russe. Pétersbourg faisait la sourde oreille, et Voltaire répondait pour Catherine. En deux ans, ces corsaires ruinèrent notre marine et détruisirent le prestige de notre pavillon. Dans la crainte de complications politiques, Louis XV n'osait pas envoyer un seul vaisseau de guerre dans le Levant pour les intimider ou pour les tenir en respect. Sa faiblesse leur livra notre fortune commerciale.

A peine arrivée devant Baïrout, cette escadre se rangea en ligne de bataille, mais très loin et hors de portée. La ville se trouva bloquée par terre et par mer. Alors une scène curieuse commença.

Les alliés, considérant la place comme prise à l'avance, se mirent à discuter immédiatement leur part de butin. Les Druses prétendaient garder tout ce qu'ils allaient prendre ou plutôt reconquérir. Les

Russes disaient que, comme rien n'était possible sans eux, tout devait leur appartenir. La querelle fut si vive que l'alliance faillit être rompue. A la fin, Youssef, impatienté, offrit une somme de quatre cents bourses, à la condition que les Russes renonceraient à tout autre bénéfice. C'était le bombardement à forfait. Les Russes trouvèrent la proposition mesquine. Baïrout, d'après eux, valait davantage, et ils ne voulaient pas la ruiner de fond en comble pour ce prix-là.

Il y avait dix jours qu'on négociait sans s'entendre, quand arriva l'abbé Agemy. Celui-ci embrouilla encore les affaires. Il servit d'interprète et d'intermédiaire, mais ce fut pour mentir aux uns comme aux autres et pour envenimer les choses. Probablement il tirait de l'argent des deux parties, et il désirait prolonger le différend. Le vingt-deuxième jour, les émirs accordèrent six cents bourses aux Russes. Les Russes demandèrent alors à être payés d'avance. Les émirs refusèrent unanimement, pensant qu'une fois payés les Russes s'en iraient sans brûler une once de leur poudre, et pour la seconde fois tout fut rompu.

L'abbé Agemy raccommoda les choses et fit l'important. Il voulait sa part, lui aussi, dans le pillage final. Le voilà qui va trouver les émirs et qui leur fait comprendre que les Russes ont autant qu'eux le droit de se défier. Il retourne auprès des Russes, et il leur démontre qu'ils ne sont point raisonnables, et qu'après tout on est excusable de ne pas croire à leur parole. Les deux parties consentent à renouer. Il est convenu enfin que les Russes ne seront payés qu'à la fin du siège, mais qu'on leur donnera en garantie un otage : le frère de Mansour, l'émir Mosé. Si le payement n'est pas fait à l'heure dite, l'émir Mosé doit être jeté à l'eau, une pierre au cou.

Cet accord, conclu entre les Druses et les Russes, donna lieu à une sorte de fête. Les vaisseau tirèrent cinquante coups de canon en signe de réjouissance et les Druses firent la *fantasia.* Tout le monde croyait que Dgezzar était perdu et que le bombardement n'allait être qu'une simple formalité. Mais Dgezzar ne l'entendait pas ainsi, et, pour commencer, il voulut étonner ses adversaires par quelque chose de chevaleresque et de surprenant. Il fit saluer les Russes par toutes ses batteries, et il envoya à l'amiral un bateau chargé de six bœufs, de vingt moutons, de soixante poules et de toutes sortes de fruits. L'officier qui accompagnait les bestiaux complimenta Kosakoff de la part de l'ancien Mamlouk, lui souhaita une longue vie et termina en disant que son maître était grand buveur et qu'il accepterait volontiers quelques bouteilles de cognac. Kosakoff aussitôt remit à l'officier un panier de liqueurs variées. Au bout d'une heure environ, cet officier revint apporter les remerciements de Dgezzar. Il ajouta : « Quand le gouverneur de Baïrout aura fini le panier, il fera tirer quatre coups de canon sur la place du sérail. Cela voudra dire que tu peux lui envoyer d'autres liqueurs. » Le lendemain, la bataille commença.

Elle fut terrible. Les vaisseaux se mirent en ligne, à une portée de pistolet des remparts et tirèrent tous à la fois, pendant toute la journée. Une des tours qui protégeait le port s'écroula, écrasant les canonniers et les soldats. Un môle qu'avait fait construire Dgezzar fut coupé en deux. Les murailles se couchèrent dans l'eau, et les maisons atteintes par les bombes s'effondrèrent. L'artillerie de la ville répondit comme elle put, c'est-à-dire assez faiblement. Elle était en mauvais état. Mais, à la stupéfaction profonde des capitaines russes et des émirs qui attendaient le résultat sur le rivage, les assiégés ne parlèrent point de se rendre. Bien au contraire, l'attitude de Dgezzar devint plus impertinente. Il promena sur ses terrasses des mannequins habillés en Druses, et, le soir venu, il illumina le sérail pour célébrer sa demi-victoire.

Les assiégeants se sentirent découragés.

On avait compté sur un effet de terreur, peut-être sur la révolte des habitants. Les habitants secondaient Dgezzar et Dgezzar ne s'effrayait pas. Il fallait chercher autre chose que le bombardement par mer. Kosakoff ordonna à sa flotte de se retirer hors de portée et il fit transporter à terre, dans des barques, ses plus grosses pièces. Une batterie fut établie au nord, et l'on se mit à battre le mur en brèche.

Ce ne fut pas long. Le mur avait l'épaisseur d'une feuille de papier. Il s'ouvrit au bout d'une demi-heure et laissa voir l'intérieur de Baïrout. Alors Kosakoff cessa le feu et il envoya chercher les émirs.

Kosakoff regardait sa besogne comme terminée. Il avait ouvert la brèche, et il pensait que c'était maintenant aux Druses à entrer en scène et à pénétrer dans la ville par l'éventrement de l'enceinte. Malheureusement, les Druses n'entendaient pas de cette oreille. Les bandits de Dgezzar leur inspiraient une peur épouvantable, et ils n'avaient aucune envie de se risquer dans la place. De hautes barricades qu'on entrevoyait au fond des rues; de longs canons de fusil qui passaient dans les fentes des meurtrières, ne les

encourageaient nullement à tenter l'entreprise. Vue
de la campagne, avec ses maisons crénelées et ses
terrasses hérissées d'armes, Baïrout avait l'air d'une
grande souricière à prendre les armées. On devinait
dans l'ombre, à l'intérieur, cette bête féroce de Dgezzar. Il y avait de quoi hésiter.

Les émirs déclinèrent l'offre de Kosakoff. Après
l'avoir félicité de l'excellence de son tir et de la bonté
de son artillerie, ils lui expliquèrent que la brèche
était trop étroite pour l'armée, et qu'en tous cas une
seule brèche n'était pas suffisante. Ils avaient payé
assez cher, disaient-ils, pour en avoir au moins deux
ou trois. La démolition faite par les boulets russes ne
représentait pas une valeur de six cents bourses. Les
émirs voulaient des ouvertures pour leur argent. Kosakoff eut beau expliquer qu'on ne faisait rien de
plus ni rien de mieux ordinairement, et que tous les
généraux de l'Europe se contentaient de brèches pareilles : les émirs ne voulurent rien entendre. Il fallut
que les capitaines russes se remissent au travail.

Ils le firent avec rage. Transportant leurs batteries
de droite et de gauche, quoique ayant à souffrir beaucoup du feu de la place, ils ouvrirent le mur d'enceinte à sept ou huit endroits différents. Un témoin ocu-
laire dit : «Le rempart était tout entier en brèches.»
Puis, cette besogne faite, ils se tournèrent de nouveau vers les émirs : « Entrez! » Cette fois, les émirs,
après s'être consultés, répondirent : « Vous venez de
prouver que vous étiez très habiles dans l'art de la
guerre, et que vous vous entendiez, bien mieux que
les Druses, à prendre les villes. Entrez vous-mêmes.
Nous devons reconnaître votre supériorité en marchant derrière vous. »

Kosakoff pensa qu'on se moquait de lui et se mit fort en colère. Mais les émirs n'en voulurent pas démordre. « Vous êtes un grand capitaine, répétaient-ils, et vos marins sont des héros. Jamais nous ne consentirons à vous enlever l'honneur d'entrer le premier dans la ville. Il vous revient de droit. C'est à nous à vous suivre : marchez. » Cela dura environ une semaine.

L'escadre russe avait perdu beaucoup de monde. Kosakoff ne tenait pas à sacrifier tous ses équipages. Il trouva qu'il avait suffisamment gagné son argent et, tout net, il le réclama. « Entrez ou n'entrez pas, fit-il dire aux émirs, cela vous regarde. Pour moi, je considère que j'ai fini. Vous m'avez loué pour bombarder : j'ai bombardé; pour battre les murs en brèche : j'ai battu les murs en brèche. Rien de plus n'a été stipulé dans le contrat; donnez-moi les six cents bourses promises. Tous mes engagements sont tenus, tenez les vôtres. »

Sur cette sommation, la querelle recommença plus violente. Les émirs prétendaient qu'ils ne devaient les six cents bourses que le jour où Baïrout serait en leur pouvoir, et les capitaines russes, au contraire, soutenaient que les six cents bourses étaient payables le jour où la brèche était faite et où les Druses pouvaient entrer dans la ville. De part et d'autre, on argumenta longuement. L'abbé Agemy se mêla encore de la chose et essaya de concilier les parties. Il lui fut impossible d'y parvenir. Kosakoff enfin déclara qu'il allait jeter à l'eau l'émir Mosé.

L'émir Mosé poussa des cris. Il supplia son frère Mansour, Youssef, les autres émirs, tout le monde. L'abbé Agemy intervint. Mais Kosakoff se montra,

d'abord, intraitable. Peu à peu, ensuite, il se laissa
fléchir. L'amiral russe comprenait très bien qu'une
fois Mosé noyé, il n'avait plus rien à attendre des
Druses et qu'il ne serait jamais payé. Il proposa,
alors, de s'adresser à Dahers pour lui demander de
venir avec son armée prendre la ville. Les autres
acceptèrent avec joie, et le comte Marco fut chargé
de la mission. Cependant Kosakoff, tenant toujours
l'affaire pour terminée, fit réembarquer ses canons
et se retira au fond de la baie Saint-Georges avec l'escadre.

Dgezzar, informé de tout ce qui se passait, guettait
ce moment. Aussitôt le soir venu, il se précipita sur
le camp druse, il détruisit les épaulements construits
par les Russes et il chassa l'ennemi de la plaine. A ce
moment, il se croyait presque certain de la victoire
définitive. Son coup de tête semblait réussir absolument. Un courrier avait traversé les lignes des assiégeants et lui avait apporté la nouvelle qu'Osman de
Damas, à la tête d'une armée, arrivait à son secours.
Ainsi, il avait troublé la Syrie tout entière, il avait
tenu en échec la terrible flotte de Catherine; il avait
forcé le pacha de Damas à se mettre en campagne
pour lui seul ; le bruit de ses victoires était venu jusqu'à Stamboul, et quelques jours à peine le sépa-
raient du but si ardemment désiré et si infatigable-
ment poursuivi. Il s'enferma dans le sérail, et il se
grisa toute la nuit avec ce qui lui restait de cognac.

Un beau matin, la situation changea brusquement.
La victoire désirée, le pachalik espéré, l'apothéose
attendue, tout cela s'évanouit comme le rêve d'un
ivrogne. Dgezzar apprit qu'Osman avait été battu à
plate couture dans les plaines de la Béka par les

troupes de Dahers et que les Druses revenaient en
force. Il y avait alors quatre mois qu'il était assiégé
dans Baïrout; il y avait dix mois qu'il avait proclamé
son indépendance. Les vivres et les munitions lui
manquaient. Ses canons allaient devenir forcément
muets, et ses soldats allaient mourir de faim. Tout à
coup il se trouvait en face de ce dilemme : ou se rendre aux Russes qui voulaient le pendre à une vergue,
ou se rendre aux émirs qui, à leur tour, annonçaient
l'intention de le faire asseoir sur un pal.

Il devait prendre une décision prompte avant que
l'ennemi fût bien certain de son dénuement et sût, au
juste, à quoi s'en tenir sur sa faiblesse. Mais que devait-il choisir? le fer ou la corde? Une inspiration lui
vint; il envoya un de ses officiers, Omar-Aga, au cheik
Dahers, que sa campagne contre Osman avait empêché
de venir tout de suite devant Baïrout. L'aga avait mission de lui dire : « Dgezzar te regarde comme son
adversaire le plus loyal. Il t'admire et il t'aime. C'est
à toi seul qu'il veut rendre la ville. Si tu obtiens la vie
sauve pour lui et la garnison, il s'engage à quitter le
parti du Grand Seigneur et à entrer à ton service avec
ses soldats. Tu as vu de quoi il était capable. Tu sais
qu'il est terrible à la guerre. Accepte sa proposition
et il est à toi pour toute la vie. »

Ce langage surprit Dahers autant qu'il lui plut. Il
aimait ce qui était franc et original. En outre il avait
besoin de soldats pour ses expéditions continuelles, et
un lieutenant tel que Dgezzar ne lui semblait pas à
dédaigner. Pourtant, avant de se décider, il demanda
à voir le gouverneur de Baïrout. Une entrevue fut
fixée pour la semaine suivante, et l'aga revint, plein
d'espérance, rejoindre son maître.

Dgezzar obtient un sauf-conduit; un navire russe vient le prendre dans le port pour le conduire à Seyda. Mais voilà tout à coup Dgezzar qui est pris de faiblesse; il tremble comme un petit enfant et il refuse de s'embarquer. On lui demande pourquoi. Il a peur que le comte Johanni, le commis matamore, l'assassine en route. C'est en vain qu'on lui jure par le prophète, par Allah, par tout ce qu'on peut imaginer de plus sacré, qu'on ne touchera pas un poil de sa barbe : il refuse obstinément.

Il faut que le gouverneur de Seyda, Degnizlé, vienne le chercher lui-même et l'emmène dans une barque. Quand il voit Dahers, il se précipite sur ses mains qu'il baise, il l'appelle « mon père ». Il lui jure fidélité éternelle. Dahers se sent touché. Tous deux causent à cœur ouvert. « Comment, demande Dgezzar, empêcherez-vous les Russes de me pendre? les Druses de me réclamer? » Dahers promet d'obliger les uns et les autres à laisser sortir la garnison avec les honneurs de la guerre. Dgezzar lui baise les mains encore une fois. Le traité est conclu. Il faut maintenant que l'ancien Mamlouk évacue la ville au plus vite, et qu'il s'en aille, avec ses hommes, guerroyer pour le compte du cheik d'Acre contre le pacha de Jérusalem.

Dgezzar retourne à Baïrout. Il apprend la bonne nouvelle à ses hommes, qui s'attendaient à être écharpés, empalés ou pendus. Tandis que Dahers impose le traité de paix aux alliés, il fait ses préparatifs de départ, et mystérieusement, sans que les ennemis s'en aperçoivent, il dirige sur Tripoli des chameaux chargés de grandes caisses, qui partent la nuit.

La garnison, enfin, s'assemble un matin sur la place du sérail; toutes les musiques se mettent à jouer, les drapeaux s'agitent; Dgezzar paraît sur un cheval caparaçonné; les portes s'ouvrent, et cette petite armée sort triomphalement de la ville qu'elle a défendue contre toutes les forces de l'Orient. La flotte russe la salue; les Druses la regardent de loin, sur les hauteurs qui dominent la plaine. Elle se dirige vers le sud et se présente devant Seyda. Son allure est si martiale qu'un soupçon vient à Degnizlé. S'il la laisse entrer, ne s'emparera-t-elle pas de Seyda comme elle s'est emparée de Baïrout? Il n'a que le temps de courir aux remparts et de s'enfermer. L'armée s'arrête sur une éminence où elle établit son camp. Mais Dgezzar obtient la permission de venir en ville, et il demande à être présenté à M. de Taulès, consul de France.

La visite est curieuse. Il se précipite sur le consul; il le serre dans ses bras en l'appelant « mon frère », et il lui déclare qu'il n'a jamais aimé personne autant que lui. « Si vous me mettiez à la porte, lui dit-il, je rentrerais par la fenêtre, et je me ferais clouer, avec de gros clous, sur le divan, pour que vous ne puissiez recommencer. » M. de Taulès était d'autant plus surpris que la France soutenait le parti de la Porte et que Dgezzar venait de l'abandonner. Comme, cependant, il faisait servir des sirops selon la mode orientale, Dgezzar demanda du vin ou de l'eau-de-vie. Le consul ne put retenir un mouvement de surprise; mais Dgezzar, vidant une bouteille, répondit en riant et clignant de l'œil : « On peut bien être infidèle à Mahomet quand on a trahi le Grand Seigneur. » Ce clignement d'œil et ces paroles étranges donnèrent à penser au consul.

En sortant, Dgezzar se rencontra avec le comte

6

Johanni. Il n'avait plus peur, et comme l'avenir lui souriait, il se sentait en veine d'insolence. — Es-tu allé rendre visite à M. de Taulès? demanda-t-il au capitaine russe. — Non, dit celui-ci. — Eh bien! reprit Dgezzar, il me semble que, quand un Sandjiac comme moi va chez le consul, tu pourrais bien y aller, toi, espèce de chien! »

A Sour, on fit à Dgezzar une entrée triomphale. Les maisons étaient couvertes de palmes et de branchages, et la population tout entière debout poussait des cris de joie. Le soir, on illumina et on tira le canon. Dgezzar était passé héros.

En quittant Sour, il dut se diriger, suivant les ordres qu'il avait reçus, sur Naplouse, pour de là rejoindre l'armée de Dahers et le territoire de Jérusalem. L'armée de Dahers, à laquelle il était annoncé, l'attendit en vain. Tout à coup une nouvelle étonnante, se répandit : Dgezzar était à Damas avec sa troupe. Il venait de trahir le cheik d'Acre comme auparavant il avait trahi l'émir des Druses.

Au moment où Dgezzar sortait de Baïrout, les alliés, Youssef, Dahers et Kosakoff se réunissaient pour se partager régulièrement le butin espéré. Dahers demandait seulement qu'on lui donnât cinq cents soldats albanais embarqués à bord de l'escadre. Kosakoff réclamait ses six cents bourses, et Youssef s'adjugeait ce qui lui avait été volé. Tout le monde s'imaginait la ville remplie d'or. Les Russes s'y précipitèrent les premiers cette fois; les Druses entrèrent à leur tour par toutes les brèches. Mais leur déception, aux uns et aux autres, fut cruelle : Baïrout était vide. Il n'y restait plus un sou. Pendant les négociations, Dgezzar, qui déjà avait son plan, s'était hâté de tout envoyer à Tripoli et. de là à Damas. Les caravanes chargées du trésor avaient traversé les lignes des assiégeants sans qu'on songeât à les arrêter.

Youssef s'arracha la barbe; Kosakoff poussa des rugissements; puis, après avoir rugi, revenant aux choses positives, il réclama ses six cents bourses. Alors, Youssef, désolé, lui avoua qu'il comptait sur le trésor pour le payer et que, le trésor ayant disparu, le paiement était impossible. Kosakoff ne répondit qu'en donnant l'ordre de jeter à l'eau l'émir Mosé. Cet ordre fut le signal d'une explosion de cris dans laquelle l'émir Mosé se distingua.

On entoura Kosakoff. A quoi servirait la noyade de l'émir? Les Russes seraient-ils plus riches après cela? On ne pouvait point punir la famille de Mahalem II d'un malheur qui s'ajoutait à beaucoup d'autres. Ce n'était pas sa faute si l'argent avait disparu. Kosakoff ne voulut entendre à rien. Les émirs, le voyant irréductible, demandèrent cinq minutes pour se consulter. Après avoir fait beaucoup de calculs, ils s'aperçurent qu'en imposant une forte avanie à la nation druse, ils pouvaient réunir la presque totalité de la somme. L'émir Mosé fut sauvé, et il arriva ce qui arrive toujours dans des cas pareils : ce fut le peuple qui paya.

Le siège de Baïrout eut un lugubre épilogue. Un matin, les gens de Seyda aperçurent, flottant sur la mer, quelque chose qui avait l'apparence d'un radeau. Croyant que peut-être un navire avait naufragé sur la côte, ils envoyèrent une barque voir ce que c'était. Au bout d'une heure, les marins qui montaient la barque revinrent épouvantés. Ils avaient aperçu, disaient-ils, un monstre énorme qui, quoique immobile et endormi, les avait regardés avec deux ou trois mille grands yeux fixes. La terreur se répandit par la ville. Degnizlé fut averti, et il obligea une felouque armée en guerre d'aller à la découverte. Le monstre annoncé n'était rien qu'une masse effroyable de cinq ou six cents cadavres, attachés ensemble par des cordes et qui flottaient.

Voici ce qui s'était passé. Le comte Johanni avait réquisitionné quelques navires européens pour emporter les trésors qu'on croyait trouver à Baïrout. Sur ces navires se trouvaient soixante-dix mille pataques en espèces. Johanni pensa à se les approprier, et pour faire disparaître les témoins du vol et empêcher le comte Orlow, grand amiral, de lui réclamer sa part, il avait coulé un des bateaux après avoir attaché sur le pont tous les équipages qu'il avait fait égorger. Par un hasard extraordinaire, ce pont, séparé de la quille en sombrant, était remonté à la surface, et la mer l'avait porté à la côte.

Après le siège de Baïrout, il y eut un moment d'accalmie. L'Orient épuisé par tant de guerres et d'aventures se reposa. Moustapha III était mort en janvier 1774, juste deux mois avant Louis XV, et Abdul-Hamid lui avait succédé.

Ce règne devait ressembler au précédent. Le grand vizir, qui s'entendait avec les généraux russes pour faire battre ses propres troupes, devint plus puissant que jamais. Il avait à sa dévotion le reys-effendi et le grand écuyer, anciens valets qui lui devaient leur fortune et qui étaient devenus les maîtres de Constantinople et de l'empire. Épuisé et hébété, quoique jeune encore, le sultan vivait dans son sérail comme une plante dans une cave. Rien ne lui venait du dehors :

ni lumière ni vérité. Sa grande affaire était de savoir s'il pourrait encore avoir des enfants. Pendant ce temps-là, son armée du Danube, trahie quotidiennement, se débandait, abandonnant tout son matériel; il perdait la Crimée sans que rien de sérieux fût essayé pour la défendre. Enfin, au mois d'août, malgré les efforts de la France, il signait un traité de paix honteux, qui livrait aux Russes la navigation de la mer Noire.

Le premier effet de cette paix fut de faire foisonner les pirates dans les eaux de la Méditerranée. Orlow licencia ses équipages gréco-italiens qui continuèrent pour leur compte le métier qu'ils faisaient pour le compte de la Grande Catherine, et la flotte russe quitta l'Archipel.

Dahers et Youssef en éprouvèrent, pour des raisons différentes, un chagrin profond. Dahers perdait ses alliés; Youssef voyait avec terreur la fin des hostilités. Pour reprendre Baïrout et recouvrer son trésor, il s'était uni aux ennemis de la Porte et il se disait que le sultan n'ayant plus à soutenir la guerre allait châtier les rebelles et leurs amis. En cela, il ne se trompait guère. Aussi ne savait-il à quel saint se vouer. Sad, son ministre, se mit à rédiger des mémoires justificatifs qu'il envoya à tous les ambassadeurs. C'est alors qu'il fit écrire à son maître une lettre au roi de France et une lettre à Turgot. Les deux pièces sont assez curieuses. L'émir dit à Turgot qu'il « porte le drapeau de la grandeur et de la magnificence », et au roi que « Dieu perpétuera parmi ses guerriers les prodiges de valeur et les plus éclatants exploits ». Il finit en lui offrant des chevaux. En passant, l'émir rappelle que les empereurs de France — on ne disait jamais les rois — ont toujours protégé les chrétiens du Liban, et que cette protection s'est de tout temps étendue aux Druses et à leurs princes. La conséquence était que le cabinet de Versailles devait à tout prix protéger Youssef, qui, en retour de ce service, annonçait qu'il sacrifierait toute son écurie à Louis XVI.

Si Youssef était inquiet, Dahers ne l'était pas moins. Il n'avait pu obtenir les cinq cents Albanais qu'il réclamait aux Russes, et ses enfants se révoltaient encore une fois. En outre, il était las de ses soixante-dix ans de lutte. La pensée lui vint de faire une seconde fois sa paix avec la Porte. Pourquoi ne se serait-il pas réconcilié, lui aussi, avec le Grand Seigneur? Un chef mothuali, le philosophe Capellan, celui qui ne s'était jamais mêlé à aucune guerre, offrit au cheik d'Acre sa médiation. Il alla trouver Osman à Damas, et Osman changeant subitement de sentiments et de manières, promit de travailler à la conclusion de la paix. Osman était plein d'arrière-pensées.

Tout fut bientôt arrangé. La Porte se montra d'une facilité excessive : elle ne chicana ni sur un titre ni sur un territoire. Comme en 1760, Dahers fut reconnu prince des princes cheik d'Acre et de toute la Galilée. Il obtint la reconnaissance officielle de ses empiétements successifs; on lui donna Seyda, le pays des Mothualis, Sour, Saphed, Jaffa, Haïffa et tout ce qu'il avait conquis ou volé. En outre, on le proclama pacha et on lui envoya les deux queues. La cérémonie de l'investiture fut solennelle. Acre illumina et tira un feu d'artifice. Toutes les forteresses de la côte firent des décharges d'artillerie. Osman écrivit une longue lettre pour féliciter son nouveau collègue. Mais à cette même heure, et sans que le fait fût autrement remarqué, une petite escadre quitta nuitamment Stamboul et se dirigea vers le sud, sous les ordres du grand amiral turc Husseïn-Gaezerli-Pacha.

Pour s'attirer la confiance de Dahers, Osman de Damas lui offrit un secours de quinze cents hommes pour mettre ses fils à la raison. Saïd et Aly révoltés tenaient la campagne. Aly se battait pour le compte de son frère, dont l'apanage ne lui paraissait pas suffisant. Dahers se trouva enfermé dans Acre. Il arma les gens du bazar, mit les uns à cheval, envoya les autres à pied, se plaça à leur tête et fut abandonné par tous. Sa cavalerie se sauva, mais son infanterie fut prise. On allait même la massacrer, quand Saïd, vainqueur, intervint. Il cria à ses hommes : « Ne tuez pas les soldats de mon père ! » mais il permit de les dépouiller. On abusa de la permission. L'infanterie perdit non seulement ses armes, mais ses habits. Elle rentra dans Acre toute nue. Les correspondances consulaires disent : « Ces malheureux n'avaient plus pour vêtement que la paume de leurs mains. »

Dahers, qui avait refusé le secours d'Osman, fut contraint de céder. Il donna Naplouse et son territoire à Saïd et fit la paix. Mais à ce moment un nouveau désastre vint fondre sur lui. Son neveu Assen-Saïd, ayant entrepris une expédition contre les bédouins du sud qui avoisinent la mer Morte, fut battu et livré au pacha de Jérusalem. Le pacha de Jérusalem, d'accord avec les Bédouins, fit couper la tête du neveu de Dahers, et il la plaça sur les remparts de la ville. C'était Osman de Damas, le nouvel allié d'Acre, qui, en secret, avait conseillé cette exécution.

Dahers convoqua les Mothualis, les Saphédiens, tous ses fils, et dirigea une expédition contre les bédouins.

Son armée ne put les atteindre et faillit mourir de soif dans le désert. Alors, Dahers, pour se consoler de ses pertes, fit réclamer à Damas les tentes, l'argent, les armes et les chameaux que Dgezzar avait emportés de Baïrout, et dont il s'était composé une fortune personnelle. Osman, malgré l'opposition et les cris de l'ancien Mamlouk, les renvoya aussitôt à Dahers, le priant seulement de rendre aux Druses ce qui se trouvait là dedans de leurs richesses perdues. Dahers ne rendit rien à personne, garda tout pour lui, et termina ainsi, d'une manière assez originale, l'histoire du trésor de l'émir Youssef.

Quant à Dgezzar, redevenu pauvre et dépouillé à son tour, il s'enferma dans une petite maison à Damas, et solitaire, abandonné, triste, il attendit un retour de la fortune. Son aga-bacha, qui l'avait aidé dans ses vols de Baïrout, fut encore moins heureux que lui. Retenu à Seyda par Degnizlé, qui voulait lui faire rendre gorge, il finit par tomber, un peu malgré lui, sur des rochers où il se fracassa le crâne.

Les choses en étaient là quand, tout à coup, la Syrie fut de nouveau bouleversée. L'Égypte se déchaîna sur elle. Abou-Dahab recommença pour son compte l'expédition qu'il avait conduite autrefois pour le compte d'Aly-Bey. Il y avait cependant cette différence que, sous Aly-Bey, Abou-Dahab faisait la guerre à la Porte et avait Dahers pour allié, tandis que, cette fois-ci, Abou-Dahab prétendait guerroyer au nom du sultan et marchait contre Dahers. Depuis son entrevue nocturne, sous les murs de Damas, avec Osman vaincu, Abou-Dahab était toujours resté fidèle à la Turquie. Dès son arrivée au pouvoir, il avait envoyé sa soumission à Stamboul ; il avait payé le miry et sollicité le retour d'un pacha au Caire. Plus tard, il s'était fait donner la ferme de Rama et de Gaza, et il avait ainsi obtenu du divan l'autorisation de mettre un pied en Syrie.

Avant de quitter le Caire, Abou-Dahab prévint Stamboul de la guerre qu'il allait entreprendre, et Stamboul, qui venait de reconnaître solennellement Dahers pour pacha d'Acre, s'empressa d'accorder au jeune bey la permission de le renverser. On ne s'explique guère, à première vue, les motifs d'Abou-Dahab pour se lancer dans cette aventure. Maître de l'Égypte, quel intérêt avait-il à se jeter sur la Syrie? Il semble, en effet, qu'il n'en ait eu qu'un bien mesquin. Le but de son expédition était tout simplement de s'emparer du trésor : armes, pipes, diamants, argent monnayé, qu'Aly-Bey avait laissés chez Dahers à la garde d'Ybrahim-Sebag, lors de sa dernière expédition contre le Caire. Pour quelques grosses malles pleines de chibouks et de kandjiars, il armait l'Égypte et il allait mettre le Liban à feu et à sang.

Son armée, énorme pour ce pays-là, se composait de quinze mille combattants, la plupart à cheval. Il avait cependant une infanterie de Maugrabins et une artillerie qui passait pour formidable. Une de ses pièces était si grosse qu'il avait dû la faire venir en bateau jusqu'à Gaza où il la laissa, d'ailleurs, faute de pouvoir la traîner avec lui. Cette artillerie était commandée par un officier anglais, M. Robinson, jeune homme fort instruit et fort bien élevé, qu'on disait avoir émigré en Égypte à la suite de chagrins d'amour.

Abou-Dahab s'avança avec une grande rapidité. Il atteignit Jaffa sans rencontrer de résistance. Cette pauvre Jaffa, déjà en proie à la guerre civile perpétuelle, était toujours victime des guerres étrangères.

Après avoir si longtemps et si opiniâtrément résisté à
Dahers et à Aly-Bey, elle allait se trouver obligée de
soutenir l'assaut des Égyptiens. Elle jouait de malheur.
Au moment où Aly-Bey était encore puissant, les partisans du sultan y étaient devenus les plus forts, et au
moment où Abou-Dahab arriva, c'étaient les partisans
de Dahers qui détenaient le pouvoir. La ville ferma
courageusement ses portes. Un nouveau siège commença.

Il fut long. Abou-Dahab, malgré ses victoires, n'était
point un général de premier ordre. La moindre bicoque l'arrêtait. Sa première attaque aboutit à un
désastre. Quelques-unes de ses pièces d'artillerie
furent démontées; son infanterie, qui s'était aventurée
trop près des murs, prit la fuite, et sa cavalerie assista
au combat sans savoir que faire. Le lendemain, heureusement, M. Robinson mit un peu d'ordre dans l'attaque. Il éloigna les canons qu'on avait placés à une
portée de pistolet des remparts; il essaya de construire
un épaulement, et il obtint de ses hommes un tir à
peu près régulier. Cependant Jaffa ripostait avec énergie, et la nuit les quelques Maugrabins qui gardaient
la ville pour Dahers bouchaient les brèches qu'on avait
faites dans la journée.

Au bout de deux mois, Abou-Dahab ne se trouvait
guère plus avancé que le premier jour. Il était au
désespoir. Ce jeune Mamlouk avait une vanité extraordinaire. Son peu de succès l'irritait d'autant plus
que les assiégés se moquaient de lui. Ils promenaient
des mannequins vêtus en Mamlouks sur les remparts,
ou bien, quelquefois, ils passaient leurs têtes entre
les créneaux et tiraient la langue. Abou-Dahab avait
des accès de rage qui allaient jusqu'aux convulsions.

On le vit plusieurs fois se rouler par terre. Il ne parlait que d'empaler tous les habitants de Jaffa, hommes et femmes.

A la fin, cependant, le canon ouvrit une brèche si grande qu'il fut impossible de la réparer. L'infanterie égyptienne avait fort diminué et ne tenait guère à se risquer dans la ville. Abou-Dahab eut l'idée d'y faire entrer ses Mamlouks. Malheureusement, il fallait que les Mamlouks abandonnassent leurs chevaux et allassent à pied. Cela les gênait beaucoup, à cause de leurs armes et de leur costume. A la fin on les décida. Ils se mirent en rang, le sabre recourbé au poing, et ils essayèrent d'escalader les décombres, avec leurs grosses bottes trop larges, qui ne tenaient pas le pied, leurs pantalons flottants comme des jupes, et leurs énormes ceintures toutes bourrées de pistolets. A chaque pas, ils perdaient l'équilibre, et, le poids qu'ils avaient sur le ventre les entraînant en avant, ils tombaient comme s'ils s'étaient amusés à ce jeu qu'on appelle : la course en sac. Leur bataillon atteignit cependant le chemin circulaire qui, intérieurement, suivait le rempart. Arrivés là, ils furent reçus par une telle décharge de mousqueterie qu'ils se sauvèrent comme ils purent, et en faisant des culbutes les uns par-dessus les autres. L'attaque ne fut pas renouvelée, et Abou-Dahab, plus furieux que jamais, se résigna au blocus.

Jaffa, qui commençait à manquer de vivres, espérait un secours de Dahers. Rien ne venait. On n'avait aucune nouvelle du vieux cheik. Ses Mothualis n'apparaissaient pas dans la plaine, et ses navires, mouillés devant Acre et Seyda, n'osaient pas attaquer la flottille qui suivait l'armée d'Abou-Dahab.

Quand il n'y eut plus rien à manger dans la ville, Abd-el-Kérim, qui commandait pour Dahers, perdit tout espoir et commença de traiter avec l'Égyptien. La rage, chez Abou-Dahab, avait fait place au découragement. Il offrit la vie sauve aux défenseurs de Jaffa, et il promit de ne point faire de mal à la population. La capitulation allait être signée, quand des Mamlouks entrèrent en se promenant dans la ville alors ouverte. Les habitants étaient sans défiance, puisqu'il ne manquait plus qu'une formalité pour que la paix fût conclue. Comme il arrive souvent dans ces occasions-là, un coup de fusil partit on ne sait d'où. Les Mamlouks se crurent ou se prétendirent attaqués. Ils appelèrent leurs amis. L'armée accourut à leur suite. Jaffa fut pillée, et les habitants égorgés. Il n'en resta pas un seul vivant (20 mai 1775).

Si Dahers n'était point venu au secours de Jaffa, ce n'était pas sa faute. Lui-même se trouvait menacé et assiégé. Le malheur commençait à l'atteindre, et il était près de sa fin. Ses fils qui, jusque-là, ne l'avaient jamais abandonné en face de l'ennemi, le trahissaient. Il avait trop vécu. Son aîné, Aly-Dahers, qui approchait de soixante-dix ans, était jaloux de lui. Il voulait devenir maître d'Acre à son tour, être pacha, échapper enfin à la tutelle paternelle et aux tracasseries du ~~juif~~ Ybrahim-Sebag. Ses frères prenaient son parti. La guerre avec Saïd, qui avait abouti à l'abandon de Naplouse, n'avait rien terminé. A l'approche de l'armée égyptienne, les ambitions parricides s'éveillèrent. Pour la première fois, les enfants refusèrent de secourir le père de famille. Aly fit mieux : il envoya des ambassadeurs à Abou-Dahab, qui assiégeait Jaffa, et il lui demanda de traiter séparément avec lui.

Abou-Dahab accepta, et, comptant bien ne pas tenir sa parole, lui jura paix et amitié. Alors Aly se tourna contre son père abandonné; il vint ravager le territoire d'Acre, et tandis que le chef des beys du Caire se morfondait devant la ville bloquée, il neutralisa ce qui restait d'armée au vieux cheik.

La ruine de Jaffa lui porta le dernier coup. La terreur se répandit dans le pays. Jusque-là, on avait cru à la fortune de Dahers. On le vit perdu. L'effet fut terrible. Toute la population d'Acre, affolée, courut aux portes, non pour les fermer et pour se préparer à la défense, mais pour fuir. On s'attendait à des pillages et à des tueries épouvantables. Chacun chargeait ses richesses, ou ses meubles, ou ses hardes, sur des ânes et cherchait à s'en aller. Dahers seul, avec quelques Maugrabins, s'opposa tout un jour à ce départ en masse. Il aurait voulu armer le peuple. Sa présence contint les fuyards. Mais, le lendemain, l'émeute éclata. La peur rendait tous ces gens furieux. A leur tour, ils assiégèrent Dahers dans son château. Les Maugrabins découragés ne résistèrent plus. Le vieux cheik fut contraint de céder. On ouvrit la porte. En moins de quatre heures, la ville se vida tout entière. D'immenses files d'hommes, d'enfants et de femmes traversèrent la plaine, puis disparurent dans la montagne. Il ne resta à Acre que quelques Maugrabins et que les négociants français qui s'étaient barricadés dans leur khan.

Le 23 mai, un parti de cavaliers barbaresques et de paysans mal armés se présenta sous les remparts. C'était la troupe d'Aly-Dahers. Il était lui-même à leur tête; il venait sommer son père de livrer Acre et de s'enfuir. Le vieux cheik essaya de parlementer et de ramener son fils à lui. Aly ne voulut pas le voir. Il fut d'autant plus impitoyable qu'il sentait son crime. Dahers demanda à se retirer de Saphed, sa patrie, où son père avait commandé, et où lui-même avait régné longtemps. Aly refusa et ne voulut lui laisser que le choix entre le château de Deïr-Hanna et Seyda. A Seyda commandait Degnizlé. C'est Seyda que choisit Dahers. Accompagné de douze hommes seulement, il monta à cheval et il s'en alla tristement le long de la mer, au pas, sans oser une seule fois tourner la tête pour regarder, derrière lui, la grande ville déserte.

Dahers parti, Aly entra. Son premier soin fut de courir au château, de se proclamer gouverneur et d'écrire à Abou-Dahab. Dans cette lettre, il annonçait au bey égyptien qu'il avait chassé son père, qu'il s'était emparé d'Acre et qu'il attendait des ordres. Aly espérait, assez naïvement, qu'Abou-Dahab allait le récompenser de sa trahison. Cependant ses Barbaresques et ses paysans, voyant Acre sans défense et sans habitants, se mirent à enfoncer quelques portes. Une querelle s'éleva entre eux au sujet du butin. Ils se jetèrent les uns sur les autres et commencèrent à s'entre-tuer. Aly n'eut que le temps d'accourir et, pour empêcher de nouvelles batailles, il leur donna la ville à piller. Tout ce que les habitants n'avaient pas emporté disparut.

La réponse d'Abou-Dahab n'était pas arrivée au bout de huit jours. Aly devint inquiet. Ce silence était de mauvais augure. Il commença à déménager le château de Dahers : coffres, bijoux, armes, munitions, il fit tout transporter à Deïr-Hanna, cette forteresse qu'il avait d'abord offerte dédaigneusement à son père, et qui allait devenir son dernier asile. Il chercha partout, pour se les approprier, les trésors d'Aly-Bey, cause de la guerre, que devait cacher Ybrahim-Sebag. Mais il ne put mettre la main ni sur Ybrahim ni sur les trésors. Le vieux juif était parti depuis longtemps.

La réponse d'Abou-Dahab arriva enfin. Aly ne la montra à personne, mais l'apparence est qu'elle était fort dure et qu'on lui annonçait qu'il serait traité en rebelle. Depuis quelques jours, il s'attendait à quelque chose de pareil. Il se hâta d'enlever les derniers meubles et, escorté de ses Barbaresques, il s'en alla, laissant la ville sans habitants et la porte ouverte.

Le 31 mai, l'armée égyptienne parut. Mourad-Bey, avec une avant-garde de Mamlouks, vint prendre possession d'Acre. Abou-Dahab campa dans les jardins. C'est là que les négociants français, enfermés depuis quinze jours dans leur khan, vinrent le voir. Ils le trouvèrent étendu sur des coussins et à demi endormi. A peine avait-il l'air d'entendre ce qu'on lui disait. De temps en temps, il faisait un petit geste pour qu'on lui apportât une nouvelle pipe. Au compliment du consul, qui se sentait un peu honteux de son rôle, il ne répondit que par un signe de tête. Il avait l'air très jeune encore, et les broderies qui le couvraient et qui rendaient ses vêtements tout raides, lui donnaient plutôt l'aspect d'un mannequin que d'un général.

Il s'enquit, dès son arrivée, de l'endroit où était caché le trésor d'Aly-Bey. Comme personne ne put le lui indiquer, il ordonna des fouilles dans le château de Dahers et dans la ville. Les fouilles ne produisant rien, l'idée lui vint que peut-être Ybrahim-

Sebag avait confié ses richesses aux négociants français, avant de partir. Il fit appeler, de nouveau, le consul, l'interrogea et le menaça. Le consul jura qu'il ne savait rien, et Abou-Dahab recommença à fouiller.

Pendant ces guerres, la position de nos nationaux était difficile. Ils vivaient sous le couteau. A peu près abandonnés par la France, seuls dans ce pays barbare, ils n'avaient rien pour se défendre contre l'ennemi. Beys, cheiks et pachas les traitaient à peu près comme c . traitait les juifs au moyen âge. Ils les enfermaient dans des ghettos qui s'appelaient « contrées » en Égypte, « khans » en Syrie, et dont il leur était parfois interdit de sortir sous peine de la vie. On leur extorquait de l'argent à tout propos. L'avanie prenait, avec eux, toutes les formes. Tantôt c'était un prêt qu'on exigeait, tantôt un cadeau. Et il ne fallait pas seulement donner au maître : les officiers, les employés, les domestiques eux-mêmes se croyaient le droit de rançonner ces malheureux étrangers. Il est vrai de dire que nos nationaux faisaient des affaires avec les beys, les cheiks et les pachas, et que parfois le commerce les vengeait.

Aux grosses dépenses, qui étaient forcées, s'ajoutaient les petites, qui n'étaient pas absolument volontaires. On est effrayé, quand on a entre les mains les livres de compte des consulats, de l'énormité des sommes arrachées ainsi par la violence ou la menace. La chose est curieuse surtout lors de l'invasion égyptienne. Ce qu'Abou-Dahab et son entourage coûtent aux Français est à peine croyable. Outre les montres, les pistolets, les fusils, les sabres, les tabatières qu'on est obligé d'offrir à l'un et à l'autre, parce que tout cela est impérieusement demandé, on doit servir des rafraîchissements à un état-major innombrable. Or, ce que ces bandits consomment de sirops passe l'imagination. Tel officier subalterne envoie chercher, tous les jours, trente bouteilles d'orgeat; il faut à tel autre vingt litres de tamarin. Un troisième se gorge de groseille. Quant au général en chef, il boit de tout avec une avidité de Gargantua. Pendant ce temps, le malheureux agent français additionne toutes ces bouteilles et tous ces litres; il en remplit des pages et des livres. Et les archives consulaires finissent par ressembler à un inventaire de liquoriste.

L'ingurgitation de ces sirops n'adoucit point Abou-Dahab. Après avoir cherché encore partout, et sans les trouver, les trésors dont il avait pensé s'emparer, il revint à sa première idée qu'ils étaient cachés dans le khan français. Un autre, supposant cela, aurait ordonné une perquisition. Abou-Dahab pensa à organiser un massacre. Il se disait qu'une fois les Français égorgés, il pourrait fouiller le khan plus à son aise. Rien ne s'opposait à ses fantaisies. Aly-Dahers s'était enfermé à Deïr-Hanna; les Mothualis, les Arabes de Saphed, les habitants d'Acre, qu'il avait rappelés dans la ville, étaient venus lui faire leur soumission. Quant à Dahers, il avait passé deux jours à Seyda avec Degnizlé; il avait tenté de s'y défendre, mais, se voyant abandonné encore une fois par tous, il avait quitté Seyda, comme il avait quitté Acre, et s'était jeté dans la montagne. Degnizlé, enfin, bien que fidèle au vieux cheik jusqu'à la dernière heure, était venu à son tour trouver Abou-Dahab dans son camp, et il avait fait sa soumission comme les autres.

Les Égyptiens étaient donc absolument maîtres de la Syrie, quand un événement inattendu vint changer la face des choses. Un soir, le chef de l'artillerie du bey, M. Robinson, qui ignorait que les négociants français fussent en danger, dînait au consulat. Il arriva tard et donna pour raison qu'Abou-Dahab s'étant trouvé malade l'avait retenu près de lui. Personne ne fit attention à cet incident. Trois heures après, on apprit qu'Abou-Dahab était mort.

Sa fin a été diversement racontée. Les uns disent qu'elle fut très douce ; d'autres, qu'elle fut terrible, et que, pendant toute une nuit, le bey vit défiler devant son lit, et se tenant par la main, les spectres de tous ceux qu'il avait assassinés. Les chrétiens racontèrent qu'il avait été tué à coups d'épée par deux anges, pour le punir d'avoir détruit le couvent du Mont-Carmel. La vérité est qu'il eut un accès de fièvre pernicieuse.

La nouvelle de sa mort, immédiatement répandue, affola le camp, tout plein d'étrangers, d'ambassadeurs de toutes les nations syriennes, de cheiks et d'émirs venus pour conclure des traités, de caravanes chargées de présents, de soldats mercenaires offrant leurs services, de matelots de la flotte, descendus à terre pour boire et s'amuser avec les Mamlouks ; de goujats, de brocanteurs et de filles publiques ; tout fut bouleversé en une seconde. Les Égyptiens eurent à la fois la même idée : revenir en Égypte. Ils craignaient que la nouvelle de la mort d'Abou-Dahab n'y amenât un changement de gouvernement ; quelques-uns, comme Mourad-Bey, songeaient disputer le pouvoir à Ybrahim-Bey, qu'Abou-Dahab avait laissé au Caire pour gouverner en son absence.

Au milieu de la nuit, et à la clarté des torches, on voulut partir. Ce fut un tumulte effroyable. Les femmes hurlaient de se voir abandonnées; les Moukres cherchaient leurs bêtes dans l'obscurité en criant; les Arabes allaient d'une tente à l'autre, sous prétexte d'aider les chefs, en réalité pour piller. Des chameaux et des chevaux qui, épouvantés, avaient brisé leurs entraves, couraient et galopaient, sans maîtres. Les Mamlouks se disputaient ou se volaient le butin qu'ils avaient mis à l'écart, et, en se disputant, s'entre-tuaient. On entendait à la fois des coups de feu, des cris de rage, des sanglots. Ce départ était sanglant comme une bataille. On n'écoutait plus les beys, dont les ordres se perdaient dans l'immense clameur de la foule. Les voix de la flotte répondaient à celles de l'armée. Sur mer, le désordre était aussi grand. Les navires dérapaient et mettaient en masse à la voile; mais, pressés les uns contre les autres, ils enchevê-traient leurs vergues, se heurtaient, s'ouvraient, et coulaient bas. La plupart tâchaient de gagner l'Égypte. Quelques capitaines, cependant, profitaient de l'effa-rement général pour se rendre indépendants. Ils met-taient le cap sur le nord-ouest, pour aller rejoindre les corsaires de l'Archipel.

Du haut de leur khan, les négociants français re-gardaient, épouvantés. Les torches violemment pro-menées rayaient la plaine de traits de lumière. Ils entendaient beugler les bestiaux, hennir les chevaux emportés, jurer les soldats. Toute cette masse à demi distincte grouillait furieusement dans les ténèbres, et çà et là, de tentes incendiées par mégarde, s'élevaient de longues flammes droites et blanches.

Au matin, l'armée était en route pour le Caire,

commandée par Mourad-Bey./ Les Mamlouks de l'ar-
rière-garde, à quelque distance de la ville, s'arrêtèrent
pour se battre. C'était une suite des querelles de la
nuit. Le bruit de cette bataille arriva encore à Acre.
Puis tout retomba dans le silence.

Les Maugrabins ne suivirent pas l'armée. Quelques-
uns se jetèrent dans la montagne; d'autres revinrent dans la ville, divisés en deux troupes. La première avait pour chef l'ancien aga de Dahers qui
avait commandé les mercenaires en garnison à Acre;
la seconde, beaucoup moins nombreuse, était conduite par Degnizlé. L'aga voulait se faire gouverneur
et se rendre indépendant. Degnizlé comptait rétablir
le vieux cheik.

Malheureusement pour lui, il arriva trop tard. L'aga
s'était emparé du château, d'où il dominait la ville; il
tenait la porte et les remparts. Degnizlé, qui n'avait
que quatre-vingt-dix-neuf hommes avec lui, attaqua;
mais il fut refoulé vers le port à la fin de la journée,
et obligé de sortir de la ville, en escaladant les rochers et en entrant dans l'eau jusqu'aux épaules. Il
alla camper sur la route de Seyda; puis, le lendemain, acharné à son entreprise et ne voulant pas
s'avouer vaincu, il rentra par le même chemin et
recommença la lutte. Ses soldats criaient : « Dahers!
Dahers! » et les autres répondaient : « Aly! Aly! »
voulant faire croire qu'ils donneraient le pouvoir au
fils aîné du vieux cheik.

Une détonation effroyable, suivie de l'écroulement
de quelques maisons, arrêta le combat. Pendant que
les Maugrabins se fusillaient dans la ville, la partie de
la population, qui était rentrée sur l'appel d'Abou-
Dahab, s'était répandue dans l'ancien camp des Mam-

louks, cherchant le butin oublié la nuit du départ.
Tous ces gens étaient là, furetant, la pipe à la bouche,
quand, tout à coup, ils découvrirent, dans un fond,
quarante barils hermétiquement fermés. C'était de la
poudre. Une étincelle y mit le feu. Tout sauta. La
plaine fut jonchée de cadavres. Degnizlé profita aussitôt de l'événement.

Se sentant trop faible pour réduire son adversaire
par la force, il saisit l'occasion de la cessation involontaire du combat pour demander à entrer en négociations. Les Maugrabins de l'aga voulaient, avant
tout, qu'on leur payât leur solde arriérée depuis longtemps. Il leur promit de l'argent, s'ils consentaient
à rétablir le cheik. Malheureusement les Maugrabins
n'avaient pas confiance en ses promesses. Avait-il pouvoir? Offrait-il des garanties? On en était là des négociations quand, tout à coup, une sentinelle signala un
groupe de cavaliers dans la plaine. Ces cavaliers arrivaient au galop et se dirigeaient sur Acre. Bientôt une
voix connue cria devant la porte fermée : « Ouvrez!
c'est moi! » Et l'on reconnut Dahers.

Les Maugrabins de l'aga ne voulaient point le laisser entrer et continuaient à crier : « Aly! Aly! » Mais
Degnizlé intervint encore. Il menaça, pria, supplia.
On convint enfin, après bien des cris et des violences,
que le cheik entrerait, mais tout seul, à pied, sans
escorte. L'aga craignait que les cavaliers ne se joi-
gnissent aux soldats de Degnizlé. Dahers accepta les
conditions qu'on lui fit. La porte s'ouvrit.

Les cavaliers s'étaient rangés en cercle, à quelque
distance. Le cheik se tenait seul, debout, dans la
plaine. Il était vêtu, comme à son ordinaire, avec un
grand habaye noir brodé d'or, des bottes rouges à

bout relevé, un mouchoir de soie jaune sur la tête. La douleur avait creusé ses joues et éteint ses yeux. Ses mains étaient devenues sèches comme des mains de squelette. Son corps, horriblement amaigri, ne dessinait pas un seul pli sur le manteau qui le couvrait entièrement. Les Maugrabins, groupés dans la rue, hésitaient, croyant avoir, en face d'eux, un fantôme. Enfin Degnizlé cria : « Entrez! »

Il entra, et l'on ferma la porte derrière lui. D'abord la curiosité, une sorte de respect vague continrent les Maugrabins. Il marchait lentement au milieu des rues, les bras pendants, le regard fixe. Alors quelques-uns s'enhardirent, s'approchèrent, parlèrent des promesses de Degnizlé et demandèrent de l'argent. Puis d'autres, plus insolents, menacèrent; il en vint un enfin qui détacha le sabre du cheik et qui, pour se payer, disait-il, l'emporta. A partir de ce moment, ils se jetèrent sur lui, le poussant devant eux et lui prenant chacun quelque chose. Celui-ci lui vola son mouchoir de soie, celui-là lui enleva son habaye; un troisième, sa ceinture et ses pistolets. Le cheik marchait toujours du même pas, ne répondant rien, laissant faire, indifférent aux insultes et aux violences. Mais il avait deux grosses larmes dans les yeux.

Au bout d'un quart d'heure, il était complètement dépouillé. On lui avait arraché, un à un, tous ses vêtements, et on se les était partagés devant lui. Les bottes rouges, le pantalon de toile blanche, la tunique, jusqu'à la bague qu'il portait à l'index, tout était passé aux mains des soldats. Comme il n'avait plus rien, on le laissa. Il était arrivé devant le château. Sans plus se presser, il en gravit les marches, tandis que la foule des Maugrabins, arrêtée sur la place, le regardait. Là, il s'arrêta un instant, comme pour comprimer un mouvement de colère; puis, avec la même dignité tranquille, poussant devant lui les deux lourds battants de la grande porte ogivale, il entra, nu, dans la forteresse des chevaliers de Saint-Jean, dévastée.

Au bout de quelques heures, des habitants d'Acre vinrent le joindre. Ils lui cherchèrent des vêtements. Puis on s'occupa de le meubler. Rien ne restait dans le château trois fois pillé : par Aly, par les Mamlouks et par les Maugrabins. Degnizlé, qui avait repris un peu d'autorité, envoya au khan français, demander des vivres, des ustensiles et de l'argent. Il s'excusait, en même temps, d'imposer une nouvelle avanie à des gens si cruellement éprouvés par l'invasion. Les Français envoyèrent le lit d'un certain Bonafous, négociant de l'Échelle, qui était mort après avoir fait faillite. Deux jours après, Dahers commença à sortir.

Il obtint que ses cavaliers entreraient dans la ville. Il réussit à mettre la paix entre les Maugrabins encore révoltés. Il parvint même à lever une petite troupe, pour contenir son fils Aly, qui continuait à tenir la campagne, et qui s'était rapproché d'Acre. Enfin, pour son malheur, il rappela près de lui son juif, Ibrahim-Sebag, qui accourut du fond du pays chrétien, où il était resté caché pendant la conquête d'Abou-Dahab. Dahers espérait alors se rétablir dans son pachalik, bien qu'il eût perdu Seyda, qu'un bey égyptien avait prise, et qu'il avait rendue aux partisans du Grand Seigneur avant de repartir pour le Caire.

Un dernier malheur allait cependant l'accabler. On se souvient, peut-être, qu'aussitôt la paix conclue entre la Russie et la Porte, une escadre avait quitté mystérieusement Constantinople, sous la conduite de Husseïn-Gaezerli-Pacha. Cette escadre, vers le milieu de juillet, c'est-à-dire environ trois semaines après la rentrée de Dahers, jeta l'ancre devant Seyda. Husseïn-Gaezerli prit des renseignements sur la situation du cheik d'Acre et sur les forces dont il disposait : puis il remit à la voile et il vint enfin, après avoir été contrarié par le vent, mouiller, le 7, en rade de Haïffa.

M. le chevalier de Saint-Priest, ambassadeur à Constantinople, nous peint cet Husseïn-Gaezerli comme un homme très intelligent et très énergique. De tous les pachas que le Sultan avait employés pendant la guerre, c'était le seul qui valût quelque chose. C'était aussi le seul qui eût été condamné à l'inaction. Enfermé dans le Bosphore, il n'avait jamais pu sortir, faute d'hommes pour manœuvrer ses vaisseaux. La paix lui avait rendu ses équipages. Au moment même où la Porte reconnaissait Dahers pour légitime propriétaire d'Acre, elle avait envoyé Husseïn-Gaezerli pour le détruire.

Le vieux cheik n'était plus de force à résister. Il essaya de traiter. Peut-être, s'il avait offert beaucoup d'argent, aurait-il obtenu qu'Husseïn-Gaezerli s'en allât. Mais Ibrahim-Sebag, que son exil avait rendu plus avide, ne voulut rien lâcher du trésor d'Aly-Bey, ou du moins de ce qui en restait. Les pourparlers durèrent deux jours. Le troisième, Husseïn-Gaezerli vint s'embosser devant Acre, et à neuf heures du matin le feu commença.

Il fut très vif de part et d'autre. Degnizlé commandait les Maugrabins. Dahers parcourait le rempart, exhortant ses hommes, faisant tirer le canon devant lui. Le combat cessa à midi, et, toute la journée, on se reposa. Le soir, Degnizlé vint trouver le cheik, et lui annonça que les Maugrabins ne voulaient plus se battre, s'ils ne recevaient pas double solde le lendemain. Dahers voulait tout accorder. Ybrahim-Sebag refusa. Il soutenait que les Maugrabins, certains de n'être pas épargnés par les Turcs, seraient toujours obligés de se défendre, qu'on les payât ou qu'on ne les payât pas. Degnizlé insista, et, n'obtenant rien, se retira désespéré et en s'arrachant la barbe.

Le lendemain, à la même heure, le feu de l'escadre recommença. Les Maugrabins ne répondirent pas et quittèrent le rempart. Hussein-Gaczerli fit aussitôt armer ses canots pour mettre à terre les soldats d'infanterie qu'il avait à bord. Acre était prise.

Dahers quitta la forteresse, monta à cheval et partit seul. Il traversa toute la ville, au galop, sans que personne tentât de l'arrêter. Au bout d'un quart d'heure, il atteignit les jardins qui entourent les remparts au nord-est. Quelques pas encore et il était dans la plaine, hors d'atteinte. A ce moment, un coup de fusil partit de derrière une haie. La balle frappa Dahers dans les reins et lui cassa la colonne vertébrale. Il tomba : il était mort.

L'homme qui avait tiré était un de ces Maugrabins mécontents. Il s'approcha du cadavre, coupa la tête du cheik avec son kandjiar et l'apporta, toute sanglante, à Hussein-Gaczerli, qui faisait son entrée dans la ville. Hussein la fit empailler et l'envoya à Stamboul où M. le chevalier de Saint-Priest la vit, plantée sur une pointe de fer, devant la porte du sérail.

Pendant que l'escadre turque bombardait Acre, le pacha de Damas s'avançait avec une armée. Il trouva,

en arrivant, la besogne faite et la ville prise. Le pacha
de mer et le pacha de terre, un peu embarrassés de
leur victoire, se demandèrent alors à qui ils allaient
donner la succession de Dahers. Il fallait un homme
énergique, capable de tenir tête aux Arabes de Saphed
et aux Mothualis, et qui fût absolument dévoué à la
Porte. L'étonnante aventure du siège de Baïrout leur
revint en mémoire. Ils envoyèrent chercher Dgezzar
à Damas.

Dahers abattu, l'Orient se pacifia. Il n'y avait plus
de rebelles qu'en Égypte où les beys continuaient à se
disputer le pouvoir. La Porte nommait encore des pachas du Caire, pour la forme, mais ceux-ci se gardaient de se rendre à leur poste. Ils erraient sur la
frontière ou s'installaient à Alep ou à Damas, sous
prétexte de rassembler une armée.

La Syrie ne bougeait plus. Les pachaliks de Tripoli et de Damas étaient aux mains des fils du vieil
Osman, enfin mort. Les Mothualis vivaient tranquilles,
contents d'une demi-indépendance, et l'émir Youssef
se tenait coi, dans la montagne druse, plus inquiet
pour lui-même que disposé à inquiéter les autres.

L'émir Youssef avait peur de tout, mais surtout de
la puissance ottomane. Or, il avait fait alliance avec
les ennemis de la Porte; il s'était joint à Dahers et aux
Russes pour reprendre Baïrout, et ses coffres vides ne
lui permettaient pas d'acquitter le miry. La présence
de Hussein-Gaezerli sur la côte le rendait tremblant
et, dans ses transes, il avait recours à la littérature.
Il adressait de nouveaux mémoires justificatifs à l'ambassadeur de France, au Divan et à notre ministre de
la marine.

Youssef, quand il éprouvait de ces sortes d'émotions, ne savait plus dissimuler. Il se peignait lui-même en cherchant à s'excuser. C'est ainsi qu'il se laissait aller à dire, en parlant de lui à la troisième personne, dans la note qu'il avait envoyée en France : « Ayant été battu aux portes de Seyda, le 11 juin 1772, le prince se réfugia dans le mont Liban, avec autant de désordre que de précipitation, oubliant tout dans sa frayeur, excepté le soin de sa propre sûreté. Ce ne fut que lorsqu'il vit sa personne en sûreté, qu'il songea à la conservation de la ville de Baïrout... »

Après avoir donné cette idée de son courage, le prince cherchait à donner bonne opinion de son esprit politique et voici ce qu'il avouait, dix lignes plus loin : « Un homme s'appelait Dgezzar, c'est-à-dire le Boucher, surnom qu'il devait à ses cruautés et à ses barbaries et qu'il se faisait moins de gloire encore de porter que de mériter... L'émir, comptant sur sa bravoure autant que sur sa reconnaissance, lui confia le gouvernement de Beyrouth. » Le curieux est qu'Youssef pensait que ces aveux le rendraient intéressant et qu'ils préviendraient la diplomatie en sa faveur. Il racontait ensuite, ingénuement, ses trahisons envers la Porte. Youssef croyait les excuser en disant que les Russes étaient maîtres de la mer, les rebelles de la terre ferme, et que le Sultan n'était pas le plus fort.

Heureusement pour lui, les Turcs n'avaient pas de troupes en Syrie; les pachas de Damas et de Tripoli étaient d'humeur pacifique. Retranché dans ses montagnes, il pouvait braver la flotte de Husseïn-Gaézerli.

Une telle situation et de tels princes permettaient à Dgezzar de donner carrière à son ambition. Il ne se voyait plus de rivaux. Les grands caractères avaient disparu. Aucune invasion égyptienne n'était à craindre. Il pouvait, enfin, avec de l'habileté et de l'audace, réaliser son rêve, se créer un État presque indépendant et mettre la main sur la Syrie.

Il avait d'abord été nommé purement et simplement gouverneur de la ville d'Acre. Un certain Mehemed, qui était accouru de Damas avec des troupes pour assiéger Dahers par terre, devait prendre le titre de pacha. Dgezzar l'évinça, renvoya les troupes, et, grâce à la protection d'Husseïn-Gaezerli, il obtint presque aussitôt les deux queues. Le capitan, avec lequel il devait se brouiller mortellement plus tard, le protégeait et l'employait. Leur premier soin fut de se mettre à la recherche du trésor d'Ybrahim-Sebag, dont les fils, épouvantés, avaient fui dans la montagne druse. On supposait que ce trésor contenait aussi celui d'Ali-Bey pour la possession duquel avait été en grande partie entreprise l'expédition d'Abou-Dahab. Il se trouvait dans la cave du couvent des Pères de Terre-Sainte, à Jaffa. Les Pères, à qui Sebag l'avait confié, le livrèrent. Le trésor se composait de plusieurs énormes caisses, dont l'une était si lourde, que vingt hommes eurent de la peine à la soulever. Elles étaient remplies d'armes damasquinées, de pipes enrichies de diamants, de poignées de sabre couvertes de pierres précieuses, de tabatières d'or et de montres garnies de brillants venues d'Europe. Dgezzar comptait avoir sa part dans le butin. Il réclama timidement. Mais le capitan, sans se gêner, transporta tout à son bord. Dgezzar était le plus faible : il se tut.

Les deux vainqueurs s'occupèrent alors d'Ybrahim-Sebag et de Degnizlé. Sebag était prisonnier. Degnizlé était libre : il avait rompu avec Dahers avant le bombardement et la prise d'Acre. Mais on le regardait

comme un homme dangereux. Dgezzar ne tenait pas
à l'avoir près de lui. Le Selictar du capitan-pacha
venait d'être nommé mudzellin à Baïrout. Dgezzar
alla trouver ce Selictar et le pria de prendre Degnizlé
auprès de lui, en qualité de kiaya. Degnizlé s'embarqua le soir même pour se rendre à son poste, sur un
navire français commandé par le capitaine Megi. Au
milieu de la nuit, il mourut en criant qu'il était empoisonné.

Quant à Ybrahim-Sebag, on le chargea de grosses
chaînes de fer et on le transporta sur le vaisseau amiral. Bientôt après, le capitan-pacha, chargé d'or, mit
à la voile, et, sans plus s'inquiéter de ce qui se passait
en Syrie, s'en retourna à Stamboul. Là, Ybrahim-Sebag vécut quelque temps encore, toujours enchaîné à
fond de cale, implorant M. de Saint-Priest, qui refusa
de s'intéresser à lui. Il fut étranglé. Le sultan reçut
avec honneur le capitan qui avait gardé pour lui les
trésors d'Ybrahim, mais qui avait apporté au sérail,
dans une boîte d'ébène, la tête coupée du cheik Dahers.

Dgezzar, resté seul à Acre, se trouva d'abord dans
une situation fort gênée. Il n'avait pas d'argent et
il n'avait pas de soldats. Il habitait le sérail, déjà
ruiné, de Dahers. Quelques Maugrabins montaient
seuls la garde devant la porte. La campagne dévastée
ne promettait pas de récolte. La ville, dont les habitants s'étaient enfuis, avait l'air d'une ville morte. On
avait donné au nouveau pacha un désert à adminis-
trer. Pour comble d'embarras, la famille de Dahers,
irritée, rôdait aux alentours, guettant une bonne occasion.

Dgezzar courut au plus pressé. Il s'occupa d'avoir
de l'argent et de repeupler sa ville. Son premier soin

fut de dresser un inventaire de ce qui se trouvait dans les maisons abandonnées et de mettre tout cela sous séquestre. Il fit publier, ensuite, qu'il s'approprierait tous les meubles, ballots, coffres, marchandises, habits, etc., qui ne seraient pas réclamés par leurs propriétaires dans le délai de trois jours. Les habitants d'Acre, réfugiés dans les environs, revinrent en foule pour sauver ce qu'ils possédaient. Une fois qu'ils furent revenus, Dgezzar leur défendit, sous peine de mort, de repartir. Acre se trouva repeuplé.

Ce stratagème fournissait des sujets au pacha; il ne lui fournissait pas d'argent. Dgezzar fit appeler l'agent consulaire de France et il lui annonça qu'il empruntait 15 000 piastres à la « Nation ». L'agent consulaire se récria, mais Dgezzar lui fit comprendre que le refus était dangereux. Les négociants se cotisèrent et avancèrent la somme. Dgezzar inventa, ensuite, de nouveaux droits de douane sur des objets qui auparavant n'en payaient pas. Il se déclara enfin seul propriétaire de tous les navires qui naufrageaient sur les côtes de son pachalik.

Ses coffres remplis, il s'occupa des Dahers. Les fils du vieux cheik, à part Aly, avaient perdu toute énergie et toute dignité. Leur père mort, ils se trouvaient désorientés et n'osaient plus rien. Aux premières avances que leur fit Dgezzar, ils revinrent habiter Acre soumis et tranquilles. Sahlè, l'ancien révolté, envoya un cheval au pacha. Othman lui fit un présent. Ils allèrent tous : Othman, Ahmed, Sahlè, Saleddin et Saïd, loger dans une petite maison, près du port. Aly, seul, après être resté quelque temps au sérail, sortit de la ville, arma des cavaliers et reprit sa vie de vagabond.

Cette fugue désespéra Dgezzar. Il craignait les Dahers et surtout Aly. La gloire du père, son règne qui était regretté de tous, le courage des enfants qui pouvait se réveiller un jour, lui donnaient de graves sujets d'inquiétudes. Il se dit, avec raison d'ailleurs, que jamais il ne serait solidement établi à Acre tant qu'un des fils du vieux cheik serait vivant.

Grâce à l'argent qu'il avait tiré des Francs il rassembla des soldats qu'il trouva moyen d'habiller avec les hardes qu'on ne lui avait pas réclamées ou qu'il n'avait pas voulu rendre. Aussitôt il se mit en campagne et s'en alla camper à quelque distance de la ville, décidé à en finir avec Aly et avec Saïd, qui était parti rejoindre son frère.

La nouvelle qu'un des Dahers tenait la campagne pouvait soulever tout le pachalik. Aussi Dgezzar, qui ne voulait point que son ennemi eût seul le prestige d'un nom populaire, pria-t-il Sahlè et Othman de l'accompagner à la guerre. Les deux frères n'osèrent pas refuser. Ils partirent avec lui, et leur présence au camp fut cause que tous les chefs nomades, y compris ceux des environs de Saphed, vinrent faire leur soumission au pacha. Aly, abandonné des alliés sur qui il comptait, se jeta avec quelques hommes dans un vieux couvent, transformé en forteresse : Deïr-Hanna, où déjà il avait porté ses trésors. Dgezzar vint, avec Sahlè et Othman, l'y assiéger.

Daïr-Hanna était bien pourvu de vivres et de munitions. Les remparts étaient solides. Dgezzar, qui n'avait point de canons, se résigna à un blocus. Son armée campa plusieurs mois devant la place. Elle y aurait peut-être campé plusieurs années, si le retour à Acre du capitan Husseïn-Gaezerli n'eût changé la face des choses. Dgezzar revint en toute diligence dans sa capitale pour recevoir l'amiral turc, laissant au camp Othman et Sahlè.

Husseïn-Gaczerli revenait en Syrie avec la flotte, sous prétexte de détruire ce qui restait de rebelles, mais en réalité pour rançonner les villes de la côte. Cet amiral pillait les États du sultan, au nom du sultan. Quand les plaintes des victimes arrivaient à Stamboul et que le Divan menaçait, il envoyait de l'argent aux vizirs; aux femmes du Grand Seigneur et au Grand Seigneur lui-même : tout s'apaisait parce que tout le monde avait trouvé sa part du butin.

Husseïn protégeait Dgezzar, en qui il avait trouvé un complice soumis et habile. Dgezzar laissait Husseïn piller à son aise parce qu'il avait besoin de lui pour se débarrasser des Dahers. Le capitan apportait au pacha un firman qui lui donnait pour sept ans le pachalik d'Acre auquel on avait joint le pachalik de Seyda, plus important encore et plus étendu. La bienveillance d'Husseïn-Gaczerli avait donc fait de Dgezzar, en moins d'une année, un des personnages les plus considérables de la Syrie. Les rues se pavoisèrent quand on annonça la nouvelle, et les forteresses tirèrent chacune cent un coups de canon. On apprit, alors, que la flotte turque avait mouillé à Seyda quelques jours auparavant; que le capitan était descendu à terre avec ses équipages et qu'il avait mis à sac la ville fidèle et pacifique dont il venait offrir le gouvernement à son protégé.

Le lendemain de son arrivée, Husseïn-Gaczerli se rendit avec Dgezzar au camp de Deïr-Hanna. Tous deux examinèrent la place. Voyant que, pour la réduire, l'artillerie était nécessaire, le capitan ordonna de débarquer deux pièces de canon et de faire venir trois cents matelots. La guerre fut aussitôt menée avec plus de vigueur. On s'empara de quelques vieilles tours qui protégeaient la forteresse et l'on força les troupes d'Aly à évacuer le village de Rami qu'elles occupaient.

Les canons arrivèrent enfin. Deux ou trois coups suffirent pour abattre une muraille. Le château annonça qu'il demandait à se rendre. Dgezzar ordonna de cesser le feu. Il voulait Aly vivant. Malheureusement pour lui, le Deïr-Hanna était commandé par le kiaya Youssef-Dabours. Aly avait pu se sauver dans la montagne. Deux cents hommes, seulement, s'étaient fait tuer.

La chute du Deïr-Hanna eut un grand retentissement. Toute la Tibériade et tout le pays de Saphed envoyèrent leur soumission. La terreur fut si profonde que Dgezzar et Hussein jugèrent les cruautés inutiles. On ne massacra pas les prisonniers et on renvoya les femmes et les enfants sans leur faire de mal. On épargna même les châteaux que, d'abord, il avait été question de raser. On se contenta d'emporter le riz, l'orge, les munitions dont les magasins du Deïr-Hanna regorgeaient. Le pacha et le capitan rentrèrent victorieux et gorgés à Saint-Jean-d'Acre.

Aly détruit, Dgezzar n'avait plus besoin des autres fils de Dahers. A peine revenu, il les fit arrêter tous : Ahmed, Othman, Sahlè, Saleddin et Saïd, qu'on avait repris. Ils furent chargés de chaînes et jetés dans les caves du château avec leurs enfants et leurs femmes. On les étrangla successivement. Un seul : Sahlè, fut, quelques semaines plus tard, mené à Baïrout où le capitan, dans un moment de colère, ordonna de lui trancher la tête. Ainsi finit misérablement la famille du cheik Dahers.

Aly, cependant, restait encore. Il menait la vie nomade, à la tête de quelques cavaliers, sur les frontières du pachalik de Damas près du désert. Dgezzar envoya contre lui douze bannières de Maugrabins. Ce fut vainement, Aly échappa toujours. Tantôt il s'enfonçait dans les plaines où l'on ne pouvait pas le suivre. Tantôt, il reparaissait sur le territoire d'Acre, ravageant tout et appelant les paysans aux armes. Un soir, enfin, cinq ou six hommes, déguenillés, se présentèrent dans son camp et demandèrent à lui parler. Ils racontèrent qu'ils s'étaient sauvés de Seyda, après avoir été condamnés à mort. Aly consentit à les enrôler dans sa troupe. Dès que la nuit fut venue, ils pénétrèrent dans sa tente et le tuèrent à coups de couteau. Ces hommes appartenaient au pacha de Damas, qui, jaloux de Dgezzar, avait voulu lui enlever la gloire d'envoyer au sultan la tête d'Aly.

Le pacha d'Acre se hâta de nommer des hommes à lui dans tous les gouvernements du pays de Saphed. Puis il profita de la présence du capitan et de la terreur qu'inspiraient ses matelots pour exiger le miry des Mothualis et des Druses, dont, par la réunion des deux pachaliks, il se trouvait le suzerain. Les cheiks mothualis, auxquels il avait fait demander une entrevue, refusèrent de le voir, craignant, disaient-ils, d'être traités comme les fils de Dahers. Un seul, le cheik Kablan, qui jouait volontiers le rôle de médiateur, vint à Acre et prit des arrangements au nom des autres. Quant aux Druses, ils ne répondirent point. Le pauvre Youssef était aux abois, car, tandis que Dgezzar lui réclamait de l'argent, Husseïn-Gaezerli lui en réclamait aussi et, en outre, le pressait de livrer les fils d'Ybrahim-Sebag : Habib, Assef et Ankoula, qui s'étaient réfugiés à Deïr-el-Kamar, sa capitale.

Dgezzar et Husseïn-Gaezerli agirent isolément, cette fois, et sans se communiquer leurs projets. Chacun d'eux voulait toucher seul le miry, n'en donner qu'une faible partie au Grand Seigneur et garder le reste. Dgezzar pensa à envoyer ses troupes chercher l'argent à Deïr-el-Kamar. Le capitan rappelé par le sultan à Stamboul fit dire à Youssef qu'il irait attendre l'argent à Baïrout qui se trouvait sur son chemin. Baïrout était repeuplée et redevenue fort riche. C'était une proie pour le capitan, qui comptait faire une double opéra-tion : prendre le miry et rançonner la ville. Les ports de la côte étaient alors aussi menacés par les vais-seaux du gouvernement qu'ils l'avaient été quelques années auparavant par les vaisseaux ennemis. Tout ce qu'ils avaient gagné à la paix, c'était d'être dévalisés au nom du sultan au lieu de l'être au nom de l'impé-ratrice de Russie.

Youssef, placé entre deux ennemis, aima mieux, dans sa terreur de la Porte, donner l'argent à Gaezerli. Mais Dgezzar apprit bientôt, par ses espions, de quoi il retournait. Il réfléchit qu'escalader les rochers de Deïr-el-Kamar pendant que Youssef payerait le miry au capitan, ce serait jouer un rôle de dupe, et il n'était point homme à entreprendre la conquête d'une caisse vide.

Husseïn-Gaezerli, cependant, mit à la voile après avoir embrassé Dgezzar et l'avoir engagé fortement à grimper dans la montagne. Malheureusement pour lui, le vent ne le favorisa pas. Il fut contraint de lou-voyer et il ne parut à Baïrout que quatre ou cinq jours après son départ d'Acre. Une cruelle déception l'y attendait. L'armée de Dgezzar, commandée par son kiaya, avait filé le long de la mer; elle s'était emparée du miry; elle avait surpris la ville; elle l'avait mise à sac : elle avait massacré les habitants. Il ne restait plus ni un homme ni une piastre. Seul le pauvre Youssef, escorté de quelques cavaliers, se désolait au fond de la baie, sur la grève. Hussein, qui comptait sur une double opération, se voyait frustré de l'argent qu'il comptait extorquer au prince et de l'argent qu'il comptait extorquer à la ville. Le pacha d'Acre lui avait volé son idée.

Il entra dans une fureur épouvantable. Ceux qui l'ont vu assurent qu'ils n'avaient jamais assisté à pareille explosion de colère. Il jura de détruire Dgezzar ou de le faire étrangler. Au fond, il se sentait ridicule et son amour-propre ne le faisait pas moins souffrir que sa rapacité déçue. L'impression qu'il ressentit fut si forte, d'ailleurs, qu'elle ne s'effaça jamais. Jusqu'à sa mort, arrivée en 1790, il continua à haïr le pacha qui lui avait joué ce mauvais tour. Pour le moment, ne pouvant revenir à Acre, il manda Youssef à son bord. Youssef, pour le consoler, lui abandonna d'abord un navire vénitien chargé de soie qui avait fait côte et « sur lequel, disait plus tard un des mémoires justificatifs du prince des Druses, ils n'avaient pas plus de droits l'un que l'autre ». Puis tous deux convinrent de dresser une embuscade à l'embouchure du fleuve Dhamours, dans laquelle les troupes de Dgezzar devaient infailliblement tomber au retour. Youssef se chargea de l'exécution, et Hussein-Gaezerli en partant lui laissa l'ordre de faire à Dgezzar une guerre à outrance. Ainsi, de ces trois sujets du sultan :

Dgezzar, Hussein et Youssef, l'un s'emparait des impôts, l'autre donnait le signal de la guerre civile, le troisième la commençait.

Youssef n'étant pas un général de premier ordre, son embuscade n'eut pas le succès qu'il en espérait. Le kiaya de Dgezzar, revenant à Acre, flaira le piège. Il tomba sur l'ennemi, qui fut surpris au lieu de surprendre. Tous les soldats de Youssef se sauvèrent, et un de ses cousins, qui commandait, le cheik Kaleïb, se trouva pris. On le conduisit à Dgezzar qui le fit jeter en prison. Il ne fut possible de l'en tirer qu'au prix d'une rançon telle que Youssef, ruiné, se vit obligé de poser, pour longtemps, les armes.

Dgezzar arriva, alors, à un haut degré de puissance. En moins d'un an (on était alors au commencement de 1777), il s'était établi fortement dans ce pachalik d'Acre où le souvenir de Dahers était si vivant. Il avait avili la famille du cheik avant de la supprimer; il avait vaincu le fameux Aly, dont il avait détruit le dernier asile en s'emparant de Deïr-Hanna; sa cruauté implacable terrifiait les Mothualis; Youssef, que, pour des desseins ultérieurs, il voulait ménager et terroriser à la fois, ne lui opposait plus de résistance, le pays de Saphed lui obéissait; il recevait le tribut des montagnards du Liban et des nomades de la plaine; ses trésoriers avaient tiré de l'argent des Levantins aussi bien que des habitants d'Acre; ses coffres étaient remplis, son armée était nombreuse, ses intrigues et l'or qu'il prodiguait à Stamboul allaient lui faire donner, plus tard, le pachalik de Tripoli et le pachalik de Damas. Il était au moment de devenir le conducteur officiel de la grande caravane de la Mecque, c'est-à-dire presque un personnage religieux. La Syrie

entière devait lui appartenir un jour, et il le sentait
à la terreur qu'il inspirait autour de lui. La mort
avait frappé ses ennemis les plus célèbres comme si
elle avait voulu qu'il demeurât seul en scène. Son
ancien maître, Aly-Bey le Mamlouk, Abou-Dahab, le
vieil Osman-Pacha, n'étaient plus. Sa figure allait se
détacher vigoureusement sur ce fond gris des médio-
crités contemporaines, avec lesquelles il allait lutter
par la force ou par la ruse.

Tant qu'il avait eu besoin du capitan ; tant que sa
puissance n'avait pas été affermie et indestructible,
il s'était fait petit, humble et austère. Sans récriminer,
sans donner à ses maîtres aucun sujet de méconten-
tement, il laissa passer les bonnes occasions dont le
capitan profita ; il le vit, sans rien dire, s'approprier
les trésors d'Ybrahim-Sebag et d'Aly-Bey, les provisions énormes du Deïr-Hanna ; il fit plus : il ne voulut
même pas parler de l'avanie imposée à Seyda au moment même où il en devenait le pacha ; mais, une fois
délivré de ses ennemis ; une fois riche, une fois bien
protégé par une bonne forteresse et par de bonnes
troupes, tout changea en un instant. L'humilité disparut
et l'austérité avec elle. La comédie cessa, Dgezzar eut
une explosion de gaieté effroyable. On reconnut le
Dgezzar du siège de Baïrout. Il s'abandonna, avec la
violence extraordinaire de sa nature, à toutes ses passions et à toutes ses colères. La Syrie le retrouva tel
qu'elle l'avait connu. Son premier soin fut d'appeler à
lui les gens poursuivis pour vol ou condamnés à mort
dans tous les pays voisins. On les nommait *Kapsis*. Il
s'en fit une garde d'honneur et, en cela, il imita, sans
le savoir, Romulus. Saint-Jean-d'Acre devint, comme
à sa naissance la ville éternelle, lieu d'asile.

Il n'avait pas le génie puissant, mais intermittent d'Aly le Mamlouk. Il n'avait pas, non plus, la grandeur et la raideur honnête de Dahers. Il appartenait à une autre race. Mais, il avait, de plus qu'Aly, la prudence et la connaissance des hommes; de plus que Dahers, la souplesse du caractère et le sens pratique. Sa vie aventureuse l'avait formé. Il savait que pour les grands, si puissants qu'ils soient, il n'y a pas de petit ennemi. Ses propres trahissons lui avaient appris à se défier de ses semblables. Le souvenir de ses misères lui donnait la passion du pouvoir et l'énergie qu'il faut pour le conserver. Une crainte épouvantable de perdre ce qu'il avait acquis et de retomber dans la vie errante l'aiguillonnait sans cesse et tenait tendus tous les ressorts de son esprit. Il craignait le malheur comme un homme qui l'a connu.

Ses inquiétudes ajoutaient à la joie qu'il éprouvait de se sentir omnipotent. Aucune créature humaine n'avait joui et abusé comme lui de l'autorité souveraine. Il régnait véritablement sur ses administrés et il régnait en parvenu. Tout devait plier devant ses ordres. Il aimait que sa puissance fût une gêne et une menace pour tous. Il la faisait sentir à chaque minute, aux étrangers et à ses sujets, comme s'il avait eu besoin, lui-même, de constater, par l'horreur qu'il inspirait, la grandeur du pouvoir qu'il avait conquis.

LE PACHA D'ACRE

Malgré sa monomanie des grandeurs, ses folies, ses emportements, ses accès de démence sanguinaire ou bouffonne, Dgezzar n'en devint pas moins un homme d'État. Mais un homme d'État à la manière orientale. Il possédait quelques-unes de ces qualités supérieures et particulières qui donnent l'autorité sur les peuples et qui font qu'on les gouverne. A travers les obscurités de sa conduite, on entrevoit désormais la fixité d'une idée.

Tous les moyens lui sont bons parce qu'il est barbare à demi et qu'un certain fatalisme le rend inconscient. Peu importe! A partir du moment où il prend le pachalik, il calculera ses actes, il déjouera les plans de ses ennemis par son habileté ou sa prudence. Sa clairvoyance apercevra de loin les pièges. Toujours sa sagesse tiendra en réserve un moyen de parer à toutes les éventualités. Fidèle au Grand Seigneur comme il l'a été depuis son arrivée en Syrie, il sera cependant toujours prêt à la rébellion au cas où une nécessité pressante l'y obligerait. Ses agents iront

partout : à Stamboul pour solliciter l'agrandissement
de sa puissance; au Caire, pour promettre aux beys
la conquête toujours rêvée de la Palestine et de la
Syrie. Le sultan voudra le lâcher sur l'Égypte et lui
ordonnera de réprimer la rébellion perpétuelle des esclaves; Mourad (celui qui commandera à la bataille des
Pyramides) le pressera de déclarer la guerre au sultan. Il calmera à la fois l'impatience du sultan et celle
de Mourad, sans perdre néanmoins la confiance de
l'un et la faveur de l'autre. Il entretiendra des troubles
permanents dans le Liban pour pouvoir répondre aux
Mamlouks que sa situation est menacée au point de
l'empêcher d'agir et au Divan que s'il entreprenait
une expédition militaire, les Druses se soulèveraient
derrière lui. De la sorte, il conservera ses deux points
d'appui; il leurrera ses alliés; il trompera son maître
et il régnera à peu près en paix.

Tout ce qu'un cerveau oriental peut contenir de
finesse, de ruse, d'habileté, de fourberie, d'audace,
il le mettra au service de sa cause. Sa vie sera une
perpétuelle comédie où s'enchevêtreront des intrigues
inextricables. Sa principale préoccupation va devenir
de se susciter des ennemis autour de lui. Il entrera
pour cela dans toutes les querelles des cheiks mothualis
et des membres de la famille de l'émir des Druses et
des Maronites. Il les divisera entre eux, prendra
tantôt le parti de l'un, tantôt celui de l'autre, et
s'acharnera avec une extraordinaire habileté à se
créer des embarras. Une guerre toujours ouverte sera
sa raison d'être. Il aura besoin des troubles, des
combats et des tueries pour vivre tranquille. C'est
cette émeute perpétuelle, qui parfois le mettra en
danger et risquera de l'anéantir, dont il s'appuiera

pour maintenir son pouvoir. Le péril qu'il conjurera
à chaque instant le fera paraître, à Stamboul, indis-
pensable, comme il le rendra, au Caire, intéressant.
Mais parfois il forcera trop les choses et le Divan le
jugera dangereux et à craindre.

Il devra alors se défendre contre des compétiteurs
audacieux et contre les étrangleurs tartares... Toujours il les déjouera et viendra à bout d'eux. Dans
ces cas-là son instinct le guidera avec une sûreté
merveilleuse. Il sauvera sa vie avec la même adresse
qu'il aura mise à sauver son titre. Il aura le tour de
main nécessaire. On peut dire qu'il est bien l'homme
de son temps et de son pays : une des figures les plus
originales de la grande décadence orientale. Ce que
nous appelons organisation administrative, ordre
social, ordre public, n'entre pas plus dans sa tête que
dans celle de ses contemporains; néanmoins, il a, sur
toutes ces choses, de vagues idées qu'il tâche de
mettre en pratique. Ce n'est point, comme beaucoup
de ses prédécesseurs ou de ses modèles, un anarchiste
tout-puissant. Il est Bosniaque, non Arabe. Mais l'esprit asiatique l'a pénétré. Aussi les consuls de France,
M. de Taulés et, après lui, M. de Renaudot parlent-ils de
lui à peu près dans les mêmes termes : « C'est un mé-
lange de folie et de raison, de bonté et de cruauté, de
lâcheté et de bravoure auquel on ne comprend rien. »
La vérité est qu'ils le jugent d'après les idées européennes. Ils ne voient pas que la mécanique humaine
ne fonctionne pas de même chez toutes les races. La
logique de ce caractère leur échappe. Ses contradictions les stupéfient. Ils demeurent interdits devant
une intelligence qui n'est ni de même espèce ni de
même qualité que la leur. Ils s'étonnent qu'elle ait

d'autres idées qu'eux et qu'elle envisage le monde sous un autre aspect. La confusion qu'elle fait sans cesse de ce qu'ils appellent le bien et le mal, son mépris des préjugés occidentaux, ses conceptions gouvernementales les épouvantent. Ce n'est point cependant un phénomène qu'ils ont sous les yeux; c'est tout simplement un Oriental qui reproduit, dans son petit coin, un type bien connu de l'histoire du moyen âge ou de celle de l'antiquité.

Les petits rois de Sidon dont on découvre aujourd'hui les sarcophages, Eschmounazar II et Eschmounazar III, contemporains des Achéménides, des Ptolémées ou peut-être des rois de Babylone, devaient être des potentats assez semblables au pacha d'Acre, ayant la même férocité native, le même dédain de la vie des autres, les mêmes conceptions sociales, et en plus le fanatisme religieux. Confinés sur un mince territoire, menacés sans cesse au sud par les Pharaons, au nord et à l'est, soit par les Ninivites, soit par les Chaldéens, engagés dans des querelles continuelles avec les peuplades voisines, ils devaient mener la même vie agitée et tumultueuse que Dgezzar. Leurs soldats devaient ressembler aux siens; leurs guerres aux siennes : longue suite de *razzias* sans stratégie et sans tactique. Perpétuellement ils se sentaient menacés, soit par la révolte, soit par la conquête. Et il en devait encore être ainsi des princes d'Israël et de Juda. David est un aventurier comme l'esclave d'Aly-Bey. Il commande à une horde de brigands. Il exploite les grands chemins; il devient condottiere au service des Philistins, puis enfin général, puis enfin pacha de Jérusalem. C'est un homme supérieur, lui aussi, et à la façon orientale. Vu de près, il aurait étonné à son tour, par les contradictions incroyables de sa conduite, M. de Taulés et M. de Renaudot. Heureusement pour sa mémoire, l'éloignement l'a grandi et la littérature hébraïque l'a poétisé. Quand Dgezzar réunit autour de lui les Kapsis, on croit lire ce verset de la Bible : « David sortit de Geth et se retira dans la caverne d'Adollam... Et tous ceux qui avaient de méchantes affaires et ceux qui étaient accablés de dettes ou mécontents venaient l'y trouver. »

Le royaume de Juda, sauf son originalité religieuse qui l'a sauvé de l'oubli, avait des analogies frappantes avec le pachalik d'Acre. Il était sans arts et sans industries d'aucune sorte. On n'y savait ni fabriquer quoi que ce soit, ni même construire. Le temple de Salomon est bâti par des étrangers, les Tyriens, qui eux-mêmes ne paraissaient pas avoir eu d'architecture particulière. Il est en bois de sapin et de cèdre. Quoiqu'il passe pour une merveille, il a l'aspect d'une cabane. Le pouvoir royal, à Jérusalem, est menacé sans cesse par des séditions, des émeutes, des révoltes, des guerres civiles. Les viols, les assassinats, les massacres y forment la trame de l'histoire. Là, point d'organisation administrative, point de justice régulière, point d'ordre social. C'est la fantaisie qui gouverne comme à Saint-Jean-d'Acre. Les armées d'Achab, de Jézabel, d'Athalie, de David, sont toutes pareilles à celles de Dgezzar. Elles ravagent les terres ennemies sans savoir les conquérir et les garder. Quand elles livrent bataille, le premier choc décide de la victoire. Elles fuient, ou, si l'ennemi lâche pied, elles se livrent à des boucheries gigantesques. Les généraux ne sont point choisis parmi les plus habiles

mais seulement parmi les plus corpulents et les mieux
musclés. Saint-Jean-d'Acre a des devins et des santons comme Jérusalem a des prophètes. Mais les prophètes sont plus éloquents.

L'Orient est resté depuis des milliers d'années sem-
blable à lui-même. C'est seulement dans la haute antiquité chaldéenne, ninivite, égyptienne et encore au
moyen âge qu'il paraît avoir atteint son maximum de
puissance et son idéal. Probablement, il n'ira point
au delà. Retrouvera-t-il au moins ses kalifes de Bagdad, ses savants, ses philosophes, ses historiens, ses
linguistes, ses poètes, ses écrivains arabes? Cela est
douteux. On récite le Roman d'Antar, dans le désert,
quelques versets du Koran, et c'est tout. Les grands
souffles de l'inspiration n'agitent plus les esprits. Et
les améliorations de l'ordre politique, économique ou
social n'ont pu s'accomplir. La société orientale s'est
laissé dépasser par les pays d'Occident, justifiant ainsi
la théorie qui veut que les races humaines ne soient
point destinées à un progrès éternel, et qu'arrivées
à un certain degré de civilisation, elles demeurent
frappées d'impuissance.

Les sultans turcs, au temps de Dgezzar, n'avaient
su qu'organiser la confusion. Leur empire était mou-
vant. A peine se raffermissait-il d'un côté, qu'il s'effon-
drait de l'autre. Il durait cependant, malgré la tempête
éternelle qui l'agitait. Il vivait de tout ce qui semblait
devoir le détruire. La guerre intérieure y existait à
l'état permanent, et cette guerre, qui le minait, le
maintenait debout. Le désordre était, de par le Divan,
érigé en système. Pour venir à bout des pachas qu'on
ne pouvait dominer et qui tous rêvaient l'indépendance, on les lâchait les uns contre les autres et, les

uns par les autres, on les annulait. La sécurité de la
dynastie était faite de ces luttes. Quand le danger
devenait pressant, on se servait du Tartare et du cordon. Dans cette société en ébullition, l'assassinat devenait un moyen de gouvernement. Il équivalait à
une révocation définitive.

On levait les impôts comme on pouvait, et souvent
les armes à la main. Ils avaient, pour arriver dans les
caisses de l'État, à traverser la bourse des cheiks, des
émirs, des caïmakans, des pachas, des vizirs et souvent
ils restaient en route. Chacun avait la prétention de
les confisquer. Tous les fonctionnaires se jetaient
dessus avec rage, et des tueries s'ensuivaient. Ces batailles se compliquaient de querelles religieuses. L'Empire possédait des échantillons de presque toutes les
croyances : il avait des catholiques, des Grecs ortho-
doxes et schismatiques, des musulmans de la secte
d'Omar et des musulmans de la secte d'Aly ; des Maronites qui obéissaient à un patriarche, des Druses qui
faisaient mystère de leur foi ; des Ansarii dont le culte
rappelait celui d'Astarté, à Tyr. Tout cela se battait
et se massacrait. Les nations, les peuples, les religions, les sectes, les partis, les provinces, les villes,
s'acharnaient à des combats sans trêve ; les multitudes
se heurtaient, ensanglantées, et le faisceau ottoman,
si rudement noué par les premiers vainqueurs, Mahomet II ou Sélim, semblait ne plus avoir pour seul lien
que l'anarchie.

Cette anarchie n'était pas le fait du hasard. Il semble au contraire qu'elle apparaissait à l'Orient, depuis
des siècles, comme un principe et une sorte de con-
cept social. L'histoire ne nous montre pas d'empire
oriental organisé comme le furent l'Empire romain,

les républiques grecques, ou même comme quelques monarchies des temps barbares occidentaux. L'esprit asiatique aboutit toujours à des absolutismes tempérés par le désordre. L'autorité la plus formidable est placée à la tête du gouvernement, mais dans le reste de la société règnent l'individualisme et l'indépendance la plus effrénée. Les lois civiles n'existant que peu ou point, la force devient pour ainsi dire la seule source du Droit. De là, des élévations inattendues et des écroulements successifs, la violence réglant toutes les affaires, et l'impuissance de celui qui devrait être tout-puissant.

Il règne, mais il est l'esclave de ceux qui l'entourent. Dès son enfance on cherche à éteindre en lui la personnalité et la volonté. Nubile à peine, on le rassasie de femmes achetées sur tous les marchés d'Orient. Il a un harem avant d'avoir une écurie. Sa raison périt souvent au milieu de débauches prématurées. On cherche à tuer l'homme dans l'adolescent. Les eunuques se chargent de son éducation, et des intrigues se nouent autour de lui, dès le berceau. La sultane validé, les ulémas, les vizirs se disputent ce jeune esprit qu'ils espèrent maintenir dans une éternelle enfance. Ses frères se liguent souvent contre lui. Homme mûr, s'il n'a pas une de ces énergies qui résistent à tout, il est frappé d'incapacité morale et physique. Il ignore ce qui ce passe au dehors et souvent à l'intérieur. Pendant la guerre, il ne sait ce que deviennent les armées. On lui annonce la victoire quand il vient de subir une défaite. La forme de son empire, ses frontières, sa population, ne lui sont que vaguement connues. Ses ministres l'amusent avec des danseurs, des jongleurs et des boîtes à musique. Cependant des conspirations s'ourdissent dans l'ombre. Un jour il est égorgé au fond de son palais sans que personne entende ses cris. Le peuple soudainement apprend sa mort : Que la volonté de Dieu soit faite! Tout se passe d'ailleurs de la même manière dans les États despotiques. Sur les briques gravées de Ninive et de Babylone, dans les annales des rois d'Assyrie et de Chaldée, on voit la trace de révolutions de palais et de régicides accomplis dans l'obscurité des sérails.

Peu de temps avant que Dgezzar devînt pacha, d'Acre, l'empire ottoman s'était porté à lui-même un coup en consentant à la paix. La Grande Catherine lui avait pris des provinces; Orlow, avec sa flotte de pirates, avait désolé toutes les côtes de Grèce et d'Asie Mineure. Les deux puissances du Nord et l'Autriche, conviée à leur alliance, avaient partagé la Pologne. La France, qui avait poussé le sultan à déclarer la guerre, se trouvait isolée sur le continent. Frédéric II achevait de créer la Prusse, constituée artificiellement, morceau par morceau, comme un jeu de patience. La Turquie perdait donc les restes de son ancien prestige et elle payait, presque à elle seule, les frais d'une transformation européenne.

Toute cette décadence était cependant encore pompeuse et magnifique. Le luxe oriental, qui est un luxe particulier, n'avait jamais été poussé si loin, ni à Stamboul, ni au Caire; les fonctionnaires étaient couverts d'or; les chevaux avaient des harnais superbes; les pipes étaient emmanchées dans des diamants. Les costumes avaient gardé leurs formes anciennes, et, quelques heures seulement avant la Révolution française, on s'habillait encore comme au moyen âge ou dans l'antiquité. Rien n'est plus curieux, à ce point de vue, que le cortège de Dgezzar, lorsqu'il vient, en 1785, d'être nommé pacha de Damas, et qu'en cette qualité il va conduire la grande caravane de la Mecque.

La sortie d'Acre est triomphale. Tout le peuple se répand dans la plaine et au bord de la mer pour voir défiler l'armée. C'est le matin. Le soleil se lève derrière les montagnes. On entend un coup de canon. La porte de la ville s'ouvre et, d'abord, paraissent, précédés d'un petit âne, quatre cents chameaux, marchant à la file et balançant sur leurs bosses de grandes tentes ogivales ou des coffres couverts de soie écarlate. Deux cents mules les suivent, chargées comme eux, accompagnées de goujats qui les piquent à la croupe d'un bâton pointu. Cet énorme troupeau porte les bagages de l'armée. Les soldats viennent ensuite à quelque distance. En tête marchent soixante-quinze bannières de Maugrabins à pied. Ils viennent de Tunis, d'Alger ou de Maroc.

Chaque « bannière » est composée de dix hommes. Le commandant marche devant le cortège : des esclaves tiennent ses trois chevaux de guerre; une musique l'entoure, formée de flûtistes et de tambourinaires dont la caisse, rouge et bleue, ballotte sur leurs ventres nus. La troupe vient ensuite, tumultueuse, sans ordre, poussant des cris, chantant des chansons obscènes à la louange du Pacha. Ces Maugrabins ont une sorte d'uniforme : culotte de grosse toile bleue, ceinture rouge, petite veste, turban mince enroulé autour de leurs têtes rasées. La plupart portent sur l'épaule un fusil long comme la hampe d'un drapeau. D'autres ont des mousquets et quelques-uns des tromblons très évasés, à peine plus grands qu'un pistolet de cavalerie. Parmi eux on aperçoit des nègres et, çà et là, des cheveux blonds de Kabyles. Ils précèdent les cinquante-quatre bannières d'Albanais. Ceux-ci ont tous la même figure et le même vêtement. Front haut, nez fin, yeux sombres, longues moustaches, cheveux lisses, fez écarlate, veste bleue brodée d'or, larges jupons de toile blanche, guêtres bleues, le kandjiar dans la ceinture bariolée. Un employé de la police mettrait sur leur passeport un signalement identique. C'est le même homme cinq cent quarante fois multiplié.

Cette infanterie passée, paraissent vingt bannières de Maugrabins à cheval, Arabes du Sahara, Algériens ou Marocains, vêtus comme ceux d'aujourd'hui. De grands burnous épais les enveloppent. De temps en temps, ils s'échappent au galop dans la plaine, déchargent leurs armes et reviennent ventre à terre en hurlant. Des musiciens les suivent qui soufflent dans des flageolets ou frappent, avec des baguettes noires, sur de larges tambours de basque accrochés à l'arçon de leurs selles rouges. Trois cents Deletis et Kapsis viennent ensuite, tout habillés de neuf, avec les allures d'une troupe régulière. Ils marchent deux par deux et en silence, affectant l'air guindé des grenadiers du Grand Frédéric. Tout le peuple tremble à leur vue. L'artillerie passe la porte, solennellement, derrière eux.

Cette artillerie se compose de quatre canons de campagne, traînés chacun par deux belles mules, hautes de taille et vigoureuses. De gros glands de soie couvrent leurs mufles; leurs harnais sont attachés sur leur poitrine par une large plaque d'argent; des

nœuds de rubans flottent autour de leurs oreilles entre lesquelles se dresse un plumet. Les caissons,
cahotés sur le terrain raboteux et semé de rochers,
causent la stupéfaction de la foule; le pays est sans
routes carrossables. On n'y a jamais vu de voitures
depuis les chars de guerre de Teglat-Phalazar. Les
artilleurs, au nombre de vingt, sont assis sur de jeunes
dromadaires qui les secouent en se dandinant. Un drap
vermillon où sont encastrés des miroirs couvre la
croupe maigre des bêtes, tandis qu'entre les jambes
des soldats on voit passer la mèche de vieux tromblons.

Un grand silence se fait dans la foule. Les litières
du pacha arrivent avec ses neuf chevaux de main.
Leurs selles sont étoilées de grosses pierreries jaunes
ou vertes, et sur leurs flancs s'entre-choquent des sabres
et des boucliers incrustés d'or. Le Séliktar, brodé
des pieds à la tête, qui caracole à quelques mètres
plus loin, porte au bout d'une longue perche terminée
en potence, les trois queues, signes de la haute dignité de Dgezzar. A ce moment, des cris formidables
s'élèvent : voici les santons et les prophètes. Avec
des contorsions épileptiques, les yeux renversés, les
membres contracturés, les mâchoires agitées de rires
furieux, ils chantent les victoires futures. Ne se croi-
rait-on pas à Jérusalem au temps des rois? Les prophètes accompagnaient ainsi les armées en marche
et se groupaient autour de Saül et de David. Comme
les prophètes de Dgezzar, ils devaient courir nus ou
à demi couverts de loques, en bénissant, en maudis-
sant, et en invoquant le Dieu des armées.

M. de Renaudot, qui raconte cette scène, hisse alors
sur la terrasse du consulat le drapeau de France

fleurdelisé. Les bateaux français qui sont en rade se pavoisent. On tire le canon sur mer et sur terre. Dgezzar entre dans la plaine.

Le pacha disparaît dans le jaune, le rouge, le vert, l'or les topazes, les émeraudes, les rubis. On ne sait si c'est un lingot ou un drapeau. La foule se prosterne, s'agenouille, dit : « Dieu est plus grand! » Il passe au galop, levant les mains. Puis on entend un cliquetis de fer : cent Mamlouks escortent Dgezzar. Ces cavaliers sont coiffés d'un casque rond, à pointe, d'où pend une épaisse maille de fer. Les visières baissées ne laissent voir que des yeux noirs; une cuirasse couvre leur dos et leur poitrine; des cuissards protègent leurs jambes, des boucliers sonnent à leurs bras. Dans le fourmillement des piques les chevaux reluisent bardés d'acier. On croirait voir les troupes de Saladin et de Malek-el-Adel prêtes à charger, sous les murs de Ptolémaïs, les croisés de Philippe-Auguste et de Richard Cœur-de-Lion. Le moyen âge ressuscite. Deux cents esclaves oranges et lie de vin, armés de haches, ferment le cortège. « Ou je ne m'y connais pas, dit quelques minutes plus tard le pacha à M. de Renaudot, qui vient lui rendre ses devoirs, ou voilà une belle armée! »

Elle était redoutable et belle en effet pour le pays et pour le temps. Mais avant d'arriver à ce comble de puissance, Dgezzar avait dû passer par bien des aventures et lutter énergiquement contre la destinée.

En devenant pacha d'Acre, Dgezzar, en beaucoup de choses imita ses prédécesseurs. Comme eux, il eut son trésor, son trésorier juif décoré du nom de ministre des finances et ses astrologues. Le trésor, pour les pachas, était à la fois un signe de puissance et une source de dangers. Toutes les guerres précédentes avaient eu pour objet la conquête d'un trésor. Pour le trésor d'Aly-Bey et de Dahers Abou-Dahab s'était jeté sur la Syrie; pour un trésor Youssef avait livré Baïrout à Dgezzar, et pour un trésor Dgezzar avait défendu la ville contre les forces coalisées des Russes et des Druses; c'était pour un trésor qu'Hussein-Gaezerli avait bombardé Acre. Pachas, émirs, beys, cheiks ne songeaient qu'à s'enrichir, et ils se livraient à de gigantesques boucheries d'hommes pour augmenter leurs fortunes particulières. On ne voit point, du reste, que leurs trésors leur servissent beaucoup. Même dans les moments de plus grande détresse ils n'en tiraient point d'argent. Le trésor, ordinairement composé de pipes, de tabatières, de sabres ornés de diamants, devenait fétiche. On l'enfouissait. De temps en temps on l'exhumait pour le voir, mais on se gardait d'y toucher jamais.

Autour du trésor, pour le surveiller et l'augmenter, veillait le juif. Ce personnage est presque toujours le même, qu'il garde les richesses d'Aly-Bey, d'Abou-Dahab, d'Osman, de Dahers ou de Dgezzar. C'est un être astucieux, vil, bas, féroce, et qui a la folie de l'avarice. Sa monomanie consiste à entasser des pierres précieuses, des piastres et des sequins. Il inspire les expéditions hasardeuses, il pousse à la guerre, il excite au massacre pour remplir ses coffres. Le trésor ne lui appartient pas, qu'importe? Il le fait sien par la passion qu'il met à l'augmenter. C'est lui qui conseille le véritable propriétaire, lui qui déchaîne ses convoitises et ses appétits. Cet homme qui a l'aberration de l'or dirige son maître qui a l'aberration du sang. Astrologues et devins le secondent dans ses projets. Ils l'aident à exalter l'imagination déjà déréglée du bey, de l'émir ou du pacha. Le ciel qu'ils interrogent la nuit avec de grandes lunettes, leur montre un diamant dans chaque étoile. Ils perdent la tête devant des constellations de pierreries.

Dgezzar amassait donc un trésor, suivait les conseils de son juif et écoutait ses devins. Il en avait une troupe entière. Leurs prédictions l'amusaient et chatouillaient son amour-propre. On lui promettait qu'il deviendrait le maître de l'Orient et le rival du Grand Seigneur. Au fond, il se croyait déjà un personnage très célèbre. Dans sa pensée, il occupait l'attention du monde. « Non, disait-il, il n'y a pas deux hommes comme moi ! » et, pour se faire admirer, il se promenait dans Acre avec une longue hache posée sur ses épaules et dont il tenait une extrémité de chaque main. Malheureusement, malgré ses exactions et ses avanies, Dgezzar, qui était très dépensier, se trouvait toujours à court d'argent. Les Kapsis, les Maugrabins, les Mamlouks qu'il avait fait venir d'Égypte, absorbaient ses revenus et il se trouvait dans la nécessité de ruiner sa capitale, ruinée déjà tant de fois. Il infligeait avanie sur avanie aux juifs, aux chrétiens comme aux musulmans, montrant ainsi comme Dahers son indifférence absolue en matière de religion.

Acre épuisée, Dgezzar avait pensé tirer quelque chose de Baïrout, qui ne lui payait pas de tribut depuis longtemps. Il y avait envoyé son kiaya ; mais à l'approche des troupes, presque tous les habitants s'étaient enfuis. Les Kapsis et les Maugrabins trouvèrent une ville déserte et des maisons démeublées. Pour se venger, ils se jetèrent sur les villages environnants, qu'il brûlèrent et dont ils massacrèrent la population.

Les filles seules furent épargnées. On les vendit, deux piastres en moyenne, à des marchands d'esclaves. Puis, on envoya quinze têtes à Acre qui ornèrent la porte du sérail. Quelques prisonniers, faits par hasard, furent, sur l'ordre du pacha, décapités ou empalés.

Cette expédition, dont le but était simplement la rentrée de l'impôt, ne rapporta que très peu de chose à Dgezzar. Il songea, alors, à abandonner Acre où il ne trouvait plus un sou, pour aller habiter Seyda dont il était aussi pacha. Là, se fit un revirement subit dans son caractère. La politique lui conseilla de devenir philanthrope. N'ayant pas réussi à se procurer de l'argent par la force, il voulut inspirer la confiance en se faisant aimer.

Dgezzar se mit à vivre sans luxe et à s'habiller simplement. Il ne demanda plus d'impôt à ses administrés ; il mena une vie d'anachorète ; il fit plus : il passa ses journées à visiter les pauvres et à leur porter des secours. Sa passion devint de pratiquer toutes les vertus. Il rendit, comme saint Louis, la justice sous un arbre. Plus d'ivrognerie, plus de meurtres, plus d'achats de femmes au bazar. On le vit subitement doux et humble. Les habitants de Seyda se prirent pour lui d'enthousiasme. Ils s'agenouillaient, dans la rue, quand il passait, ou levaient les bras au ciel pour demander à Dieu de lui accorder une longue vie. Alors Dgezzar, tout haut et d'une voix sonore, appuyé contre un mur, déplorait ses fautes passées et confessait ses crimes. C'était, disait-il, pour rendre les peuples heureux que la puissance divine désignait les rois et les pachas de la terre. L'argent n'est rien en ce monde ; la guerre est odieuse, il n'y a de joie que dans le repos d'une bonne conscience ; la bonté seule ouvre les portes du Paradis. Et de grosses larmes coulaient sur ses joues et se perdaient dans sa barbe. Le peuple répondait par des cris de joie. Dgezzar disait alors au consul de France : « Tout l'or de la terre ne vaut pas ces acclamations. »

Cela dura longtemps. Mais ni les Kapsis, ni les Mamlouks, ni les Maugrabins n'avaient fait, comme Dgezzar, vœu de pauvreté. Ils réclamèrent ardemment leurs paye et menacèrent. La philanthropie avait achevé de vider les caisses publiques. Le pacha se trouva dans la nécessité de frapper un grand coup. Subitement, il ordonna une avanie générale. On saisit un matin l'argent des particuliers ; on emporta les meubles de toutes les maisons ; on chargea, sur le dos des chameaux, les grands arbres arrachés dans les jardins, et Dgezzar revint à Acre, à la tête d'un déménagement gigantesque et sous une huée formidable de malédictions.

Sa situation, brillante en apparence, était difficile et précaire. Tous les ans, il devait recevoir une nouvelle investiture du sultan et, tous les ans, il craignait de se la voir refuser. Il avait le pachalik d'Acre et celui de Seyda et il ambitionnait celui de Damas. Il était forcé de corrompre les vizirs et les membres du Divan de Stamboul, quelquefois les femmes du sultan. En outre, il avait à craindre les voyageurs mystérieux qui arrivaient à l'improviste, porteurs d'un firman et d'un lacet. Son ennemi, Husseïn-Pacha-Gaezerli, avait obtenu qu'on lui en envoyât quelques-uns. C'étaient d'ordinaire des Tartares. Il fallait jouer, avec eux, très serré. Quand on devinait l'objet de leur mission ou qu'on était prévenu de leur arrivée par les espions qu'on entretenait auprès de la Sublime Porte, rien n'était plus simple : on les faisait décapiter au débotté, sans leur demander d'explications, et l'on envoyait leurs tête, dans une boîte d'ébène, au Grand Seigneur. Une lettre accompagnait la boîte, où l'on expliquait qu'on avait exécuté un assassin, ennemi de l'empire. Le Grand Seigneur, qui avait envoyé l'assassin, faisait semblant de ne pas comprendre et remerciait. Mais si l'on n'avait pas reconnu ou pressenti le Tartare, c'était fini. Il montrait son firman et l'on se trouvait dans l'obligation de se laisser étrangler ou égorger. La lecture de ce firman produisait, paraît-il, un effet extraordinaire, car il semble qu'il eût été aussi facile de se défaire du porteur après qu'avant.

Dgezzar poignardait les Tartares toutes les fois que l'occasion s'en présentait, et elle se présentait souvent. Sa vie était perpétuellement en jeu. Plus il augmentait son pouvoir et plus était grand le danger.

Cela le tenait en éveil. Du fond de sa maison qu'il avait meublée à l'italienne, il surveillait la ville et le port. Ses espions le renseignaient sur la provenance des navires, sur la nationalité des étrangers qui arrivaient, sur les négociants que leurs affaires appelaient à Acre. Il vivait dans des transes perpétuelles, s'imaginant à chaque minute voir venir la mort. Son énergie et sa gaîté naturelle pouvaient seules lui faire supporter cette existence. Au milieu de ses inquiétudes, il avait cependant trouvé des amis et des complices jusqué parmi les Français et les protégés français, dont il était l'ennemi, car il s'était mis à commercer pour son compte et à leur faire concurrence. C'était d'ailleurs le premier des pachas qui, en Syrie, avait consenti à entrer en rapport direct avec eux. Son instinct lui disait qu'ils pouvaient être utiles. L'Orient les avait, en grande partie, corrompus. Ils s'étaient laissés aller aux habitudes et aux mœurs du pays. Quelques-uns ne demandaient pas mieux que de trahir ou de dénoncer leurs compatriotes et de se mettre de compte à demi dans les affaires du pacha. Dgezzar profita de ces dispositions. On vit bientôt entrer dans son intimité un certain Durand, négociant en soie, qui le conseillait et lui indiquait les avanies à imposer à tel ou tel membre de la « Nation ». Ce Durand, quoique malhonnête, sauva pourtant la vie à Bertocino, Italien, protégé français, coupable d'avoir empêché ses deux jeunes fils d'aller se promener dans les jardins, le soir, avec le pacha. On devait lui couper la tête. Durand obtint sa grâce, moyennant une amende de quinze cents piastres.

Les Français avaient, à ce moment, reçu du Grand Seigneur un firman qui les exemptait de toute avanie. Ils se croyaient, avec cela, en sûreté. Dgezzar les imposa, néanmoins, de 250 bourses. Ils voulurent user du firman et le montrer au pacha. Aucun d'eux cependant n'eut le courage de le lui porter. Dans cette détresse, ils s'adressèrent à un capidji-bachi du pays; mais le capidji, à la seule pensée de paraître devant Dgezzar avec un ordre pareil, s'évanouit. Les Français remirent le firman dans leurs archives et ils payèrent les 250 bourses.

Ces sortes de désobéissances et ces affectations de liberté absolue inquiétaient la Porte et l'irritaient contre le pacha. Beaucoup d'influences lui étaient contraires. Hussein-Gaezerli, et l'ambassadeur de France, assiégé par les plaintes de nos nationaux auxquels le commerce de Dgezzar faisait tort, demandaient sa révocation. Sa personnalité remuante et envahissante, devenait le sujet de querelles perpétuelles dans le Divan, et l'on y discutait longuement, toujours, la question de savoir si on le confirmerait ou si on le ferait étrangler. Ces discussions prenaient tant d'heures et de jours que les firmans de confirmation étaient généralement en retard. Le grand vizir, il est vrai, quand il avait reçu une tabatière de l'ambassadeur, et une pipe endiamantée de Husseïn-Gaezerli, prenait sur lui d'envoyer un Tartare armé du cordon, à la suite du capidji-bachi qui portait le firman. Parfois, aussi, il cherchait secrètement à Dgezzar un compétiteur. L'idée qui lui souriait le plus était de le forcer à se jeter sur l'Égypte, espérant détruire, les uns par les autres, ses fonctionnaires de Saint-Jean-d'Acre et ses ennemis du Caire. Mais il ne connaissait que bien vaguement les affaires de la montagne druse, et quand Dgezzar lui parlait des dangers de son absence, de la révolte certaine du Liban, il l'effrayait un peu. Dgezzar, en les appuyant de quelques bourses, savait rendre ses arguments irrésistibles.

La politique de la Porte était donc, vis-à-vis de Dgezzar, assez flottante. Tantôt on lui accordait de grandes faveurs, tantôt on travaillait à sa perte, selon le vent qui soufflait et selon les ressources dont le pacha disposait. En 1777, le firman de confirmation mit à venir un si long temps, que Dgezzar désespéra. Depuis qu'il était en possession du pachalik, il entretenait des relations suivies avec les beys, avec Mourad surtout, celui qui avait capturé Aly-Bey et qui devait combattre plus tard Bonaparte devant les Pyramides. Des courriers portaient des lettres, perpétuellement, entre Saint-Jean-d'Acre et le Caire. Dgezzar, se supposant déchu, songea aussitôt à la révolte ; il fit demander à son ami s'il était prêt à le seconder. Mourad lui promit sa collaboration, se trouvant, à ce moment, très puissant et tout à fait maître du pays. L'occasion était bonne et il en fallait profiter, étant donné la fragilité du pouvoir chez les Mamlouks. Dgezzar hâta les préparatifs tandis que Mourad rassembla ses cavaliers. Le complot allait éclater lorsque tout à coup, à l'improviste, sans que personne s'en doutât, arriva le firman de confirmation. Rien ne peut peindre la joie de Dgezzar. Il se mit, devant le consul de France, à gambader et à sauter comme un clown, dans le jardin du sérail. Puis, sans perdre de temps, il alla préparer une expédition dans le pays druse, afin de pouvoir écrire à ses alliés d'Égypte qu'une guerre imprévue et terrible neutralisait ses forces et empêchait la rébellion.

Cependant, il s'épancha devant M. de Taulés et se répandit en gasconnades : « Le sultan n'est point mon maître. Le sultan est comme les filles, il se donne au plus offrant. Si le sultan s'avisait de me résister, gare à lui ! Je saurais bien le mettre à la raison. Je soulèverais l'Égypte, la Syrie et l'Asie Mineure. Je marcherais sur Stamboul à la tête de mes Kapsis. Je me ferais aussi puissant que le grand Louis, empereur de France. » Puis, il revint sur sa vie passée et raconta des anecdotes invraisemblables. Il reparla de la bombe que, pendant le siège de Baïrout, il avait noyée dans sa soupe. Il dit que, lors de la fameuse déroute d'Osman-Pacha en 1772, il avait seul arrêté un escadron de Mamlouks, pendant une heure ; il évoqua, en la grossissant jusqu'à la rendre fabuleuse, la foule innombrable d'hommes qui avaient péri de sa main. Après cela, il se livra encore à toutes sortes de cabrioles et laissa le consul, M. de Taulés, stupéfait et épouvanté.

Des paroles, Dgezzar passa aux actes, et, d'abord certain que son argent lui assurait des amis ardents à Stamboul, il ne se gêna plus d'aucune manière. Depuis longtemps il y avait à Acre, des capidjis-bachis et des chokadars qui venaient de la part du sultan réclamer l'impôt. Dgezzar les fit immédiatement jeter en prison, les fers aux pieds. La Porte ayant nommé un pacha à Seyda, dont Dgezzar entendait rester maître, il fit savoir à ce malheureux, qui déjà avait été chassé de Naplouse par les habitants et du Caire par les Mamlouks, que s'il s'aventurait à prendre possession de son poste, il lui ferait trancher la tête. Le pacha, bien que porteur des nominations les plus officielles, dut rester pacha *in partibus*. En vain, de nouveaux capidjis, zaïms, chokadars vinrent exiger de l'argent. Dgezzar les fit bâtonner et exiler dans la montagne. Seul un de ces capidjis trouva grâce devant lui : c'était un pauvre diable qui n'avait rien dit et vivait de charité en attendant. Le pacha en eut pitié : il s'entendit avec Durand pour dépouiller un négociant français, nommé Damien, et les dépouilles de Damien récompensèrent la discrétion du capidji.

Mais la principale affaire du pacha consistait à provoquer une guerre dans le Liban pour se justifier de son inaction auprès de Mourad. Il imagina de demander à l'improviste cent cinquante bourses aux Druses, les menaçant, s'ils ne payaient pas, de les envahir.

Deux de ses officiers montèrent à Deïr-el-Kamar pour porter sa réclamation à la réunion des cheiks. Après une longue délibération, les officiers furent renvoyés, avec un refus. Dgezzar feignit une colère épouvantable, et comme ses soldats n'étaient pas payés depuis longtemps et murmuraient, il songea, tout en poursuivant son plan, à une opération financière. Il réunit ses troupes, les conduisit jusqu'à Seyda, et là, leur montrant le Liban druse couvert de mûriers et d'oliviers, les lâcha en leur disant : « Payez-vous ! » Aussitôt les mercenaires se ruèrent sur les villages sans défense, sur les couvents de Grecs melchites, et sur les maisons particulières et isolées. Rien ne resta debout dans un circuit de neuf lieues. Une sorte d'orgie sanglante vagabonda durant plusieurs semaines, à travers champs. Cette trombe de forcenés escaladait les hauteurs, roulait sur les pentes, rebondissait sur les plateaux, tuant et pillant toujours, ouvrant le ventre aux femmes, empalant les hommes sur des troncs d'arbres déracinés, s'arrêtant aussi, parfois, pour danser la danse du sabre, avec des rires, des cris, des hurlements de bêtes féroces, qu'accompagnaient les plaintes aiguës des flûtes et le tapage des tambours. Quelques-uns, harassés, rentraient à Acre par petits groupes. Par-dessus leurs vêtements en loques, ils avaient des chasubles brodées et des surplis ensanglantés. Les pieds des ciboires sortaient de leurs poches. Ils tenaient, sous le bras, de petits enfants tout nus, et qu'ils vendaient en chemin. Derrière elle, la bande armée laissa un désert semé de corps mutilés. Mais elle se déclara satisfaite et renonça, d'elle-même, et pour quelques mois, à ses gages.

Cette économie faite, Mourad trompé par l'envoi de plusieurs têtes coupées, et croyant qu'une guerre avait éclaté dans la montagne qui rendait impossible la révolte, Dgezzar voulut encore tirer quelque chose de son expédition. Pour prix du service qu'il prétendit avoir rendu à la Porte en s'opposant aux soi-disant incursions des Druses, il sollicita du sultan le pachalik de Damas, son ambition depuis tant d'années. Il accusa le pacha de faiblesse, assurant qu'il était incapable de lui prêter main-forte dans ses querelles avec Youssef. En fait, ce pacha, fils du célèbre Osman, nommé Mehemet, était fort malade et languissant. La Porte néanmoins le garda et repoussa la demande du pacha d'Acre. Celui-ci, à cette réponse, fut atteint de convulsions. Il se roula par terre, mordit à la main son juif, déchira sa veste puis se releva enfin, apaisé, en disant : « Allah Kérim ! » Et il commanda à ses prophètes de lui prédire l'avenir.

La réunion fut solennelle. Les astrologues, pendant la nuit, avaient consulté les constellations, les devins avaient tourné sur eux-mêmes, pendant des heures, pour se mettre en état de déchiffrer le grand livre de la destinée. Les uns et les autres étaient arrivés à une surexcitation nerveuse indescriptible. Tous parlèrent à la fois, mais tous firent la même réponse : « Dgezzar, tu seras pacha de Damas. » Dgezzar qui avait imité les rois de Juda, une fois de plus, car les rois de Juda ne manquaient point de consulter leurs prophètes dans les circonstances difficiles, rentra au sérail, plein de confiance.

L'événement sembla d'abord lui donner raison. Le pauvre Mehemet, qui s'était fait transporter à Hama pour changer d'air, y mourut. Dgezzar sollicita de nouveau sa place, mais sa demande n'était point partie, qu'un autre pacha était nommé : Dervisch, frère de Mehemet. La douleur de Dgezzar aurait été horrible s'il n'avait appris en même temps que Dervisch souffrait d'une épouvantable dyssenterie. Il recommença d'espérer et sa confiance dans les prophètes s'en accrut.

Les Druses, cependant, avaient juré de se venger de la ruine et du massacre des leurs. Ils étaient d'autant plus irrités que le pacha d'Acre avait imaginé d'opposer à Youssef un certain prince Ismaïl, appartenant à la famille de l'émir, mais dénué de toute espèce de droit au pouvoir. Cet Ismaïl avait ramassé quelques partisans et guerroyait dans un coin.

Youssef, que ses précédentes défaites avaient rendu sage, s'essaya à la ruse. Il envoya des présents au pacha d'Acre et, secrètement, rassembla une armée. Dgezzar reçut bien les présents, et parla d'accommodement. Youssef parut entrer dans ses vues, et lui dépêcha ce fameux abbé, qui avait joué un rôle ridicule au siège de Baïrout et qui, depuis, continuait de vivre aux dépens des Maronites et des Druses. Agemy fit de telles offres, que Dgezzar crut Youssef tout à fait apaisé et épouvanté et il en profita pour se montrer d'une exigence excessive. Agemy repartit pour la montagne en lui promettant un beau succès.

Quelques jours après, l'armée druse étant réunie et embusquée dans la montagne, un message vint annoncer à Dgezzar, arrivé à Baïrout pour régler l'affaire, que l'émir Youssef ne voulait plus rien accorder. Dgezzar, pensant qu'il ne rencontrerait point de résistance, assembla les Albanais, ses meilleures troupes, et leur donna l'ordre de marcher sur Deïr-el-Kamar. Les Albanais tombèrent dans une embuscade et furent écharpés. Dgezzar était allé trop loin. Leur défaite eut un retentissement inattendu et aussitôt, les cheiks mothualis, depuis longtemps dépouillés et réfugiés dans la plaine de la Beka, aux environs de Balbek, se mirent en branle et marchèrent à leur tour sur le pachalik, encouragés par Dervisch, héritier des jalousies de son père et que la maladie aigrissait.

Les Mothualis arrivèrent ainsi jusqu'au château de Tébelin, ancienne résidence du cheik Nassif, étranglé dans l'intervalle. Son fils conduisait la troupe et d'abord il s'empara de Tébelin par surprise. La garnison fut passée au fil de l'épée, y compris le mudzellin qui commandait. Dans ce château se trouvait encore, enfoui sous un arbre, le trésor du cheik défunt que, malgré d'incessantes recherches, Dgezzar n'avait pu découvrir. Le fils de Nassif connaissait la cachette ; il remit la main sur le trésor et l'expédia en lieu sûr. Puis, il laissa une troupe à Tébelin et continua sa route vers Acre. Dgezzar envoya immédiatement son infanterie maugrabine dans la montagne. Elle assiégea le château et le reprit malgré l'héroïque résistance des défenseurs. Cette victoire obligea le fils de Nassif à revenir sur ses pas, et le pachá d'Acre profita aussitôt de ce changement de fortune pour conclure la paix avec tout le monde. Il renonça à ses prétentions premières, mais, cependant, il obtint que Youssef associât dans une certaine mesure le prince Ismaïl au pouvoir. Le soir de la signature du traité, Dgezzar reçut M. de Renaudot dans son grand salon, meublé de fauteuils rococo, de canapés de soie, de draperies de velours, de consoles de marbre supportées par de gros Amours en bois doré. « J'ai subi la paix de ces chiens, » dit-il. Puis, saisissant sa hache et la brandissant : « Mais je suis toujours Dgezzar ! »

Dgezzar aimait à parler à cœur ouvert avec notre consul, bien qu'il le soupçonnât avec raison de travailler contre lui. Mais, il était bel esprit, aimait à briller et à faire la roue dans ce salon tout plein des magnificences de l'industrie européenne. C'est là et dans son jardin qu'il passait les heures de *kief*. Il se piquait d'avoir le goût délicat et artistique : il adorait les fleurs et cultivait, lui-même, des plantes rares. De gros bouquets garnissaient toujours les vases de porcelaine posés sur les consoles. Souvent, n'ayant rien à faire dans la journée, le pacha brodait au tambour comme l'héroïne du *Barbier de Séville* qu'on représentait pour la première fois, à peu près vers cette époque, à Paris. Dans ces moments d'abandon et de repos, les serviteurs et les familiers de la maison se réunissaient autour de lui, fumant, regardant la mer, s'essayant à des travaux de tapisserie, ou causant entre eux. La conversation roulait, d'ordinaire, sur le prix de la soie, sur les bénéfices à réaliser, sur la récolte des mûriers, sur ce qui se passait à Stamboul ou au Caire et, lorsque M. de Renaudot était présent, sur l'histoire de France. On l'interrogeait tantôt sur Louis XIV, tantôt sur Louis XV, sur Louis XVI et quelquefois sur Voltaire.

Parmi les principaux interlocuteurs, il y avait Mahlem, le juif de Dgezzar, vieux homme, ridé, cassé, qui tenait à la fois l'emploi de trésorier, d'intendant ou même d'aide de cuisine lorsqu'il plaisait au pacha, très gourmand de sa nature, de préparer son dîner lui-même, un grand tablier de marmiton sur le ventre. Il y avait encore les frères Sachkrouche, Grecs schismatiques, qui se chargeaient des opérations financières du sérail et commerçaient aussi pour leur compte. Souvent en querelle avec Mahlem, dont ils jalousaient l'autorité, ils ne s'entretenaient guère que des avanies à imposer à la « Nation franque » et aux gens du pays. Durand, au contraire, qui venait souvent au sérail, abordait tous les sujets : marine, guerre, médecine, science, diplomatie ; les Russes lui avaient raconté des anecdotes sur la Grande Catherine et les Autrichiens sur Marie-Thérèse : il connaissait les cours de l'Europe. Des amis, parfois, l'accompagnaient, Bertocino entre autres, ou des capitaines de navires vénitiens ou ragusains qui, pendant la dernière guerre, avaient fait le commerce avec la Syrie. Le bouffon du sérail, car Dgezzar avait un bouffon en titre comme en avaient eu les rois de France, donnait la réplique à Durand. C'était un pauvre chrétien d'Acre, qu'on coiffait d'un bonnet pointu, qu'on habillait comme un arlequin, et qui, passé maître en l'art de tirer la langue et de faire des grimaces, disait à tout le monde, et en particulier à Dgezzar, toutes les impertinences qui lui venaient à la tête. Trois jeunes hommes complétaient cette étrange société. Courtisans infâmes du pacha, âgés de vingt ans au plus, ils étaient détestés des autres et, en particulier, de Sachkrouche l'aîné. Deux étaient Mamlouks, et avaient été donnés en présent par Mourad : Sélim et Soleïman. L'autre, nommé Sélim aussi, était né à Hama. C'était Sélim le Mamlouk que préférait Dgezzar. Il l'avait fait général.

« Ce Sélim, dit M. de Renaudot, avait la taille petite mais une jolie figure et les yeux pleins de feu. A toute la vivacité de son âge il joignait beaucoup de douceur et d'amabilité. » Il était très aimé des Français à cause de la haine que lui portait Sachkrouche. On le regardait comme ayant un bel avenir : le pacha avait demandé pour lui les deux queues.

Ce fut peut-être alors le moment le plus heureux

de la vie de Dgezzar. Il croyait son pouvoir assuré et son argent lui avait rendu, cette année-là, le Divan très favorable. Un firman arriva, qui accordait à Sélim les deux queues demandées, un autre firman donnait enfin à Dgezzar lui-même le pachalik de Damas. La prédiction des prophètes s'était réalisée. Maintenant investi de la plus haute mission religieuse, puisqu'il devrait conduire tous les ans la caravane de la Mecque, maître de toute la Syrie qu'il tenait par ses lieutenants depuis Lataquié jusqu'à Gaza du nord au sud, et de l'est à l'ouest, de la Méditerranée au désert, le pacha était parvenu à un comble de puissance qu'il avait à peine espéré dans ses rêves les plus hardis. « Venez partager ma fortune et ma gloire ! cria-t-il en fort bon italien au consul de France, en l'entraînant dans ses jardins qu'un beau clair de lune, à ce moment, illuminait. Je vais mener les vrais croyants à la Kaaba et, pendant ce temps, je laisserai le pachalik sous la garde de mon cher Sélim. »

Le firman qui donnait les deux queues à Sélim, le faisait en même temps pacha d'Acre. Un troisième firman accordait le pachalik de Tripoli à l'autre Sélim, né à Hama. « Nous serons donc gouvernés par cinq queues, » répondit M. de Renaudot.

Ce premier voyage de Dgezzar à la Mecque fut l'occasion d'une conspiration des Mothualis. Profitant de l'absence du pacha, ils crurent pouvoir s'emparer des châteaux dont ils avaient été chassés et dont ils comptaient égorger les nouveaux gouverneurs. Sélim fut prévenu à temps. Il arrêta les chefs mothualis et les fit empaler, à raison de quatre par jour, sur une place d'Acre. Cette répression énergique mit le comble à sa réputation, car il était considéré déjà, selon le consul,

« comme un homme juste, loyal, humain et fort entendu en affaires ».

Dgezzar, à son retour, se trouva en présence de
graves difficultés. Ses ennemis de Stamboul, battus
l'année précédente, avaient repris le dessus, et pos-
sédés de leur haine clairvoyante, ils lui avaient envoyé
l'ordre de rassembler une armée et de marcher contre
l'Égypte. Le sultan paraissait vouloir en finir une
bonne fois avec les Mamlouks révoltés et, malheureusement pour Dgezzar, ces Mamlouks le som-
maient, dans le même temps, de remplir ses engagements et de se soulever contre le Grand Seigneur. Il
se tira de ce mauvais pas par son procédé ordinaire.
Youssef et Ismaïl vivaient en paix à Deï-el-Kamar
depuis le dernier traité. Il les brouilla en faisant dire
à chacun d'eux que l'autre voulait l'assassiner. Cette
plaisanterie lui parut si drôle qu'il la raconta le jour
même au consul de France, et celui-ci écrivit alors
au ministre de la marine : « Je sus de Dgezzar que le
capitan-pacha Gaerzerli et quelques autres vizirs de
l'empire ottoman, jaloux de sa prospérité, avaient
déterminé Sa Hautesse à lui donner le commandement
d'une armée destinée contre les beys d'Égypte : com-
mission dangereuse qu'il n'avait pu éviter qu'en faisant voir qu'il était dans la nécessité de rester à Acre
pour contenir les montagnards toujours prêts à se
révolter. Et pour rendre la chose évidente, il m'a
avoué qu'il avait lui-même fomenté la division entre
les deux émirs druses. Il se flatte, par cette ruse,
d'avoir désobéi sans pouvoir être blâmé, et d'avoir
évité le piège de ses ennemis. » La ruse, en effet,
réussit tellement que le prince Ismaïl, le protégé de
Dgezzar, fut étranglé par Youssef.

La guerre recommença avec fureur. Dgezzar tenait à lui donner une importance exceptionnelle, à raison de la situation difficile où il se trouvait. Elle devait, selon lui, servir à prouver aux beys qu'il était impossible de marcher contre le sultan, et au sultan qu'il était impossible de marcher contre les beys. Il rassembla toutes ses troupes, sous le commandement de Sélim, à qui il ordonna de se trouver huit jours après à Baïrout, sa nouvelle base d'opération. Pour lui, il voulut aller par mer et monta, le 14 septembre 1784, sur sa galiote, suivi de quelques bateaux marchands, armés en course.

Deux aventures, assez curieuses, marquèrent ce voyage. Dgezzar, au moment de s'embarquer, s'arrêta sur le quai et appela le drogman du consulat de France. « Un ingénieur français, lui dit-il, permet à sa femme de s'habiller à la mode de Stamboul. Dites au consul que je ne puis supporter cela. Mes femmes seules ont le droit de s'habiller à la mode de Stamboul. »

La galiote jeta l'ancre devant Sour, l'ancienne Tyr. Là, Dgezzar parut assiégé de préoccupations purement artistiques, et descendu à terre, il demanda à voir une nouvelle mosquée qu'un riche musulman de la ville avait fait construire à ses frais. Le gouverneur le conduisit devant ce petit monument, d'une architecture d'ailleurs assez pauvre. Dgezzar, qui avait vu les tombeaux des califes au Caire, s'étonna du peu d'élégance d'un minaret. « Faites venir le constructeur, » dit-il, et quand le musulman fut arrivé : « Est-ce qu'on bâtit de la sorte? lui demanda-t-il en colère. Ne vois-tu pas que cela est lourd, écrasé, mal équilibré, de style bâtard et de décadence? » Puis, tirant son kandjiar, il lui perça le ventre et le laissa mort sur la place. Quand il fut revenu à bord de sa galiote : « Il était écrit que cet homme mourrait de ma main, murmura-t-il devant ses officiers. Il avait si mauvais goût que je n'ai pu m'empêcher de le frapper. »

A Baïrout, où Sélim l'attendait, Dgezzar commença les opérations, mais elles furent d'une tout autre nature que les précédentes. Connaissant bien l'état de la montagne et, comme on disait, « la constitution des peuples druses et maronites », qui n'était autre, d'ailleurs, que la féodalité, il savait que l'émir, après la guerre déclarée, était tenu de donner, sur son propre trésor, à chacun de ses grands vassaux, une sorte de solde de campagne assez élevée. En obligeant l'émir à payer pendant plusieurs mois cette somme, il calcula qu'il parviendrait, d'une part, à le ruiner, de l'autre à donner un caractère très sérieux aux hostilités en les prolongeant outre mesure. Il envoya donc des émissaires secrets à tous les cheiks, pour leur dire : « Si vous prenez les armes, évitez de rencontrer mes troupes; elles vous éviteront de leur côté, et, de plus, je m'engage à respecter vos propriétés particulières; des deux parts, on fera semblant de se battre sans jamais remporter la victoire, mais sans jamais être vaincu. Et vous toucherez indéfiniment votre indemnité. » Les cheiks goûtèrent ce raisonnement; ils traitèrent en sous main, avec Dgezzar, et la lutte la plus étrange commença.

Chaque fois que les troupes druses partaient pour une expédition, Dgezzar, averti, montait à cheval, et emmenait son armée du côté opposé. On se cherchait sans, bien entendu, se découvrir, et quand les hommes étaient harassés de fatigue, chacun rentrait chez soi, de son côté. Quelque temps après, on recommençait, puis on arrangeait des rencontres où l'on se fusillait et se canonnait hors de portée. Dans ces cas-là, les deux partis chantaient victoire. Pour donner, cependant, une apparence de sérieux à cette comédie grossière, on coupait, de temps à autre, la tête à des paysans sans importance. Dgezzar envoyait en grande pompe ces têtes au sultan, dans des boîtes d'ébène, ornées d'inscriptions fantastiques : « Tête de tel émir, tête de tel cheik. » Les Druses, pour n'être point en reste, expédiaient, de leur côté, à Youssef, des mains ou des cœurs quelconques qu'ils prétendaient avoir appartenus à des Kapsis ou à des Maugrabins de Dgezzar.

Cette gigantesque farce dura longtemps et, chose curieuse, terrorisa les populations : on l'appela « la grande guerre de 1784 ». La Syrie, la Turquie et l'Égypte en furent dupes et Youssef, plus dupé que tous les autres, voyant sa ruine prochaine, résolut de mettre fin à la lutte : il demanda la paix, mais Dgezzar exigea qu'il vînt la signer lui-même à Saint-Jean-d'Acre et qu'il se fît accompagner de son vieux ministre Sad le curé.

Youssef descendit à Acre. « C'était, d'après le consul, un homme de taille avantageuse, d'un port majestueux, qui avait une belle figure et qui, sans une petite tache à l'œil gauche, aurait été un gentilhomme accompli. » Il est vrai que le consul ajoute cette phrase qui semble une ombre au tableau : « Il ne paraît pas mieux instruit que ne le sont les hommes agrestes. »

Youssef s'engagea à payer deux mille trois cents bourses, somme énorme pour le pays et, en outre, il dut abandonner comme otage le pauvre Sad qu'on enferma dans la prison de là ville. Le paiement devait s'effectuer cinq cents bourses par cinq cents bourses, tous les trimestres. A la première échéance, Sad devait être mis en liberté.

Il ne le fut point, bien entendu. Youssef avait envoyé les cinq cents bourses, mais Dgezzar prétendit ne pas les avoir reçues. Youssef en envoya cinq cents autres, car il était fort attaché à son vieux Sad; mais Dgezzar déclara encore qu'il n'avait rien vu de cet argent. Youssef, au désespoir, continua à envoyer bourses sur bourses. A la fin, ne sachant où donner de la tête, il s'adressa au consul de France, qui osa parler à Dgezzar. « Ne rendrez-vous jamais Sad à son maître? — Sad? répondit Dgezzar, c'est une vache à lait. »

Youssef pensa, et ce pouvait bien être la vérité, que Dgezzar ne mentait pas tout à fait et qu'une partie de son tribut restait dans les poches des trésoriers. L'émir druse communiqua ses soupçons au consul, et celui-ci se chargea enfin, officiellement, des négociations. Il intervint, éveilla la susceptibilité de Dgezzar; il pria, il supplia, il fit observer que les deux mille trois cents bourses avaient été plusieurs fois payées déjà, et finalement il fit signer la mise en liberté de Sad. « Cette affaire, écrivit-il à son ministre, m'a fait, je crois, beaucoup d'honneur. » Sad, épuisé par le régime de la prison, mourut le lendemain de son élargissement. L'habileté de notre représentant avait obtenu la grâce d'un cadavre.

A la guerre succéda la peste. Ce fut une des plus horribles épidémies qu'ait vues l'Orient. La moitié des habitants de Saint-Jean-d'Acre mourut, et l'un des premiers atteints fut précisément Sélim le Mamlouk.

Dgezzar, pendant sa maladie, fut admirable de dévouement. Sans souci de la contagion, il veilla et soigna son général comme aurait pu faire une mère, une femme ou une sœur de charité. Il passa toutes les nuits près de lui, administrant les drogues, assistant aux saignées, préparant les tisanes où l'on faisait bouillir de la graine de lin et des versets du Coran. Malgré tout, le moment fatal arriva : Sélim rendit le dernier soupir. Le coup fut terrible : Dgezzar poussa un grand cri et tomba à la renverse, évanoui. Ses esclaves lui jetèrent de l'eau froide à la tête et le frappèrent dans le dos. Il revint à lui, mais ne put parler. Les sanglots le secouaient et l'étouffaient. Il poussait des grognements d'ours en s'arrachant si fort les poils de la barbe que le sang lui coulait le long du cou. Enfin, il se roula par terre, dans des convulsions, en hurlant : « Sélim ! mon Sélim ! »

Transporté dans sa chambre, à bras d'hommes, et couché sur un sofa, il refusa longtemps de recevoir personne et de s'occuper d'affaires.

Un événement grave vint tout à coup le tirer de sa torpeur. Le Divan, où ses ennemis continuaient à dominer, peut-être parce qu'il ne leur offrait plus assez d'argent, avait décidé une expédition en Égypte et donné des ordres en conséquence. Les pachas d'Alep, de Naplouse et de Jérusalem étaient, comme celui d'Acre, mis en demeure de rassembler leurs troupes, et, de plus, cinq ou six généraux, battus dans la guerre turco-russe, mais qui passaient pour de grands capitaines, venaient d'arriver en Syrie, chargés de diverses missions militaires. Dgezzar devait voir avec inquiétude ces rassemblements armés sur ses frontières et songer qu'on pouvait laisser tranquille l'Égypte, qui était fort loin, pour se jeter sur son pachalik. Il avertit les beys et, sérieusement cette fois, leur demanda du secours. Justement, à ce moment-là, la puissance de Mourad était menacée, et les beys, fort occupés de divisions intestines qui, à l'heure même, venaient d'éclater. Un capidji-bachi, chargé de la correspondance, voyageant tranquillement et sans précaution aucune, se fit prendre, aux environs de Gaza, par un parti de cavaliers appartenant au pacha de Naplouse. Les lettres de Dgezzar furent ouvertes et envoyées à Stamboul, où, pour comble de malheur, elles tombèrent entre les mains de Husseïn-Gaezerli-Pacha.

La situation devint soudainement critique et terrible pour le pacha d'Acre. Que faire? Il était pris. Un raccommodement avec la Porte était impossible; impossible aussi la révolte. Dgezzar était trop prudent pour se déclarer contre la Porte tout seul et dans un moment pareil, et d'autre part, se sachant démasqué, il ne voulait pas rejoindre les autres pachas qui, sans doute, le déposeraient ou l'étrangleraient. Beaucoup d'argent à Stamboul et beaucoup de temps pouvaient arranger peut-être son affaire. Dès lors, se souvenant qu'il était un grand personnage religieux et qu'il avait une caravane à conduire à la Mecque, il prit une résolution ferme et déménagea.

Les meubles de son sérail, les anges dorés qui soutenaient ses consoles de marbre, les canapés, les fauteuils, les sofas, les chandeliers de bronze, les lustres, tout ce qu'il avait acheté en Italie, fut vendu sur la place d'Acre à la criée. On chargea sur des chameaux ce qu'il avait de plus précieux : ses sabres, ses pipes et son trésor, et, à la tête de son armée, Dgezzar, qui se croyait perdu et pensait peut-être ne plus revoir Acre, gagna Damas et, de là, à la tête des pèlerins, s'enfonça dans l'Arabie.

Avant de partir, seulement, il appela à la hâte son favori Sélim de Hama, qui était à Tripoli et il lui confia Seyda, Acre et ses autres possessions.

Sélim de Hama ne ressemblait point à Sélim le Mamlouk. Ambitieux, bien vu de la colonie étrangère, il s'était depuis quelque temps accointé avec la Porte. L'occasion lui semblait favorable pour une trahison. La complicité des Druses, des Mothualis, du Divan, lui était acquise à l'avance, et la fortune de Dgezzar subissait une éclipse. Aussi, son premier soin fut-il de convoquer les Français au sérail, à une audience solennelle. Le consul, qui connaissait ses projets, lui souhaita avec effusion la bienvenue et il répondit, en se caressant le menton : « Ma barbe est courte, mais elle croîtra. »

Les pachas, réunis à Naplouse, à Alep, à Jérusalem, et qui s'efforçaient de rassembler une armée toujours désagrégée le lendemain, le laissèrent tranquille, munis sans doute d'instructions officielles. Il put gouverner en paix dans le sérail démeublé, sans que le pachalik fût menacé.

De longs mois s'écoulèrent, lorsque tout à coup le bruit du retour de Dgezzar courut. La grande caravane, disait-on, approchait de Damas, avec les pèlerins de l'Inde, de la Perse et du Caucase. Le pacha était à sa tête, escorté de ses soldats. Plusieurs capidjis-bachis envoyés par la Porte venaient de partir à sa rencontre. Mais on ne savait point de quels ordres ils étaient chargés.

Le Divan, qui d'abord avait condamné Dgezzar à mort, était revenu sur sa décision et s'était arrêté à une sentence plus douce, gorgé probablement de présents et d'argent. Peut-être aussi qu'à Stamboul, on éprouvait certaines craintes : Dgezzar ne revenait pas seul ; une troupe, aguerrie sans doute par ses combats avec les Arabes du désert, l'accompagnait, tandis que les pachas et les généraux, réunis à Alep et à Naplouse, avaient à peine rassemblé quelques hommes. Dgezzar pouvait se jeter sur eux, les disperser, appeler les beys, soulever la Syrie. Ne valait-il pas mieux le laisser revenir chez lui, après avoir diminué son pouvoir et se servir de Sélim pour le détruire ?

Quoi qu'il en soit, Dgezzar, en arrivant à Damas, trouva un firman qui simplement lui enlevait ce pachalik en même temps que celui de Seyda. On ne lui laissait que la moukanié d'Acre. Arrivé au faîte de la puissance, il en était précipité. Il retombait petit fonctionnaire, tout comme le jour où on l'avait appelé pour remplacer Dahers. Encore entrevoyait-il plus de pièges dans l'avenir, et sa tête ne lui semblait-elle plus aussi solide sur ses épaules.

Dgezzar réfléchit un instant. Allait-il déchirer le firman, se déclarer indépendant et lutter contre la Porte ? Mais sa troupe avait diminué dans son voyage ; la peste et le typhus lui avaient pris des hommes en route ; la population d'Acre et de Seyda serait-elle prête à la révolte, et devait-il risquer la guerre sans un refuge et une base d'opération ? Mieux valait s'incliner devant la destinée, plus forte que lui.

Dgezzar s'agenouilla, baisa le firman qui le destituait, et dit comme Job : « Le Grand Seigneur m'avait tout donné, il m'a tout ôté, que sa volonté soit faite ! » Puis il se dirigea sur Acre, et il alla s'installer dans son sérail. Il parut triste, d'abord, mais son tempérament énergique reprit vite le dessus. Il refusa net d'abandonner le pachalik de Seyda, et comme un nouvel ordre de la Porte arrivait pour l'y forcer, il répondit : « J'ai deux mille bourses pour l'acheter et dix mille hommes pour le défendre. » La Porte accepta les deux mille bourses et le laissa tranquille, pour un temps, malgré les efforts de Gaezerli.

En revanche, elle recommença à le tourmenter au sujet de l'Égypte et lui ordonna de s'armer. Il obéit, mais il s'arma pour se défendre bien plus que pour attaquer. Il fit ajouter deux tours aux fortifications d'Acre et commanda, en France, par l'entremise du consul, « six canons de campagne en fer, du calibre de trois livres de balles, leurs affûts à roues bien faits, tous les refouloirs, tire-bourres, écoubillons, enfin tout ce qui est nécessaire pour iceux, six cents boulets du calibre, plus les traits, courroies et selles pour les chevaux ». Sélim était chargé de ces préparatifs qu'il pressait beaucoup, pour des raisons particulières.

Comment Dgezzar n'avait-il pas été assassiné à son retour de la Mecque ? Comment, après la remise de ses lettres à la Porte, lui avait-on laissé Acre, puis Seyda, sachant qu'il conspirait avec les beys et qu'il était prêt à s'allier avec l'Égypte rebelle ? C'est qu'encore une fois l'Empire était faible ; que Dgezzar payait les vizirs et les femmes, et que ceux qui, comme Gaezerli le haïssaient, le craignaient en même temps. Après lui avoir envoyé des assassins inutiles, le Divan en était venu à penser qu'il fallait lui trouver un compétiteur ; le prendre dans une émeute comme dans un piège et rétablir l'ordre au moyen de la guerre civile. Sélim, depuis longtemps vendu à la Turquie, était tout désigné pour devenir le compétiteur, le successeur et le bourreau de Dgezzar.

Le temps qu'il avait passé seul à Acre, il l'avait employé à préparer la rébellion. Ses créatures remplissaient le sérail; son frère occupait la haute dignité de Kasnadar. Gaezerli lui avait promis la Syrie et justement Dgezzar, frappé moralement et déchu aux yeux des populations, se trouvait sans appui. On n'osait pas le braver encore, mais chacun était prêt à l'abandonner. Le sultan semblait reprendre de l'empire dans son empire; les beys d'Égypte n'avaient plus les superbes fanfaronnades des Abou-Dahab et des Aly; on ne les entendait plus bruire à l'horizon, comme autrefois. Leurs hésitations, leurs correspondances timides avec Dgezzar : ces pourparlers qui n'aboutissaient jamais, leur donnaient l'apparence de l'impuissance. On voyait qu'ils ne viendraient pas au secours du pacha d'Acre, si jamais celui-ci était menacé. L'heure avait sonné de la révolte. Il fallait en finir avec cet homme que la Syrie dévastée et ensanglantée répudiait, que ses amis abandonnaient, dont la France demandait la révocation et qui restait seul contre tous.

Dgezzar ne soupçonnait rien. Préoccupé seulement d'éluder les ordres du sultan, il ne songeait qu'à provoquer des troubles dans le Liban et à créer un danger à côté de lui pour faire diversion. Ses agents découvrirent, on ne sait où, des enfants ou de soi-disant enfants du prince Ismaïl jadis étranglé par Youssef : il les accueillit à bras ouverts, les traita comme ses propres enfants et déclara qu'ils devaient régner sur les Druses.

Sélim fut chargé de détrôner Youssef, Dgezzar lui offrit ainsi l'occasion qu'il cherchait de se révolter.

Aussitôt Sélim rassemble deux mille cavaliers et il part pour Hasbeya, dans la montagne; mais avant de se mettre en marche, Sélim a entretenu son frère le Kasnadar; il a fait des signes mystérieux aux chefs des Deletis et des Kapsis; il a vu les négociants français; il a envoyé des émissaires à Youssef et à Gaezerli.

En arrivant à Hasbeya, son armée rencontre celle de l'émir. On n'en vient pas aux mains. Les soldats campent tranquillement auprès les uns des autres. Les deux chefs s'embrassent. Ils entrent sous une tente. On leur sert de la glace, des sorbets, de l'araki. L'abbé Agemy est là avec une écritoire et du papier. On rédige un traité en partie double. Chacun offre sa part. Youssef fournira des fantassins et de l'argent à Sélim; Sélim, en retour, livre à Youssef les fils d'Ismaïl pour qu'on les étrangle sur l'heure, comme leur père. Les deux nouveaux amis sortent de la tente : les armées se rapprochent et se confondent. Sélim, d'une voix haute et ferme, proclame la déchéance de Dgezzar.

C'est une explosion de joie. La cavalerie exécute une fantasia. Les tromblons partent avec des fracas d'artillerie, on pousse des acclamations que l'écho prolonge dans les vallées. La musique commence à jouer des airs guerriers, on danse le « sabre », puis les femmes de Hasbeya arrivent, attirées par les chants. Un rapsode prend une guitare :

Le jeune cheik revient de la guerre,
Il rencontre une jeune fille de son village :
— O mes yeux! dit-il, donne-moi à boire,
Je suis fatigué de frapper l'ennemi.
La jeune fille lui apporte une amphore toute pleine,
Elle lui verse l'eau dans le creux de ses mains tendues.
Mais le jeune cheik fronce le sourcil :
— O fille! pourquoi m'apportes-tu du vin!

Il est défendu de boire du vin.
— O jeune cheik, dit-elle, c'est de l'eau pure,
Mais quand je te regarde je deviens toute rouge,
Et l'eau se colore du reflet de mes joues.

La nuit se passe, illuminée par la lune, au milieu des fêtes. Dès le matin, Sélim lève le camp. Il emmène avec lui ses cavaliers et les Druses. Il va marcher sur Baïrout, sur Seyda, sur Sour, et sur Saint-Jean-d'Acre. Les cheiks viennent lui faire leur soumission, et, quand il passe, les femmes assises sur les terrasses imitent le cri des cigales.

Dgezzar apprend la nouvelle et se sent perdu. Tous les yeux pétillent de joie autour de lui. Il lui reste encore, heureusement, ses Mamlouks bardés de fer, ses Maugrabins, le peuple. Pour se rendre compte de ses forces, il mande près de lui le Kasnadar. Mais le Kasnadar refuse d'obéir. C'est devant les soldats rassemblés qu'il déclare ne pas vouloir aller au sérail. Dgezzar voit grandir la trahison qui l'entoure. Les employés et les eunuques du harem ne sont-ils pas du complot? Il les regarde, il les interroge d'une voix brève; puis, sa conviction faite, d'un coup de sabre, il leur coupe les mains. Des fontaines de sang jaillissent de leurs poignets. Dgezzar les jette à la porte. Une seconde fois il fait appeler le Kasnadar. Le Kasnadar n'est plus avec les soldats. On le cherche. Tout à coup l'on entend sa voix en haut d'une tour. Il s'y est réfugié avec soixante Mamlouks. Les caves contiennent douze cents quintaux de poudre à canon. Sur la plate-forme où il est monté, le Kasnadar agite une mèche enflammée. Il dit qu'il fera sauter le sérail et Saint-Jean-d'Acre si on ne le laisse pas aller rejoindre Sélim avec les soldats révoltés.

La terreur se répand dans la ville. Le peuple affolé se rassemble autour du sérail; le consul de France arrive avec tous ses nationaux; on supplie; on se met à genoux; il faut laisser sortir le Kasnadar : c'est un furieux et un enragé. Les lamentations se transforment en menaces. Dgezzar réfléchit : le Kasnadar va emmener tous les traîtres. Il cède.

Sur sa parole, le kasnadar sort de la tour environné de ses soixante Mamlouks : la mèche de coton fume encore entre ses mains; les Mamlouks ont la visière baissée et le sabre nu. Ils avancent, groupés en escadron; ils portent des étendards; ils chantent en caracolant devant le sérail fermé et sourd. D'autres soldats se précipitent à leur suite : Deletis, Kapsis, Maugrabins. On les voit déboucher de toutes les rues; l'armée de Dgezzar déménage avec armes et bagages. Les artilleurs sur leurs dromadaires caparaçonnés de rouge, les fantassins avec leurs costumes neufs, les uns portant le tromblon, les autres la hache, brandissant toute cette ferraille, en masse, sans rangs et sans ordre, traînant leurs chefs derrière eux à travers les bazars dont ils éventrent les boutiques, ils courent vers la porte de la ville : elle est grande ouverte. Ils la traversent avec la violence d'une trombe et s'éparpillent dans les champs. Acre est vidé. Il y règne maintenant un silence de mort.

Dgezzar compte les soldats demeurés fidèles. A peine sont-ils deux cents. Pour la plupart anciens condamnés à mort réfugiés à Acre, ils n'ont osé se risquer à suivre les autres, dans la crainte d'être pris en chemin. Quelques Maugrabins cependant restent là de leur propre volonté. L'homme de l'Ouest a, parfois, des fidélités inexplicables. Dgezzar leur commande de fermer l'unique porte de la ville et de veiller sur les remparts. Il veut que personne ne sorte; que personne n'entre. Tout individu suspect doit être tué. Ses ordres donnés, il se retire au fond de son sérail, dans une chambre où le jour pénètre à peine. Il est comme une bête féroce dans sa caverne. Il se cache et il attend.

Cependant Sélim est arrivé devant Seyda. Une fusillade s'est engagée entre son avant-garde et les Maugrabins qui défendent la ville. Mais la résistance des Maugrabins est molle. La puissance de Sélim les épouvante. Ils ont appris les défections d'Acre. Un parlementaire s'avance. Sélim promet d'épargner les habitants.

L'armée des rebelles fait son entrée triomphale. Le sérail s'ouvre. Sélim y pénètre avec tous ses officiers et les cheiks druses. On se soumet, on lui jure fidélité. C'est une procession. Des cavalcades descendent des montagnes, des cortèges se forment dans la ville, qui viennent rendre hommage au vainqueur. Un navire part pour Stamboul annoncer la bonne nouvelle. Le soir, on danse aux flambeaux sur les terrasses et sur les places. Les muezzins chantent sur les minarets; les muphtis dans les mosquées; les prêtres dans les églises. Sélim prend le titre de pacha de Seyde et d'Acre. Mais son armée commence à demander de l'argent.

Il n'a point de temps à perdre pour la payer. Il marche sur Sour qui se défend à peine. Comme à Seyda, les Maugrabins de Dgezzar lâchent pied et laissent enfoncer les portes. Les cavaliers de Sélim se répandent dans les bazars et le sac de la ville commence. On enfonce les boutiques, on entre dans les maisons, on viole, on tue; le sang tombe en cascades dans les escaliers ou descend en longs filets épais des fenêtres. Un massacre s'organise, régulier, sur les places; les soldats ivres se partagent et se disputent l'argent. On tire les kandjiars, on se bat, on se poignarde, on s'assomme. Une bande se dirige sur le khan où flotte le drapeau français. Le « facteur de la Nation » le garde. On le frappe, bien qu'il ait prêté de l'argent à Sélim pour son expédition. Le magasin, rempli de coton, est pillé et brûlé. Les flammes s'élèvent droites dans le ciel, et tous les mercenaires, battant des mains, sanglants, hébétés, furieux, crient : « Que Dieu protège le jeune pacha ! »

Les massacres de Sour ont épouvanté tout le pays, pourtant habitué aux massacres. L'armée de Sélim marche sur Acre, joyeuse et déployant ses étendards, au milieu du silence profond des campagnes désertées. Les paysans ont fui dans la montagne, à la hâte, ne sachant ce qui allait arriver: si l'orgie de sang continuerait; si les soldats laisseraient debout une maison et vivant un habitant; si la dévastation n'allait pas se répandre partout, comme lors de l'expédition de Dgezzar, avec les mêmes pillards et les mêmes égorgeurs, et ils sont partis, emportant sur leurs dos, dans des coffres ornés de cuivre, ce qu'ils possédaient d'argent et de vêtements. Sélim voyait de loin ces gens s'enfoncer dans l'ombre mince des vallées, ou disparaître de l'autre côté des sommets. Il en ressentait un certain orgueil. Lui aussi savait se faire craindre: l'épouvante allait lui ouvrir les portes d'Acre.

Plus il approchait, plus la solitude était complète. On apercevait, au loin, le mont Carmel, désert; plus près, la ville morne et fermée et, sur le rempart, les silhouettes de rares sentinelles qui regardaient, appuyées aux créneaux.

Acre était devenue la place la plus forte de la Syrie. On l'avait emmuraillée et embastillée d'une façon formidable, pendant les dernières années. Sélim reconnut, après quelques fusillades, qu'un coup de main serait impossible. Il se résolut à un blocus, comptant sur la trahison des habitants et des soldats plus que sur ses armes, et, après avoir contourné une éminence d'où l'on dominait la place et que Saladin avait autrefois occupée, il alla établir son camp dans la plaine.

La terreur pesait sur Acre. Les chiens seuls se promenaient dans les bazars. Les marchands avaient barricadé leurs boutiques; chacun restait coi, osant à peine regarder du haut des terrasses. On craignait la colère de Sélim et l'on se sentait sous la main de Dgezzar. Seules, les cinq ou six folles qu'on trouve toujours dans les villes d'Orient, chantaient, toutes nues, de lamentables chansons, accroupies dans l'ordure, au coin des carrefours. Leurs voix aigres se répandaient dans les rues et pénétraient jusque dans les intérieurs mornes où les familles assemblées cherchaient un sens prophétique à ces lamentations inintelligibles. Derrière les murs, on sentait trembler, comme dans la fièvre, toute une population condamnée. Les Maugrabins et les Kapsis allaient au rempart le matin, revenaient le soir, sans bruit, les pieds enveloppés de linges. Des questions terribles hébétaient tous les esprits : Le chef des révoltés traiterait-il Acre comme il avait traité Sour? Dgezzar, vaincu, mettrait-il le feu à la poudrière? Tuerait-il toute la ville? Se donne-

rait-il, avant de mourir, la fête d'une dernière boucherie?

Comme la population chrétienne, lors du massacre
de 1860, la population d'Acre, était résignée. A cette
époque toute récente, trois cents Druses se jetèrent
sur Deïr-el-Kamar, et tuèrent tranquillement, les uns
après les autres, ses quatre ou cinq mille habitants.
Et il me souvient que, lorsque nous vînmes, plus tard,
dans la ville avec l'armée française, commandée par
le général d'Hautpoul, nos chevaux entraient jusqu'aux genoux dans la pourriture humaine.

Au consulat de France que la torpeur générale
n'envahissait pas, on se préoccupait de sauver nos
nationaux, mais on se sentait un peu gêné. Les Français avaient ouvertement conspiré avec Sélim; mais
après l'incendie de Sour et la mésaventure du facteur,
ils tremblaient pour leurs propriétés. Le drapeau
blanc serait-il respecté par l'un ou l'autre parti? Con-
fondrait-on dans un massacre désormais inévitable les
Européens et les indigènes? M. de Renaudot avait
traité avec un patron de barque et, la mer étant restée
ouverte, il avait envoyé supplier le capitaine d'une
frégate du roi, croisant sur les côtes d'Asie Mineure,
d'arriver à son secours: le quartier franc venait d'être
assiégé par les étrangers et par les protégés. Ils y
avaient voulu faire entrer leurs familles, et tout ce
monde, femmes et enfants, s'était agenouillé, silen-
cieusement et en pleurant, dans la rue. Pris de pitié,
le consul avait consenti à leur donner asile; ils vivaient entassés les uns sur les autres, terrifiés. Cependant, la « Nation » s'était assemblée et elle avait rédigé
une adresse au roi Louis XVI pour le féliciter de la
convocation des États Généraux.

Personne n'avait pu revoir Dgezzar. Il n'était point sorti, depuis le premier jour de la révolte, du cabinet obscur où il s'était cadenassé. Par un petit judas, il donnait à son favori, Soleïman, ses conseils et ses ordres. Tremblait-il, lui aussi, comme toute la ville? Désespérait-il? Voulait-il mourir? Voulait-il aller se jeter aux genoux de Sélim et demander grâce? Les bruits les plus contradictoires couraient dans le quartier français, seul endroit où l'on osât parler encore. Cependant la crainte générale était qu'il fît tout sauter. Les Maugrabins avaient amassé de la poudre dans la tour où le Kasnadar s'était autrefois réfugié, et l'on croyait à une explosion colossale qui engloutirait Acre dans un jet de flammes. Aucun des deux cents soldats ne songeait à trahir, et Dgezzar ne devait pas vouloir finir comme un autre. On disait aussi que le soir il se déguisait, qu'il s'enveloppait dans le burnous d'un Arabe de l'Ouest, qu'il jetait un long fusil sur son dos, en bandoulière, et que, mêlé aux patrouilles, il montait sur le rempart. Là, il s'accoudait aux créneaux, et, par ces belles nuits d'été resplendissantes de lumière bleue, il regardait longtemps la plaine, la haute éminence que Sélim avait négligé d'occuper, les feux ennemis, le scintillement des lances fichées en terre. Et le vent apportait jusqu'à lui le bourdonnement des tambourins et les cris de victoire des traîtres.

Le camp de Sélim était en liesse. Le succès définitif n'était plus qu'une affaire d'heures. Il fallait qu'Acre se rendît : les vivres y manquaient; le pacha abandonné n'avait presque plus de soldats; s'il ne se tuait pas, quelqu'un devait le tuer, et apporter sa tête à Sélim. Les cheiks mothualis, rentrés en puissance de leurs châteaux, avaient amené leurs hommes, pour partager le butin au moment espéré du sac de la ville. En attendant, on se réjouissait ; on exécutait des fantasias ; on dansait, on dormait à la belle étoile et l'on retenait la nuit sous les tentes les femmes qui, dans la journée, étaient venues vendre de l'araki.

Le récit est dramatique dans la lettre que le consul de France adresse au ministre de la marine : c'est le soir ; Dgezzar sort de la chambre où depuis si long-temps il se tient enfermé. Il allume une lampe de terre. Il revêt son costume des grands jours, tout brodé d'or ; il prend lui-même, dans un coffre, son plus beau sabre, celui dont la poignée est entourée de diamants et de rubis ; il s'arme aussi de cette hache que, dans les commencements de son règne, il tenait, en parcourant les rues, sur ses épaules ; puis il accroche une aigrette de pierre précieuse sur son turban ; son cheval de bataille piaffe dans la cour, caparaçonné comme pour une cérémonie. Tous les Maugrabins et les Kapsis sont là, rassemblés (à peine trois cents), autour du sérail. Ils ont le kandjiar, le fusil, le tromblon. Tous se taisent. La dernière partie va se jouer. Le lendemain, ils seront probablement tous morts, dans la plaine. Derrière eux, deux canons de campagne attelés de leurs mules, les roues, enveloppées de paille, attendent, escortés de leurs artilleurs improvisés.'

Dgezzar paraît sur l'escalier du sérail, sa hache d'une main, sa petite lampe de l'autre. Un à un, il compte ses soldats, vérifie les armes, tâte la jambe des mules, s'assure que les caissons sont pleins. Il fait noir. De gros nuages masquent, comme des paravents, le ciel étoilé. Dgezzar monte à cheval, et, suivi de sa troupe, s'engage dans les bazars obscurs. On arrive enfin devant la porte ; elle tourne sans

bruit. La plaine apparaît vaguement, piquée çà et là
de feux qui meurent, et dans le profond silence on
entend seulement les dernières modulations de chants
qui s'éteignent.

Courbé sur son cheval, Dgezzar donne ses derniers
ordres aux Maugrabins et aux Kapsis. Il leur montre
sur la droite le camp endormi de Sélim. Pour lui, il
se met à la tête de l'artillerie. Les mules, aiguillonnées
jusqu'au sang, partent, les oreilles courbées sur le
col, à travers les broussailles, les fourrés, les creux,
les fondrières, emportant les caissons et les canons
cahotés. Elles grimpent, sans prendre haleine, l'éminence inoccupée qui domine le champ de bataille,
excitées par le galop furieux du pacha qu'elles enten-
dent à côté d'elles, dans l'obscurité. Sur le sommet
on met les pièces en batterie. Dgezzar les pointe et les
charge. Mais déjà, du milieu de la plaine, s'élève une
formidable clameur.

Les Maugrabins et les Kapsis sont, de leur côté, partis en courant. Ils tombent sur le camp, comme un
nuage de grêle. Ils se glissent le long des tentes qu'ils
renversent; ils coupent les entraves des chevaux, ils
égorgent les dormeurs, ils déchargent au hasard leurs
tromblons dont les balles s'éparpillent, sifflent et
frappent au hasard; ils courent jusqu'à la maisonnette
de feuillage où dort tranquillement Sélim. Ils l'al-
lument comme une torche, et l'incendie éclaire le car-
nage : dans la plaine réveillée et éperdue, ils vont, ils
tournent, ils sautent, enragés et criant : « Dieu est
plus grand! » A ce moment, les canons tirent, les
boulets avec un ronflement terrible ricochent sur le
sol durci. Les cavaliers de Sélim, stupéfiés, cherchent
leurs montures qui passent, emportées, devant eux,

en hennissant d'épouvante. Des soldats se débattent sous les toiles abattues, sans trouver de sortie, embarrassés des femmes qui, désespérément, s'accrochent à eux. Les pieds des dromadaires et des chameaux, qui se sauvent, chargés encore de coffres ou de munitions, les écrasent. Aucun officier ne peut réunir sa troupe au milieu du bruit, parmi les troupeaux qui, affolés, se culbutent en bêlant. Çà et là, s'agitent des groupes convulsifs, et les Maugrabins et les Kapsis continuent à tuer et à brandir leurs kandjiars en criant toujours : « Dieu est plus grand ! »

Et Sélim ? Il avait fui, à travers la bagarre et le tumulte, avec quelques cavaliers. Le consul de France, monté sur le rempart, au petit jour, vit, dit-il, « l'armée des rebelles s'évanouir comme une fumée ». La plaine remplie de bruit, la veille, n'était plus que remplie de débris. Des animaux sans maîtres la parcouraient encore, et sous les tentes vertes étalées sur le sol on devinait des cadavres. Ainsi, peut-être, s'était dispersée l'armée de Sennachérib, quand ce roi vint mettre le siège devant Jérusalem. Un Chérubin parut et « en une nuit sa Puissance fut dispersée ». Qui sait si l'armée de Sennachérib ne ressemblait pas un peu à l'armée de Sélim ? Qui sait si elle se gardait mieux ? Qui sait si le Chérubin de la Bible n'était pas un Dgezzar de ce temps-là, resté obscur ?

Cette victoire inattendue stupéfia le Divan, grisa la Syrie et rendit à Dgezzar son auréole. Il ne voulut point perdre de temps. Devenu soupçonneux à l'excès, voyant partout maintenant des assassins et des traîtres, il se mit en devoir d' « épurer » la population d'Acre en même temps qu'il prépara une expédition sérieuse contre les Druses. Youssef lui avait créé trop d'embarras et d'ennuis. Il lui fallait, à sa place, un bon émir qui payât bien l'impôt et qui se fît bien battre, toujours, quand cela était nécessaire.

Youssef comprit qu'il lui fallait lutter jusqu'à la mort. Engagé comme il l'avait été avec les rebelles, il ne pouvait attendre du pacha d'Acre ni pitié ni miséricorde. Les grands cheiks se trouvaient dans le même cas et sentaient l'impossibilité de recommencer la plaisanterie guerrière de 1784. Ils se préparèrent, d'accord avec leur maître, à une résistance énergique, comptant que Dgezzar aurait du mal à réunir de nouvelles troupes et à venir les trouver dans leurs montagnes. Pour commencer, ils coupèrent l'aqueduc qui approvisionnait d'eau Seyda, après avoir surpris et fusillé quelques Maugrabins. Leurs émissaires se répandirent dans les villes, faisant circuler le bruit que Sélim avait trouvé du secours à Alep; qu'il allait revenir à la tête d'une armée et que, cette fois, il anéantirait Dgezzar. Les négociants français les aidèrent à propager cette fable qui jetait l'inquiétude dans les esprits.

Le pacha d'Acre, de son côté, s'occupait à reconstituer son armée. S'il avait reconquis son prestige, il n'avait pas reconquis sa force. Il lui fallait de nouveaux soldats. Ce fut un embarras de les rassembler. A la vérité, la Syrie ne manquait pas de vagabonds, d'assassins, de gens ruinés, qui ne tenaient plus à rien et qu'on pouvait facilement militariser. Mais il était urgent de joindre à ces corps de troupes, peu sûrs à la guerre, des hommes habitués à combattre régulièrement. Les meilleurs de tous étaient encore les mercenaires de l'Ouest, ces Maugrabins qui jouaient en

Syrie le même rôle que les Suisses en Occident. Dgezzar
en fit venir et en ramassa un peu partout. Il se fournit aussi d'Albanais et de cavaliers mamlouks. Grâce
à ces divers ingrédients il parvint à constituer un
rassemblement armé, suffisamment redoutable et
capable de tenir tête aux Druses et aux Maronites
réunis.

En peu de jours on répara l'aqueduc de Seyda et
l'on se fit battre à plates coutures. Mais Dgezzar avait
déclaré Youssef déchu de ses droits et il lui avait
trouvé un successeur, dans la famille de Cheab, cou-
sin d'Ismaïl et de ses fils, récemment étranglés. Cette
fois Dgezzar a eu la main heureuse : le prince
choisi par lui, Beschir, était destiné à un long règne
et à une célébrité européenne qu'il dut surtout à
l'amitié de lady Stanhope.

Ce Beschir, tout jeune encore et tout dévoué à
Dgezzar, avait l'audace de son rôle. Il se mit à la tête
d'un parti de Maugrabins, et, malgré les défaites ré-
centes du pacha, s'achemina vers Hasbeya, où avait
éclaté la révolte. Hasbeya, tomba entre ses mains
presque sans coup férir. Il se tourna aussitôt contre
Deïr-el-Kamar. Son habileté lui faisait des amis en
chemin. Il effrayait les uns en leur démontrant que
toute résistance était impossible et que, tôt ou tard,
le pacha d'Acre, délivré des rebelles, se vengerait ter-
riblement de ses adversaires; il rassurait les autres
en leur promettant le pardon. Finalement, quand il
arriva devant les portes de la capitale, Youssef était à
peu près abandonné. Sa résistance ne fut pas longue;
craignant d'être pris, il se jeta avec quelques fidèles
dans la montagne, où il s'efforça de tenir bon quelque
temps encore.

Beschir ne voulut point lui laisser de repos. Il le poursuivit de vallées en vallées, de sommets en sommets, avec ses Maugrabins et les Druses ralliés à son parti. Youssef, fusillé de tous les côtés, séparé de la mer et de Baïrout où peut-être il aurait trouvé du secours, fut obligé de descendre dans la plaine de la Boka et de se réfugier dans l'Anti-Liban. Là, il arriva presque seul. Ses compagnons l'avaient abandonné ou étaient morts. Il prit tristement le chemin de Damas où il rencontra Sélim, qui, retiré dans une maison des faubourgs, méprisé comme tous les vaincus et encore étourdi de sa défaite, mourait paisiblement de misère.

Les succès de Beschir encouragèrent Dgezzar à reconquérir matériellement et moralement son pachalik. Devenu très soupçonneux, de confiant qu'il était autrefois, et voulant éviter à l'avenir des aventures pareilles à celle qui avait failli lui coûter le pouvoir, il entreprit une enquête sur les causes de la rébellion. Sa perspicacité lui fit trouver partout des complices de Sélim et, d'abord, il mit la main sur des lettres fort compromettantes du consul et des négociants français. Ces messieurs, exaspérés de la concurrence commerciale que leur faisaient les Sachkrouche et autres agents du sérail, avaient prêté de l'argent à Youssef, à Sélim, au Kasnadar son frère et, par tous les moyens possibles, avaient préparé la défection des troupes et le changement de gouvernement. Dgezzar en fut horriblement blessé. Il aimait les Français, bien qu'il les ruinât, et malgré tout ce qu'il avait pu faire, il se croyait aimé et admiré d'eux. Cette illusion disparut et Dgezzar ne vit plus dès lors, dans tous les Français, que d'impitoyables ennemis. Cette idée,

dix ans plus tard, le fit s'allier contre Bonaparte, à la
Porte et aux Anglais.

Si deux frégates du roi n'avaient croisé devant Saint-
Jean-d'Acre, Dgezzar n'aurait pas hésité à massacrer
les étrangers. Mais, pour le moment, il lui fallait découvrir un autre moyen de les atteindre, moins dangereux pour lui, mais aussi sûr. Son imagination lui
en fournit un assez curieux, et qu'il était impossible
de parer. Il s'enquit de tous les débiteurs des négociants français, et quand il en eut la liste entre les
mains, il les accusa de complicité dans l'insurrection
et ordonna la saisie de leurs biens. De la sorte, il leu.
devint impossible de payer leurs dettes et, par contre-
coup, les Français se trouvèrent ruinés.

La « Nation » songea alors à quitter Saint-Jean-
d'Acre, qui, pour elle, n'était plus tenable. Le consul
réunit tous ses compatriotes dans le khan, les informa
qu'il avait loué deux galiotes pour les transporter où
ils voudraient et leur fit un tableau pathétique de leur
situation à venir. Ils en étaient là de leurs délibéra-
tions, lorsqu'un certain Youssef Cardahé, Maronite,
devenu, par la faveur des Sachkrouche, secrétaire intime du pacha, entra, escorté de deux kavas, et ordonna aux négociants d'avoir à quitter Seyda et Acre
dans le plus bref délai (22 octobre 1790). On les envoyait à Jaffa, petite ville turbulente, où commandait
le chériff Aly, ancien condamné à mort. La « Nation »
s'y rendit et y végéta misérablement.

Dgezzar ne se contenta pas de se venger des Français. Il fit pendre, empaler, décapiter et poignarder
deux ou trois mille personnes environ : eunuques,
employés du sérail, membres de son divan, citadins,
campagnards. Les femmes ne furent pas plus épar-

gnées que les hommes. Il leur suffisait d'être mère,
fille, sœur, femme ou parente d'un conspirateur pour
avoir le cou coupé. Le pacha exécuta lui-même plus
d'un de ses décrets. Se souvenant de son ancien métier, alors qu'il était le favori d'Aly-Bey, il se promenait, le soir, déguisé, dans les rues, et quand il rencontrait un de ses ennemis, il lui entrait son kandjiar
dans le ventre en disant : « Tiens, cela t'apprendra à
ne plus trahir Dgezzar! »

Ses affaires allaient bien et, peu à peu, il reprenait
son ancienne situation, quand un nouveau coup vint
le frapper. Son ennemi mortel Husseïn-Gaezerli fut
choisi pour grand vizir et Dgezzar se vit perdu. Sa
rage et sa colère éclatèrent avec une violence inouïe,
mais il parvint à se maîtriser et de nouveau il s'entendit avec les beys d'Égypte, à qui il fit demander du
secours et, à l'occasion, un asile. Puis il s'occupa d'en
finir avec Youssef dont il craignait les manœuvres et
les intrigues.

Youssef, quoique battu, exilé et remplacé, rêvait toujours le pouvoir. Dgezzar lui fit croire qu'il pourrait le
lui rendre, donnant à entendre que la puissance de
Beschir l'inquiétait. Le piège était grossier, mais
Youssef y fut pris. Après bien des pourparlers, il finit
par consentir à quitter Damas où il vivait tranquille
sous la protection de Battal-Pacha, pour venir à Saint-
Jean-d'Acre traiter l'affaire. Il y arriva en grande
pompe, avec des étendards et des clochettes qui
sonnaient devant lui. Vingt ou trente de ses fidèles
l'accompagnaient. On lui offrit la plus belle maison
d'Acre, et Dgezzar, à son entrée, le vint baiser sur la
bouche.

Les négociations traînèrent en longueur. On s'occupa longtemps de salamaleks et de dîners. On se donna des fêtes. Youssef, un jour, cependant, s'aperçut que sa suite diminuait considérablement. Tous les deux ou trois jours, un de ses officiers disparaissait et ne revenait plus. Où allait-il? Tout simplement dans la montagne reprendre son rang à la cour de l'émir Beschir. Un jour, enfin, Youssef se trouva seul. Il voulut sortir, mais un Maugrabin qui gardait sa porte lui déclara que, s'il faisait un pas dehors, il lui enverrait une balle dans la tête. L'ancien émir comprit alors qu'il était tombé dans une souricière et qu'il n'en sortirait plus qu'à l'état de cadavre, comme son ancien ministre Sad le Curé.

Les choses en étaient là quand Hosséïn-Gaezerli, le grand vizir, mourut subitement après avoir exercé ses fonctions pendant un an à peine. Cet événement délivra Dgezzar de toutes ses inquiétudes; « quatre cents bourses, dit la correspondance consulaire, effacèrent alors tous les crimes de ce tyran ». Il commanda au Divan et, bientôt, il se retrouva au pinacle. On lui donna Damas; on le confirma comme pacha de Seyda et on laissa à sa disposition le pachalik de Tripoli. La Syrie presque entière, dont il devait se faire, plus tard, une sorte de vice-royauté indépendante, lui appartint pour la seconde fois.

Il n'était point pourtant au bout de ses peines et de ses malheurs. Pacha de Damas, il devait recommencer à conduire la grande caravane de la Mecque, et son absence d'Acre était toujours, pour lui, la cause d'horribles mésaventures. Celle-ci lui fut plus cruelle encore que la révolte de Sélim.

Avant que de partir, Dgezzar avait laissé le gouvernement d'Acre à son favori, Seleïman, celui qu'il avait reçu en présent de Mourad en même temps que le Sélim mort de la peste. Soleïman avait atteint l'âge d'homme, et il s'était fait aux mœurs syriennes; on le représente comme un grand et fort garçon, très attaché à son maître, mais d'un tempérament ardent et emporté. Un jour qu'il se promenait sur une des terrasses du sérail, en face de lui, à travers la dentelle de bois peint des moucharabiés, on ne sait comment, il aperçut une femme du harem, née en Circassie, que Dgezzar avait instituée sa favorite, peut-être parce qu'il l'avait payée très cher. Le Mamlouk fut pris, pour elle, d'une passion subite et irrésistible. Ces aventures sont communes en Orient. « Il arriva que le roi David s'étant levé de dessus son lit après midi, se promena sur la terrasse de son palais. Alors, il vit une femme vis-à-vis de lui, et cette femme était fort belle. Le roi envoya donc des gens savoir qui elle était... Et David ayant envoyé des gens la fit venir... » Soleïman fut pendant quelque temps en proie à un déchirement intérieur dont le roi de Judée ne paraît pas avoir souffert. Devait-il trahir son maître qui l'avait tant aimé et qu'il aimait tant? Pouvait-il le livrer à la risée publique, à la honte, à l'infamie, car l'infidélité d'une femme, fût cette infidélité forcée et involontaire, couvre en Orient un homme d'opprobre. Mais la passion l'emporta. Soleïman alla chercher quatre de ses compagnons. Il s'arma d'une hache, tua un eunuque ou deux, et enfonça les portes du harem.

Huit jours entiers, il y demeura enfermé. Le huitième, un peu dégrisé, il comprit la grandeur de son crime, fit venir son cheval et ses armes, sauta en selle et, au galop, comme s'il était poursuivi, dispa-

rut. L'aventure ne demeura pas tout à fait secrète.
Le vieux Mahlem, le trésorier juif, ne put empêcher
qu'elle s'ébruitât. Il fit de son mieux réparer les portes
du harem, où les femmes restèrent, terrifiées, sans
oser s'enfuir. Tout Acre tremblait comme elles, en
songeant au retour de la grande caravane. Jamais
l'Orient n'avait entendu parler d'un attentat aussi
monstrueux. Que ferait Dgezzar pour se venger de
cette insulte, lui qui, déjà, avait pris deux mille têtes
pour une trahison?

Le jour terrible arriva enfin. Dgezzar, qu'aucun
messager n'avait été prévenir de ce qui s'était passé,
escorté de la cavalerie maugrabine, parut l'étendard
vert entre ses mains, dans la plaine d'Acre. Elle était
déserte et il s'étonna de cette solitude. Pourquoi les
paysans n'étaient-ils pas à leur récolte? Pourquoi la
garnison ne venait-elle pas au-devant de lui? Pourquoi cette négligence? Pourquoi ce silence? Un pres-
sentiment épouvantable le saisit tout à coup. Il fit
signe à ses hommes de ne pas le suivre, et piqua droit
sur la ville en galopant.

Il arriva devant la porte dont les deux lourds
battants étaient grands ouverts; mais la terreur de
sa vengeance avait tellement glacé tout le monde
qu'aucun soldat ne paraissait entre les créneaux. Le
regard de Dgezzar plongea dans la ville par cette large
ouverture. La ville semblait inhabitée.

Le pacha mit son cheval au pas et il entra dans le
bazar. Toutes les maisons étaient fermées et barri-
cadées comme dans les temps de peste; on n'entendait rien que les criailleries des folles au coin des
carrefours : dans les rues, on n'apercevait que les
chiens couchés au soleil; pas un être humain n'appa-

raissait. Dgezzar passa devant une fontaine autour de laquelle, d'ordinaire, des nuées de femmes se rassemblaient, toute la journée, causant et se querellant tout en remplissant leurs cruches de terre : l'eau tombait en chantant dans sa vasque de marbre abandonnée ; il s'arrêta devant une mosquée : des lampes de cuivre brûlaient suspendues à la voûte, mais la mosquée était vide ; il s'arrêta encore devant l'église : l'église était vide comme la mosquée et obscure. Dgezzar parvint au sérail : point de sentinelle à la porte, où ballottaient sur des crochets de fer quinze ou vingt têtes desséchées de rebelles. Il attacha son cheval à un anneau qui se trouvait dans la muraille ; la sueur lui coulait du front ; ses membres tremblaient, et il avait peur.

Comme l'église, la mosquée et la ville, le sérail était désert. Dgezzar le parcourut en tous sens, appelant ses esclaves, sans même apercevoir le vieux Mahlem, accroupi derrière un canapé et qui se cachait avec les coussins. Il courut en titubant au harem. La porte mal rapiécée portait l'empreinte de coups de hache. Alors il comprit tout et tomba raide, à la renverse, sur le sol.

Les femmes étaient massées, pêle-mêle, en tas, au bout d'une chambre. Elles ne disaient rien, ne bougeaient pas. Mahlem, qui s'était enhardi, entendant le pacha tomber, arriva et se mit à crier des malédictions comme s'il ne s'était jamais aperçu de rien. Sa voix ranima quelques serviteurs qui sortirent de leurs cachettes et se mirent avec lui à maudire et à invoquer Dieu. Dgezzar, ranimé, les surprit à ce moment. Il ne pouvait parler tant la rage lui serrait la gorge. Il fit signe qu'on mît à part la Circassienne,

qui suivit, hébétée, Mahlem dans une pièce à côté.
Pour les autres, il montra la mer. Il s'en alla, sans
rien ajouter, dans le cabinet obscur où, pendant la
rébellion, il s'était tenu enfermé.

On confectionna aussitôt de gros sacs de cuir.
Dans chaque sac on mettait un serpent venimeux et
un chat; puis, après le serpent et le chat, une femme,
après quoi on recousait le sac. Quand toutes les
femmes de Dgezzar furent ainsi emprisonnées, une
felouque les emporta au large et on les jeta à la mer.

Le lendemain, Dgezzar, armé, se rendit dans la chambre où l'on avait cadenassé la Circassienne. C'était
une grosse femme comme celles qu'on achète ordinairement pour les harems. Dgezzar lui fit signe de
se déshabiller et elle obéit machinalement, debout au
milieu de la pièce, droite comme une statue et sans
trembler, au moins au dire de Mahlem, qui, intrigué,
craignant peut-être que le pacha se tuât, regardait
toute cette scène par le trou de la serrure. Dès qu'elle
fut dévêtue, Dgezzar avec son sabre lui coupa successivement les deux seins, et, voyant qu'elle courait
affolée, à droite et à gauche, il lui ouvrit le ventre
avec son kandjiar. Elle tomba. Dgezzar, jusque-là
muet, retrouva la voix. Il élargit la blessure avec ses
mains en poussant des hurlements, arracha du 'corps
les entrailles et les jeta furieusement au plafond et
contre les murs. Ce paroxysme de rage ne pouvait
durer : il roula, la face contre terre. Mahlem entra et
le trouva évanoui.

Huit jours après, Dgezzar était dans son divan et il
disait à ses officiers : « Après tout, quoi qu'il arrive,
je serai toujours Dgezzar ! » Mais il était profondément atteint. La trahison de ses femmes s'ajoutant

à celle de ses Mamlouks devait l'attrister pour le reste de ses jours. Sa gaîté d'autrefois sombra dans cette aventure. Il devint défiant et sembla prendre en haine tout ce qui l'entourait. Poursuivi par cette idée qu'on riait de lui, en dessous, il voulut se venger de tout le monde et sa cruauté s'aiguisa en monomanie. Jusqu'alors il avait tué; il se mit à mutiler systématiquement ses sujets. Peut-être avait-il la pensée qu'ils le savaient ridicule et voulait-il les punir en les rendant, physiquement au moins, plus ridicules que lui. Ces mutilations, — quoi qu'il en soit, — il se mit à les pratiquer au hasard, sans raison ni motif, avec une sorte de férocité inconsciente et d'ironie. Elles inspirèrent, dès lors, au peuple une sorte de respect religieux. N'est-ce pas à Dieu qu'il faut rapporter les phénomènes qu'on n'explique pas?

Dgezzar faisait un jour ramasser, par ses Maugrabins, tout ce qui se trouvait de passants dans la rue : on les amenait au sérail et on les empilait en tas, tous mêlés, juifs, chrétiens, druses, musulmans, Grecs, Mothualis, les uns à droite, les autres à gauche, dans la cour. « Faites déjeuner ceux qui sont à gauche, disait le pacha, et coupez le nez à ceux qui sont à droite. » On préparait un repas aux uns, on mutilait les autres, et tout était dit.

Dgezzar sortait. Un homme le regardait. Dgezzar allait à lui et lui crevait l'œil. Dgezzar parlait haut à ses amis, en se promenant. Un homme paraissait écouter. Dgezzar allait à lui et lui arrachait l'oreille.

Il était assis sur sa terrasse, brodant au tambour en fumant le chibouque tout en regardant la place : quelqu'un lui déplaisait-il? Dgezzar le faisait monter et lui charcutait les mains. Un jour qu'il voulait faire

pendre une centaine de gens inoffensifs arrêtés au
hasard par ses soldats, la foule s'amassa et demanda
grâce ! Dgezzar parut à la porte du sérail. « Je ne
suis, cria-t-il, que l'exécuteur de la volonté divine ;
la mort de ces hommes est écrite. » La foule terrifiée
se retira.

C'était sur les nez, surtout, qu'il s'exerçait. Il tran-
cha lui-même celui de son vieux trésorier Mahlem.
« Ma foi, lui dit-il le lendemain, si j'avais su te rendre
aussi laid, je t'aurais laissé ton nez. »

Les anecdotes abondent sur les cruautés de Dgezzar.
Elles se ressemblent presque toutes. Toujours elles
finissent par une mutilation bizarre. Le pacha ne connaissait plus d'autres distractions que de taillader les
habitants de Seyda et d'Acre. Il avait, parce c'est un
luxe nécessaire, racheté une trentaine de femmes ;
mais cette fois la porte du harem fut maçonnée
et il devint impossible, même au pacha, d'y entrer
ou d'en sortir. On donnait à manger aux recluses
par un judas. Quand l'une d'elles mourait, les autre
devaient jeter le cadavre, avec des cordes, par-dessus
les murs.

Les violences de Dgezzar n'altéraient point le fonds
de bonté qui était en lui. Les hommes ne sont jamais tout d'une pièce comme dans les drames ou les
comédies. La nature a des complexités que l'art ne
traduit pas. Elle avait fait Dgezzar pitoyable aux
malheureux. Peut-être, songeant à sa jeunesse, à sa
famille de Bosnie « si pauvre, disait-il plus tard, à
M. Amédée Jaubert, que ne possédant même pas une
marmite, elle était obligée d'emprunter celle des voisins », il rassemblait les mendiants et leur offrait, une
fois la semaine, à dîner. Jamais il ne manquait de

faire l'aumône, et dans ses promenades à travers la
ville, quand il flânait, sans escorte, un petit tapis
passé dans sa ceinture, sa hache à la main, les enfants
le suivaient en lui demandant des paras. Parmi eux,
raconte un document des archives du ministère de la
guerre, se trouvait une petite fille, plus hardie encore
que les autres, et qui souvent le tirait violemment
par sa manche. Il s'amusait à la faire attendre et, sou-
riant, l'entraînait derrière lui. Un jour, enfin, que la
promenade avait été trop longue, la petite lui barra
le chemin : « Ma mère, dit-elle, attend ton argent
pour manger, et si je reviens trop tard, les boutiques
seront fermées et nous ne trouverons plus rien. »
Dgezzar lui donna une pièce d'argent. « Qu'au jour du
jugement, dit-elle, Dieu considère ta générosité et non
ta lenteur ! »

Il jetait son tapis sur le pavé, au milieu du port,
s'asseyait, plaçait sa hache devant lui et regardait la
mer, les navires, les douaniers, les faquins qui portaient les fardeaux, les marchandises encombrant les
barques. Les gens du peuple venaient lui parler et le
tutoyaient.

Quelquefois aussi (souvenir d'Aroun-al-Reschid et
des *Mille et une Nuits*), il se déguisait, soit en Arabe,
soit en Arménien, et il parcourait les bazars pour surveiller sa police et savoir si la justice était bien rendue.
Il écoutait, mêlé à la foule, les plaintes des uns et des
autres, les bruits de la ville, ce qu'on disait de lui,
les accusations qu'on portait contre les marchands.
Alors, s'il en surprenait un vendant à faux poids ou
trompant de quelque façon ses pratiques, il se faisait
connaître et, lui-même, avec un marteau, clouait
la langue du coupable sur le comptoir de bois. Est-il

besoin de dire qu'il riait beaucoup du spectacle ? Chacune de ses promenades était l'occasion d'une pendaison ou d'un meurtre, et le peuple disait : « Il est juste. »

Le peuple, en un certain sens, était dans le vrai, bien qu'il pût se plaindre d'être mutilé quotidiennement et sans motifs. Quant au pacha il avait l'esprit trop soupçonneux et trop pratique pour ne pas utiliser ses propres vertus. Acre possédait des derviches mendiants, tout pareils à nos moines, qui pénétraient dans toutes les maisons pour demander du pain et des restes. Le pacha les attirait au sérail où toujours on leur réservait une large part de viandes, de fruits et d'araki. Il les interrogeait sur ce qu'ils avaient vu et entendu et, par eux, il espionnait la ville et connaissait les secrets des familles.

Aux archives du ministère de la guerre on trouve une note sur lui qui le peint à peu près à cette époque. Il avait la taille un peu au-dessus de la moyenne ; le front haut et large, le teint blanc, les joues colorées, les dents blanches, les yeux bruns, le nez droit, la bouche bien dessinée, le visage carré. Sa moustache très fournie et sa barbe épaisse étaient brunes avec des reflets blonds. Quelque chose lui restait de la beauté de ses premiers ans. L'expression de ses traits était fine, sévère « plutôt, dit le document en question, d'un soldat que d'un maître ». Il portait un haut-de-chausses du Levant, très large, à la façon des matelots turcs, un gilet et un casaquin de drap fin et un turban de cachemire très riche. Dans sa ceinture étaient passés deux pistolets d'arçon et un poignard. A la main, il tenait ordinairement sa hache.

Dgezzar n'avait point de religion. Il n'appartenait à

aucune secte. S'il se souvenait d'avoir été chrétien, au début de sa carrière, il ne se vantait jamais que de son origine européenne. Il disait : « Je suis Européen et j'estime les Français, les Anglais, les Italiens, les Russes et les Esclavons qui sont du même pays que moi. » Aussi, quand sa réputation s'étendit dans tout l'Orient, le shah de Perse Abbas-Mirza demandait-il à M. Jaubert de lui parler de « ce barbare ennemi des sectateurs d'Aly et des disciples de Jésus ; de cet odieux *rafezy* (hérétique), qui dépouillait les pèlerins persans ».

Il s'était instruit, avait travaillé. Il parlait couramment l'italien, le turc, l'arabe, le slavon, qui était sa langue maternelle, et qui l'aidait à se faire comprendre des marchands ragusains et triestains. Il entendait le français, savait quelques bribes d'histoire, connaissait la tenue des livres, le commerce ; il était excellent horticulteur et bon architecte.

C'est à lui que Saint-Jean-d'Acre doit sa mosquée, la plus belle de la Syrie. Il l'édifia sur l'emplacement de l'ancienne cathédrale et l'enferma dans une vaste enceinte rectangulaire, formant à l'intérieur une sorte de cloître soutenu par des colonnes antiques enlevées aux temples de Césarée et de Tyr. L'édifice, qu'on a réparé depuis peu, est précédé d'un péristyle décoré de six colonnes de granit rose, qui supportent cinq arceaux extérieurs. La grande salle est revêtue de marbre, éclairée de lustres et de lampes, et ornée d'un mirhab en mosaïque de marbre de différentes couleurs. La chaire, sculptée par un Arménien, est l'une des plus riches qu'on puisse voir. Dans la cour, on a creusé des citernes, aujourd'hui ombragées par des palmiers et des cyprès. Dgezzar avait construit aussi, près du port, un grand khan, qui s'appelle encore khan Dgezzar, pour servir d'entrepôt aux marchandises et d'hôtellerie pour les caravanes. Il avait l'ambition d'embellir sa capitale et de la rendre digne de lui.

Tous ces travaux ne parvenaient cependant pas à le distraire de la douleur et de la colère que tant de trahisons lui avaient fait éprouver : celle de Sélim, celle de Soleïman, celle de ses femmes ! Il lui restait une soif inassouvie de vengeance que rien ne pouvait étancher. Soleïman ne s'était-il pas enfui? Sélim n'avait-il pas encore sa tête sur ses épaules? Et il les avait tant aimés l'un et l'autre ! Le soir, pour s'étourdir, il rassemblait ses familiers autour d'un bol de punch, dans ce sérail dont il avait mutilé tous les habitants et qui ressemblait maintenant à un hospice. On buvait et l'on chantait. Mais, parfois, le pacha devenait pâle. De grosses larmes roulaient sur ses joues. Il s'écriait tout à coup : « Sortez tous ! sortez! » Les convives se précipitaient dehors et Dgezzar, devenu fou subitement, agitait son sabre, donnait des coups furieux dans l'espace, renversait les tables, les lampes, la vaisselle d'argent, tirait des coups de feu, et, en frappant, cassait ses poignards contre les murs. On racontait aussi qu'il était somnambule et que, la nuit, on l'entendait se promener dans les corridors en parlant.

Un jour, il était dans son divan, où il rendait la justice, assis sur des coussins, sa hache près de lui. Il causait avec ses officiers, tandis que des plaideurs exposaient leur affaire avec un luxe prodigieux de contorsions, de cris et d'injures. Dans le fond de la pièce, un groupe d'esclaves et d'habitants d'Acre, pour la plupart éborgnés, écoutaient. A l'instant où l'on s'y attendait le moins, la porte s'ouvrit violemment et un étranger entra, bousculant tout le monde et renvoyant d'un coup de poing les deux plaignants. Il était vêtu d'un habaye en poil de chameau qui l'enveloppait tout entier et son visage était caché par une *couffie* de soie jaune qu'une corde retenait sur sa tête, à la mode des bédouins du désert. Il s'arrêta devant Dgezzar et se tint raide et immobile, sans parler. Le pacha, étonné, se souleva à demi et demanda : « Qui es-tu? » L'étranger répondit : « O mon père! je suis ton esclave Soleïman. Je ne pouvais vivre loin de toi : je viens mourir de ta main. » Et il enleva sa couffie.

Dgezzar le reconnut. Il sauta sur sa hache, la brandit et s'arrêta. Trois fois il brandit la hache sans que Soleïman fît un mouvement. Alors Dgezzar jeta la hache à la volée sur les dalles de marbre et il dit : « Dgezzar, dans sa vie, aura pardonné une fois. Assieds-toi près de moi. Tu es mon fils. »

Des années s'écoulèrent ensuite dans une paix profonde, troublée seulement par des démêlés avec un petit-fils de Dahers qui commandait à des bédouins près de Saphed, et avec un cheik de Naplouse, nommé Gherard. Au milieu de cette quiétude, un bruit aigu se fit entendre à l'horizon. C'étaient les clairons de l'armée française, commandée par le général Bonaparte.

BONAPARTE

En 1796, la prison du Temple, à Paris, recevait un étrange prisonnier. C'était un homme de trente-deux ans, d'une force peu commune, d'une beauté accomplie, instruit, élégant, d'un rang élevé, et qu'on aurait considéré comme un héros si les héros, à cette époque, n'avaient pas été si communs. Fils de sir John Smith et de Marie Pickeney-Wilkinson, il servait depuis l'âge de douze ans dans la marine anglaise dont il était une des espérances et l'une des gloires. William Sidney Smith avait déjà pris part à plusieurs guerres ; il avait assisté à la grande bataille navale du 12 avril 1782 ; il avait été *post-capitaine* à dix-neuf ans ; il avait, à vingt ans, commandé la frégate anglaise l'*Alcmene* ; il avait ensuite pris du service en Suède où, après la paix de Veralæ, il avait reçu la grand'croix de l'ordre de l'Épée. Il s'était ensuite engagé au service de la Turquie, était resté quelque temps à Constantinople avec son frère Spencer, puis apprenant que l'Angleterre et la France étaient en guerre, avait ramassé quelques marins grecs, avait frété un petit bateau et était venu rejoindre devant Toulon la flotte anglaise commandée par l'amiral Hood. Là, il avait mis le feu à notre flotte enfermée dans le port. Il était allé porter la nouvelle de cette trahison et de ce haut fait en Angleterre. On lui avait donné le *Diamant*, de trente-six canons, à commander, et il avait fait des prodiges. Il s'était d'abord emparé des îles Saint-Marcouf, puis, seul, avec un petit bateau, il était entré dans le port de Brest, y avait reconnu les forces françaises, passé toute la nuit, et était parti le lendemain, tranquillement et sans encombre. Enfin, après avoir contribué à la prise de la *Révolutionnaire*, de quarante-quatre canons, il était entré avec sa frégate dans l'estuaire même de la Seine et y avait capturé un de nos corsaires qui se croyait à l'abri. Cette folie lui avait coûté cher. Le vent, sur lequel il comptait pour se retirer, lui avait tout à coup manqué. La marée montante l'avait porté près de nos forts, et, après une longue nuit resté seul avec dix hommes sur sa prise, il avait dû livrer un combat. La partie n'étant point égale, pris qu'il était entre les batteries de terre et nos canonnières accourues de tous les points, il s'était rendu. On l'avait mené au Havre où il avait trouvé une population stupéfaite et furieuse et une municipalité pleine d'admiration pour son courage. De là, il avait été expédié à Paris, enfermé dans la prison de l'Abbaye, puis au Temple. On l'y conservait plutôt comme un prisonnier politique que comme un prisonnier de guerre. Son entreprise avait paru tellement audacieuse, qu'on le soupçonnait d'avoir voulu favoriser une tentative des royalistes dont on ne connaissait encore ni le but ni l'importance.

Sidney Smith, s'adressa d'abord au général Bonaparte, un de ses adversaires de Toulon, pour se plaindre d'avoir été traité moins en ennemi qu'en espion. Mais Bonaparte, partageant peut-être l'opinion de tout le monde, avait refusé d'intervenir auprès des Directeurs.

C'était un homme complexe et intéressant que ce Sidney Smith. Libéral, grand admirateur des philosophes du xviiie siècle, passionné pour la France qu'il connaissait et où il devait achever paisiblement sa carrière, « régent de l'ordre des Templiers », atteint de cosmopolitisme comme Kloots, et, en même temps, très étroitement Anglais, très imbu des préjugés d'outre-Manche, légèrement infatué de noblesse, il joignait à l'intelligence la plus ouverte le patriotisme le plus impertinent. De l'esprit, il en avait beaucoup, et du jugement, et avec cela une certaine excentricité héroïque qui forçait à l'admirer. Quand il était en danger, les femmes se mêlaient toujours de le tirer d'affaire, soit qu'il leur plût par son extérieur avantageux, soit que toutes ses belles qualités fussent peintes sur son visage ouvert, fin et noble.

Dans sa croisière sur les côtes de France, comme dans sa captivité à l'Abbaye et au Temple, Sidney Smith avait été accompagné de son secrétaire et d'un émigré français, très attaché à sa personne, M. de Tromelin, qu'arrivé au Havre il avait fait passer pour son domestique, afin de le sauver. A peine à l'Abbaye, Sidney fut remarqué par trois jeunes femmes dont les fenêtres donnaient sur la prison. Elles organisèrent une correspondance avec lui grâce à des mouches qu'il écrasait dans un certain ordre sur les carreaux. Malheureusement, cette manie de tuer les mouches éveilla les soupçons des geôliers, et Sidney fut trans-

féré au Temple, avec ses deux amis. Là, il put encore
se mettre en relations avec les royalistes, très ardents
à le délivrer. Les prisons étaient alors fréquentées par
leurs agents, et tout autour d'elles vivait une population qui semblait n'avoir d'autre préoccupation que
l'évasion des détenus. Les trois femmes de l'Abbaye
avaient suivi Sidney au Temple et elles auraient sans
doute réussi à l'en faire sortir s'il avait consenti à
se séparer de M. de Tromelin. Celui-ci travaillait de
son côté à un plan de fuite, et il avait déjà séduit la
fille du gouverneur en lui promettant le mariage. Sa
femme légitime, avertie par un billet, arriva de province sur ces entrefaites, et ce fut sans doute un
coup de théâtre. Malgré tout, M. de Tromelin ne fut
point trahi, et les entreprises de délivrance recommencèrent avec le concours des trois jeunes femmes
de l'Abbaye, de la fille du gouverneur, de Mme de Tromelin et de Mlle B***, modiste, qui habitait une maison
dont les caves se prolongeaient jusque sous les jardins
du Temple.

Sidney Smith, au milieu de tout cela, n'était pas
très à plaindre. La femme du gouverneur s'intéressait
fort à lui, et le gouverneur, qu'il avait conquis par ses
manières et sa conversation humoristique, le faisait
sortir le soir et l'accompagnait au Palais-Royal et sur
les boulevards. Sidney donnait, avant de partir, sa
parole d'honneur que, pendant la promenade, il ne
tenterait pas de s'échapper : il la tenait. Tous deux, regardant les boutiques, se mêlant aux groupes, parcouraient ce Paris du Directoire, si gai, si fou, si agité, et
tout vibrant encore des grandes crises révolution-
naires. Cependant Mlle B*** avait fait venir un maçon,
elle l'avait conduit dans sa cave, et là, après avoir

fermé la porte, lui avait déclaré qu'elle le tiendrait enfermé jusqu'à ce qu'il eût creusé un boyau qui, dans sa pensée, devait aboutir à la cellule du commodore anglais. Le maçon, qui était royaliste, travailla avec ardeur, se trompa de direction, et arriva juste sous la guérite d'une sentinelle. La sentinelle s'enfonça dans le sol, poussa des cris, et le plan avorta.

Une autre tentative, où se trouvèrent mêlés MM. de La Villeheurnais, de Brothieu et Duverne de Presles, prisonniers en même temps que Sidney Smith, n'eut pas plus de succès, à cause de la trahison de M. de Presles, dit-on. Sidney obtint, entre temps, dans un échange de prisonniers, qu'on rapatriât en Angleterre M. de Tromelin, pour lequel il craignait toujours quelque mésaventure. Enfin, au bout de deux ans, le moment de la délivrance arriva.

Un homme du même âge que lui, échappé de la prison de Bourges, venait d'entrer déguisé à Paris, avec un faux passeport et sous le faux nom de Passa-plant. Cet homme était M. Louis-Edmond Le Picard de Phélippeaux, né à Angles (Vienne) en 1767, ancien élève de l'école de Brienne, ancien lieutenant au régi-ment de Besançon-artillerie, fils de Louis Le Picard de Phélippeaux, seigneur de la Table, lieutenant au régiment Henry-infanterie, et de Marie-Louise de La Châtre, mariés le 3 juin 1766.

S'il en faut croire, non Montféal qui est suspect, mais La Chesnaye des Bois, ces Le Picard de Phélip-peaux seraient des parents éloignés des Phélippeaux de Saint-Florentin, de Pontchartrain, de La Vrillière de Maurepas, famille de ministres, dont l'origine remontait à Jean Le Picard dit Phélippeaux. Il est vrai que les armes des Phélippeaux de Saint-Florentin,

do Pontchartrain, etc., sont d'azur semées de quatre
feuilles d'or, tandis que celles des Picard de Phélippeaux sont d'azur au lion grimpant d'or, armé et
lampassé de gueules ; mais il est arrivé bien souvent
que les branches cadettes ont changé leurs armes,
comme les Courtenay, par exemple, branche cadette
de la maison de France, et qui portaient d'or à trois
tourteaux de gueules.

Louis-Edmond de Phélippeaux passait pour un
officier de grand avenir. A l'école de Brienne, il avait
été le rival de Bonaparte, et cette rivalité s'était
manifestée, dès les premiers jours, par des coups de
pied qu'ils se lançaient tous deux sous la table pendant l'étude. L'auteur du *Dictionnaire des anciennes
famille du Poitou*, Filleau, raconte que « aux concours
ouverts entre les élèves de l'école, Phélippeaux fut
vainqueur; qu'il fut préféré en raison de son numéro
d'ordre pour recevoir les faveurs que le comte de
Provence accordait chaque année aux deux meilleurs
élèves de l'école et que, lors des examens de sortie, il
précéda son émule dans la promotion qui lui valut le
grade de lieutenant au régiment de Besançon-artillerie. »

Phélippeaux, au début de la Révolution, avait émigré; il avait servi dans l'armée des princes et sous
Condé; bien que fait colonel en Angleterre, il était
rentré en France pour prendre part à la conspiration
du comte de Rochecotte, s'était mis à la tête de l'insurrection berrichonne et, aidé par Hyde de Neuville,
avait pris Sancerre. Battu ensuite à Sens-Beaujeu et
livré par des traîtres, il avait été emprisonné à Bourges,
s'était évadé et était arrivé à Paris pour délivrer
sir Sidney Smith qu'il connaissait de réputation.

Cette époque du Directoire, très perfidement
calomniée, ressemblait à la nôtre, avec beaucoup
d'héroïsme et d'abnégation en plus. Les princes
exilés écrivaient des manifestes ridicules, la haute
banque gouvernait ; l'argent jouait un rôle prépondé-
rant dans la politique ; l'étranger avait des agents
jusque dans nos assemblées ; les royalistes s'unis-
saient à lui, trahissant la France pour abattre la République, et le péril était « à gauche ». En outre, il
était de bon goût et de bon ton d'être partisan de
l'ancien régime. Des épiciers s'en mêlaient, et parmi
eux, M. Legendre, négociant héroïque comme les
soldats vendéens, qui perdit sa fortune et risqua cent
fois sa vie pour les Bourbons. La Restauration le
laissa mourir à l'hôpital. M. Legendre et M. Loiseau,
autre royaliste, à qui la Révolution avait donné ses
droits de citoyen, se mirent bientôt en rapport avec
M. Louis de Phélippeaux. Ils organisèrent, sérieusement cette fois, l'évasion du prisonnier.

Cette évasion est fort obscure. Sidney Smith la
raconte d'une certaine manière dans *Life and Cor-
respondence*, et d'une autre dans *Memories*. D'après
Sidney Smith et ses biographes, Phélippeaux se serait
procuré un timbre ministériel et, avec l'aide de
Loiseau et de Legendre, aurait fabriqué un ordre de
transfert qu'un danseur de l'Opéra, nommé Boisgi-
rard, déguisé pour la circonstance en général, se
serait chargé de porter au Temple. Sidney, par un
stratagème ingénieux, aurait empêché les soldats du
poste de l'accompagner ; le faux général l'aurait fait
monter dans un fiacre, et ils se seraient en allés de
compagnie. Mais le capitaine Brenton, dans son *Histoire de la marine*, affirme que le gouvernement

anglais aurait, par l'entremise de Phélippeaux, donné trois mille livres sterling au ministre des relations extérieures, Delacroix, pour organiser l'évasion et permettre aux fugitifs de gagner la côte. Brenton ajoute que lord Saint-Vincent lui a certifié avoir vu l'ordre du trésor. Les deux versions ne sont point d'ailleurs contradictoires. Une comédie a pu se jouer au Temple, qui couvrait le ministre en cas de scandale.

Quoi qu'il en soit, Phélippeaux partit avec Sidney Smith et, grâce à M. de Clermont-Tonnerre, ils gagnèrent Rouen, où ils trouvèrent un asile. Sidney Smith raconte leur sortie de la ville d'une manière assez curieuse : une sentinelle aurait arrêté M. de Phélippeaux pour lui demander son passeport, lorsque le commodore s'avançant : « Laissez-le passer, citoyen, se serait-il écrié, je réponds de lui! » Et la sentinelle, interloquée, aurait fait place aux deux inconnus.

Ils gagnèrent le Havre, se déguisèrent, louèrent un petit bateau, et, arrivés au large, cherchèrent la croisière anglaise. Leur bonne étoile voulut qu'ils rencontrassent l'*Argo,* capitaine Bower, qui les conduisit à Portsmouth.

De Portsmouth, Sidney, accompagné de son secrétaire et de M. de Phélippeaux, vint à Londres. Le peuple lui fit une ovation et une entrée triomphale. Il obtint une audience particulière du roi, et celui-ci accorda la liberté à M. Bergeret, capitaine de la *Virginie,* prisonnier français, donnant ainsi une leçon de courtoisie au Directoire, qui, pendant deux ans, avait obstinément refusé de rendre Sidney Smith.

Le commodore, peu après, était nommé commandant du *Tigre,* vaisseau de quatre-vingts canons, et, en même temps, ministre plénipotentiaire et extraordinaire auprès de la Sublime Porte. On le chargeait de conclure définitivement le traité que son frère Spencer préparait depuis deux ans, traité par lequel la Turquie, abandonnant son ancienne alliée, la France, se donnait à l'Angleterre.

Sidney Smith embarqua à son bord M. de Tromelin, qu'il avait retrouvé à Londres, et Phélippeaux. Il mit à la voile vers le milieu d'octobre 1798, environ cinq mois après que Bonaparte, à la tête de sa flotte de cinq cents voiles, eut quitté Toulon. La destinée allait ainsi réunir bientôt, dans un petit coin de la Syrie, Kléber, Junot, Lannes, Murat, Phélippeaux, Sidney Smith, Ybrahim-Bey, Dgezzar et Bonaparte, c'est-à-dire les aventuriers les plus célèbres de l'Orient et de l'Occident.

L'armée de Bonaparte était en Égypte depuis près d'un an quand la Porte, convertie par les frères Smith, Spencer et Sidney, déclara la guerre au Directoire. Cette déclaration, obtenue avec tant de peine et depuis si longtemps préparée, mit les Français dans une situation difficile et périlleuse : ils avaient combattu, sans les anéantir, les ennemis du sultan et, maintenant, ils se trouvaient avoir contre eux les partisans du sultan et le sultan lui-même. L'Orient ne leur offrait plus aucun point d'appui et ils se voyaient, de tous côtés, environnés d'adversaires.

Moreau l'avait prévu, Larevellière-Lépeaux et les plus sages du Directoire : l'expédition d'Égypte, entreprise dans ces conditions, quand nous avions perdu notre crédit auprès de la Porte, notre influence, et que nous ne savions ou ne pouvions plus payer le Divan; quand nous prenions en main les droits du sultan alors qu'il ne nous l'avait pas demandé et que

nous nous jetions dans une aventure diplomatique
aussi grave, sans être renseignés sur la situation de
l'Orient, sur les hommes qui le gouvernaient, sur les
peuples qui l'habitaient et sur les passions qui l'agi-
taient; l'expédition d'Égypte, outre tous les dangers
militaires qu'elle présentait et tous les désastres
maritimes qu'elle préparait, était une excentricité ou,
pour mieux dire, une folie. Avant de s'y lancer, il
aurait fallu, ou s'entendre avec la Porte pour qu'elle
paralysât, par son inaction, les efforts de l'Angleterre,
ou (ce que Kléber fit plus tard) s'allier avec les beys
dont nous aurions favorisé les ambitions, qui se
seraient jetés avec nous sur la Syrie et qui, probablement, auraient entraîné Dgezzar. Dans le premier cas,
nous avions un prétexte pour rester en Égypte où nous
reprenions, à notre profit, l'œuvre de Sélim; dans le
second, nous allions tout droit à Stamboul. Il était
sans doute conforme aux intérêts de la France de se
saisir de l'Égypte, de se fortifier dans la Méditerranée
et d'enlever aux Anglais l'entrepôt des Indes; mais
encore fallait-il que l'entreprise pût réussir et n'abou-
tît pas à un *fiasco* héroïque. Tôt ou tard, avec des
ennemis aussi habiles que les nôtres, si nous n'avions
pas pris des précautions à l'avance, nous devions nous
trouver dans une impasse et cernés de tous côtés.
Nous n'étions pas alors, comme plus tard, en 1880,
chargés de maintenir l'ordre au Caire, et d'y défendre
les intérêts continentaux; nous n'étions pas en pleine
paix. La mer ne nous appartenait pas. Conduire dans
ces conditions à Alexandrie quarante mille hommes,
mettre à flot cinq cents voiles sans avoir d'officiers
de marine et avec Nelson à côté de soi; guerroyer
contre des rebelles et s'aliéner le gouvernement

qu'ils veulent détruire, se jeter tête baissée dans les guêpiers d'Orient quand le cabinet de Saint-James ameute contre nous toutes les puissances; quand la Russie, jusque-là presque indifférente, va entrer en ligne; quand l'Autriche, qui à Rastadt fera assassiner nos plénipotentiaires, médite d'envahir l'Italie; quand le roitelet de Naples marche sur Rome, quand l'Europe se déchaîne contre nous, quel défi au sens commun!

Notre diplomatie était jouée à Constantinople où elle ignorait les intrigues des Smith, qui, malgré le grand vizir, avait décidé la Porte à la guerre. Le gouvernement non plus que les généraux ne connaissait le revirement des Turcs. Quand le Divan obéissait déjà aveuglément aux Anglais, Bonaparte écrivait à ce malheureux pacha du Caire, sans puissance et sans autorité, qu'on renvoyait en soulevant le coin d'un tapis: « Tu es instruit que je ne veux rien faire contre le sultan; tu sais que la nation française est la seule et unique alliée que le sultan ait en Europe! » Il s'imaginait que la Sublime Porte verrait avec plaisir la domination française se substituer à la domination mamlouke, c'est-à-dire une domination sérieuse et fortement établie remplacer une domination éphémère et instable que les vizirs espéraient toujours pouvoir supprimer; il croyait que moyennant des concessions religieuses et de pure forme, fellahs, Arabes et Coptes allaient s'enthousiasmer pour les principes de 89; il pensait qu'au cas de rupture avec Stamboul on trouverait un appui chez les Druses de l'émir Youssef; qu'il enrégimenterait quarante mille de leurs guerriers et qu'avec eux il conquerrait l'Asie Mineure ou qu'il marcherait sur les Indes; il supposait que les rajahs viendraient nous joindre à travers la Perse ; il rêvait le recommencement des expéditions d'Alexandre et il ne s'effrayait point de Nelson qui, avec trente vaisseaux, allait barrer le chemin de la France.

Tout est fantaisie, dans cette étonnante équipée militaire. Les chefs, qui pourtant ont tous Volney dans leurs poches, semblent n'avoir appris l'Orient que dans les tragédies de Voltaire, *Zaïre* ou *Mahomet.* Ils croient le séduire avec des maximes philosophiques, des discours, des déclarations ou même des mariages. Ils s'amusent du rôle qu'ils jouent ; ils ont, jusqu'au moment où la gravité de la situation leur apparaît, une insouciance et une gaîté prodigieuses. C'est une joie dans l'armée, quand le futur auteur du Concordat lance, dans une proclamation adressée aux mahomé-tans, cette plaisanterie amèrement impertinente :

« *Nous aussi, nous sommes de vrais musulmans. N'est-ce pas nous qui avons détruit le Pape, qui disait qu'il fallait faire la guerre aux musulmans ?* »

Le rire redouble quand un de ces généraux, Menou, qui commande à Rosette, annonce qu'il va abjurer. Il se fait instruire dans la religion du Prophète, embrasse l'islamisme et signe ses ordres du jour : « Abdallah-Menou. » Le bruit s'en répand depuis les bouches du Nil jusqu'à la première cataracte. C'est un acte politique, dit Menou, qui est entêté et va plus loin : il se fabrique un harem et épouse, à la mode turque et sans l'avoir vue derrière son voile, une femme turque. L'hilarité n'a plus de bornes. Desaix, qui poursuit Mourad dans le désert, s'arrête pour savoir dés détails. Dugua n'en peut croire ses oreilles. Quant à Marmont, il écrit au nouveau marié, lui demandant

si sa femme est jolie et s'il en prendra plusieurs,
comme le Koran l'y autorise. Menou répond en tâchant de garder son sérieux : « Je ne profiterai pas de
la permission de Mahomet d'avoir plusieurs femmes.
L'appétit turc femelle est trop véhément pour moi.
Une me suffit... » Puis, entre deux ordres de service :
« Ma femme, dont vous me parlez obligeamment, est
grande, forte, et en tout assez bien. Elle a de très
beaux yeux, le teint du pays, les cheveux longs et
entièrement noirs... Elle fait ses prières très exacte-
ment, mais elle croit que celles des autres religions
sont tout aussi bonnes... »

Les bons mots pleuvent et les amusements continuent jusqu'au jour où viennent l'inquiétude et le découragement. On visite les lieux saints et les tombeaux des santons; on a l'air de se mortifier pendant
les jeûnes; Bonaparte va à la mosquée d'el Ahzar et il
« édifie les cheiks par sa piété ». Il « balance le haut
de son corps en agitant la tête » à la manière des
derviches hurleurs, « répétant des litanies » comme le
raconte M. Thiers. Et M. Thiers ajoute : « Les soldats
riaient avec lui du rôle que la politique les obligeait
à jouer. » Les musulmans applaudissaient se sentant
les plus faibles ; mais au fond, ils n'étaient pas dupes.
La révolte du madhi, qui nous mit en danger, le
prouve bien. Sans doute, il était nécessaire de ne pas
froisser les sentiments religieux, mais on exagérait
beaucoup et pour le plaisir. La tolérance suffisait. On
y joignit la comédie.

Ces turqueries ne trompaient personne. Elles devaient plutôt, quoi qu'en ait dit M. Thiers, exaspérer
les populations qui en devinaient l'ironie. La vérité
est que l'armée française était tombée, avec une étour-

derie inouïe, au milieu d'un pays où elle ne connaissait rien et dont les secrets devaient lui rester longtemps
cachés. Son attitude, ses allures, ses victoires eurent
des conséquences immédiates presque aussi grandes
que les croisades. Elles réveillèrent dans une partie
de l'Asie et de l'Afrique le fanatisme un peu endormi;
elles donnèrent aux foules orientales, qui se détes-
taient ou s'ignoraient, un sentiment de solidarité religieuse. L'Égypte avait accepté l'athéisme pourtant peu
déguisé des Mamlouks; la Syrie le scepticisme hautement avoué des Osman de Damas, des Dahers et des
Dgezzar. Elles ne purent supporter la gaîté de nos
soldats. Peut-être aussi, l'antipathie naturelle des deux
races accentua-t-elle, à l'insu de tout le monde, le
dissentiment. Le résultat fut une secousse terrible;
une explosion épouvantable de haine qui faillit nous
anéantir.

La véritable expédition d'Égypte ne commence
d'ailleurs qu'après le départ de Bonaparte. Jusque-là
c'est une aventure très brillante, très tapageuse, très
originale et très meurtrière : rien de plus. Kléber,
avec sa tête carrée, son gros bon sens, son esprit orga-
nisateur et fin, bien qu'un peu lourd et violent, vient
seul à bout de ce pays où il ne reste avec l'armée
que malgré lui, et parce que les Anglais refusent de
ratifier le traité de paix qu'aidé de Sidney Smith, il
a passé avec la Porte. A Héliopolis, il conquiert définitivement l'Égypte. La prise du Caire, après une terrible lutte, assure sa domination. Délivré des Turcs
qu'il a anéantis, il ne songe plus qu'à se rallier les
Mamlouks. La femme d'Aly-Bey qu'Abou-Dahab avait
donnée à Mourad, lui sert d'intermédiaire. Vieille et
cassée par l'âge, elle va trouver le vieux bey fatigué

de deux ans de guerre, de ses luttes avec Desaix, de
sa retraite au delà des cataractes et de ses exils dans
les oasis. Elle le convertit. Mourad, célèbre et influent encore, accepte le titre de « sultan français ».
Les autres beys suivent son exemple. Kléber, aidé
par eux, rétablit l'ordre. Il répartit équitablement
l'impôt. Il applique, en les modifiant un peu, les
vastes plans de Bonaparte. On ne le voit point para-
der dans les mosquées, mais il se montre juste, et
son administration relativement sage et sévère plaît
au peuple jusque-là victime de toutes les fantaisies
et de toutes les rapacités... Un assassin le frappe,
mais il a fait une œuvre durable : il a rendu l'Égypte
française.

Kléber était un homme rude, peu aimable, naïf au
fond, et qui prenait tout au sérieux. Lent à comprendre, il répondait un jour avec un peu de malice
à Bonaparte qui lui expliquait un plan : « Attendez!
il faut que je prépare mes facultés. » L'imagination
méridionale de l'autre le déroutait. Pendant presque
toute la campagne il fut en désaccord avec lui, bou-
gonna et critiqua.

Les officiers de l'armée du Rhin, jaloux des officiers de l'armée d'Italie, se groupaient autour de lui.
Nos généraux étaient divisés en deux camps : les uns,
comme Kléber, ne songeaient qu'à l'Égypte; les autres, comme Bonaparte, regardaient toujours du côté
de Paris.

Bonaparte était encore à ce moment tel que l'a
peint Michelet, petit, noir, maigre, les cheveux en-
duits de cosmétique et collés aux tempes. C'est une
des époques de sa vie où il se montre le plus actif, le
plus imaginatif, le plus inquiet, le plus agité, le plus

emporté, surtout lorsqu'il commence à douter de la
réussite de son prodigieux coup de tête. La mort de
Brueys, la catastrophe d'Aboukir lui portent un terrible coup. Il devine le bruit que notre défaite va faire
en Europe, le parti qu'on en va tirer, les coalitions
qui vont se former, la guerre qui va en résulter.
D'autres que lui peuvent saisir l'occasion de remporter des victoires, d'absorber la République, de prendre
la dictature et d'en finir avec le Directoire calomnié
et haï. Moreau est là-bas, Masséna, Joubert, Cham-
pionnet... Ne sera-t-il pas oublié au retour, malgré les
efforts de sa femme et de sa famille qui travaillent les
Chambres et la presse? Tant de points d'interrogation
le surexcitent. C'est alors qu'il rêve la collaboration
des rajahs, l'alliance des Druses. Il veut prendre
Constantinople ou se créer un empire dans l'Inde,
laissant l'Occident à ses rivaux. Mais, quand arrivera
la nouvelle de nos désastres en Italie et sur le Danube,
tout changera; il oubliera en une heure toute sa fan-
tasmagorie orientale. A toute force, il voudra partir;
un beau soir, sans rien dire, il s'évadera à l'insu de
l'armée stupéfaite et il regagnera la France, poursuivi
par les injures de Kléber.

Après la fusillade qui avait eu lieu au pied des Pyramides et qui nous avait coûté une quarantaine de
morts, Ybrahim-Bey, comme autrefois Aly-Bey, s'était
retiré avec ses cavaliers et une partie de ses trésors,
à Belbeys, puis en Syrie où l'attendait le pacha
d'Acre. Dgezzar avait longtemps hésité avant de
prendre parti et de recevoir sur son territoire celui
qu'il avait si souvent imploré dans les moments difficiles. Peut-être, les beys détruits, se serait-il allié au
vainqueur, si le souvenir de ce qui s'était passé dix

ans auparavant : le renvoi des négociants français après la révolte de Sélim, ne lui avait donné à penser qu'il ne pouvait rien attendre de Bonaparte dont les proclamations annonçaient la répression des injures faites jadis à nos nationaux. Le pacha craignait de se confier à un ennemi implacable, et d'être traité comme lui-même avait autrefois traité l'émir Youssef et son ministre Sad le Curé.

Il se tourna donc vers la Porte, l'assura de sa fidélité et donna asile à Ybrahim, qui, rebelle au sultan, allait devenir un de ses défenseurs. La Porte, tout entière à l'Angleterre maintenant, fit Dgezzar seraskier ou généralissime, lui envoya des pachas militaires et lui commanda de rassembler une armée. Pendant ce temps, sous l'influence des frères Smith, elle essaya de concentrer à Rhodes des forces plus sérieuses que celles qu'on pouvait ramasser en Syrie : de vraies troupes turques, capables de se battre en rase campagne, pareilles à celles qui avaient lutté contre les Russes de Catherine et qui peut-être leur auraient résisté sans les trahisons perpétuelles du grand vizir.

L'armée de Dgezzar n'aurait pas été beaucoup plus sérieuse que celles qu'on avait essayé de réunir déjà tant de fois contre les Mamlouks, à Naplouse, à Damas et à Jérusalem, sans Ybrahim et ses cavaliers. Ils lui donnaient un peu de consistance. Le reste, qui se désagrégeait et se reformait sans cesse, n'était guère, à part quelques Maugrabins, qu'un ramassis de mercenaires indisciplinés, de pillards et de gens sans aveu.

Dgezzar avait trop de bon sens pour prendre l'offensive et conduire de pareilles bandes en Égypte. Il se contenta de leur laisser battre l'estrade, mettant les meilleures garnisons possibles dans les villes et jetant du monde à El-Arich, petit fort qui barre la route du désert. Il s'occupa ensuite, à l'imitation des princes et des généraux d'Europe, de rédiger une proclamation à tous les « beys, émirs, cheiks druses, mothualis, arabes et autres personnes de distinction », pour les préparer à la guerre. Sa proclamation débute par deux versets du Koran et continue ainsi : « Après le salut, nous vous faisons savoir que Ahmed-Dgezzar-Pacha a été nommé pacha du Caire, la bien gardée ; revêtu du généralat des troupes musulmanes, chargé du pachalik de Damas et de la conduite du pèlerinage à la sacrée Kaabé, des pachaliks de Tripoli, de Gaza, de Ramlèh, de Jaffa et d'Acre. Nous avons rassemblé des armées innombrables de fidèles fantassins et cavaliers; nous avons préparé des provisions et des armes à Jaffa, Gaza, El-Arisch et Acre. Nous désirons que vous vous réunissiez pour ne former qu'un seul faisceau. Par le secours du Tout-Puissant vous serez vainqueurs de vos ennemis qui sont les ennemis de Dieu. Nous avons déjà surpris leurs lettres. Nous les avons traduites. Elles racontent qu'ils sont dans une situation déplorable. »

Dans l'intervalle, Bonaparte lui avait envoyé, par mer, un de ses officiers pour lui offrir son amitié et, en réalité, pour reconnaître les fortifications d'Acre. Mais Dgezzar avait deviné le piège et avait défendu à l'officier de débarquer.

En même temps qu'il s'adressait aux beys, émirs, cheiks, etc., Spencer Smith dictait à la Porte une adresse aux officiers et soldats de l'armée d'Égypte, pour les intimider et les engager à mettre bas les armes. Cette adresse était assez habilement faite : on y attaquait le Directoire qui n'était pas aimé et on l'y accusait de trahison. Datée du Zelkadé de l'an de l'Hégire 1213, elle disait : « Le Directoire a surpris votre bonne foi et, au mépris du droit des gens, vous a envoyé en Égypte, pays soumis à la domination de la Porte, en vous faisant croire qu'elle-même consentait à la conquête de son territoire. Doutez-vous qu'en vous envoyant ainsi dans une région lointaine, son seul but n'ait été de vous exiler de la France et de vous précipiter dans un abîme de dangers où vous devez périr? La mer est couverte de flottes immenses; les armées turques se rassembleront de tous côtés pour vous anéantir. Si vous voulez échapper au péril, adressez-vous aux puissances alliées. Elles vous fourniront les moyens de vous sauver. »

Cette proclamation resta sans effet, comme toutes les proclamations. Elle montra seulement que les Anglais étaient très au courant de nos affaires. L'armée d'Égypte disait en effet, dans ses moments de découragement, comme les badauds de Paris, que le Directoire avait voulu se débarrasser du général Bonaparte et qu'il l'avait obligé à partir. C'était juste le contraire de la vérité.

Bonaparte, voyant que la diplomatie française n'agissait pas, adressa à son tour, par un de ses officiers, Beauchamp, une lettre au sultan. Dans cette lettre, Bonaparte rappelait ce qu'il avait fait pour les Turcs; comment il avait délivré ceux que les chevaliers de Malte retenaient prisonniers; comment il avait chargé de conduire la grande caravane le kiaya du pacha du Caire; comment il laissait flotter le drapeau turc à côté du drapeau français sur tous les minarets égypliens; comment il ne nourrissait que des sentiments amicaux pour le Grand Seigneur et comme quoi, si par hasard il entrait en Syrie, c'était seulement pour châtier un certain Ahmed-el-Dgezzar, pacha d'Acre, « célèbre par ses cruautés ». Le sultan se trouvait ainsi avoir deux amis, dont l'un, Smith, l'entraînait dans une guerre absurde qui le rendait l'allié de ses plus mortels ennemis : l'empereur et le tzar; dont l'autre, Bonaparte, après avoir pris l'Égypte, lui offrait de châtier Dgezzar, c'est-à-dire son généralissime. Les Smith obtinrent que Beauchamp fût jeté en prison.

Cette lettre de Bonaparte au sultan est d'ailleurs curieuse à rapprocher de celle qu'il écrivait à Dgezzar : « Je t'envoie cette lettre par un officier qui te fera connaître de vive voix *mon intention de vivre en bonne intelligence avec toi, en nous rendant réciproquement tous les services que peuvent exiger le commerce et le bien de tes États*, car les musulmans n'ont pas de plus grands amis que les Français. »

Sidney laissa son frère Spencer continuer la campagne diplomatique contre la France et emprisonner à son gré les émissaires de Bonaparte. Il prit la mer sur le *Tigre*, rallia le *Thésée*, capitaine Miller, autre vaisseau de 80, et cingla vers Alexandrie. Il la bombarda aussitôt, comptant que cette diversion retiendrait Bonaparte en Égypte. Mais Bonaparte n'attacha aucune importance à ce bombardement. Il comptait sur Marmont qui gardait la place. Alors Sidney cingla vers Saint-Jean-d'Acre. C'est là qu'aidé de Phélippeaux il voulait arrêter l'ennemi.

Bonaparte réunit dix à treize mille hommes et se dirigea vers El-Arisch. Sur la foi de quelques Syriens opprimés par Dgezzar, qui vinrent le trouver dans son camp, comme autrefois ils étaient allé trouver Sélim, il s'imagina qu'il rencontrerait dans le Liban des alliés sérieux et des soldats capables de combattre à côté des siens. Il fit agir les anciens partisans de l'émir Youssef, mort depuis longtemps; il nomma, à l'avance, pacha d'Acre, un fils d'Abbas-Dahers, petit-fils du grand Dahers, enfant échappé au massacre de la famille et qui avait végété on ne sait où dans la montagne. Il s'occupa ensuite de former un corps de Maugrabins, dont un certain Achmet-Hadji obtint le commandement. Ce devait être le noyau des futures forces auxiliaires.

Malheureusement pour Bonaparte, le souvenir de Youssef ne soulevait pas de grands enthousiasmes, le nom de Dahers n'avait plus de crédit. Les intérêts et les passions avaient changé. Sa meilleure création fut celle des Maugrabins réguliers. Ils lui rendirent quelques services. Ces mercenaires de l'Ouest étaient plus solides au poste que les soldats de la légion maltaise, créée aussi par Bonaparte, et que commandait Scheey. « Ils ressemblent aux soldats du Pape! » s'écriait Kléber. Comme on ne pouvait les empêcher de se sauver à la première alerte et que les châtiments n'y faisaient rien, on essaya un jour de les prendre par l'amour-propre. Sur le dos d'une sentinelle fugitive on attacha un immense écriteau avec ce mot en grosses lettres : *Lâche.* « Cela vaut mieux qu'un coup de fusil, » dirent les autres.

Bonaparte s'occupa encore, avant de partir, de perfectionner ses moyens d'attaque et de défense. Persuadé qu'il aurait affaire à de la cavalerie, comme en Égypte, il arma ses fantassins de petites piques de

4 pieds et demi, « qui se fichaient en terre et se maintenaient réciproquement au moyen d'une chatnette de fer se liant d'une pique à l'autre ». Les piques formaient ainsi une sorte de palissade devant le front des carrés. Ce système, renouvelé de Bajazet, qui, en 1396, l'employa à Nicopolis, ne fut du reste mis en œuvre qu'à la bataille du Mont-Thabor par Kléber.

La division Régnier, avec les 9e et 95e demi-brigades, une compagnie de hussards et une compagnie du 4e d'artillerie, forma l'avant-garde. Kléber, qui avait sous ses ordres Vernier et Junot avec les 25e et 75e demi-brigades de ligne, la 21e légère, un escadron de cavalerie; Lannes avec Vaux, Roline et Rambaud, et les 13e et 69e demi-brigades de ligne et la 22e légère; Bon, avec Rampon et Vial et les 28e et 32e de ligne et la 4e légère, enfin mille cavaliers et un escadron de dromadaires sous Murat, prirent la route du désert. L'artillerie de chaque division se composait de deux pièces de 8 et deux obusiers de 6 pouces. Le parc d'artillerie conduisait quatre pièces de 12, quatre pièces de 8, cinq obusiers et trois mortiers de 5 pouces. Dommartin commandait l'artillerie, Caffarelli le génie. Le quartier général partit du Caire le 10 février 1797.

La campagne s'ouvrit par un demi-échec. Régnier qui commandait l'avant-garde se jeta sur El-Arisch, emporta le village, mais ne put venir à bout du fort. Pour la première fois on avait affaire avec ces forteresses syriennes, bâties par les croisés ou les Arabes avec des matériaux antiques, et elles résistaient aux boulets de nos pièces de campagne. Bonaparte accourut furieux dans la nuit et gronda Régnier si fort que celui-ci en pleura. Dommartin, arrivé avec le parc d'artillerie, commença à creuser une parallèle, mais la garnison déclara qu'elle voulait se rendre.

Ce fut toute une affaire : les assiégés ne comprenaient rien aux procédés de Bonaparte qui tenait absolument à les traiter comme des soldats européens. Il les obligea à signer une convention qui leur permettait de. « garder leurs armes et de s'en aller avec la giberne remplie », mais par laquelle « ils promettaient de se retirer à Bagdad et de ne pas servir pendant un an contre les armées françaises ». Ce texte resta inappliqué. L'idée de s'en aller en Mésopotamie parce qu'on avait signé un papier au bord de la Méditerranée, semblait profondément ridicule aux Maugrabins et aux Albanais à El-Arisch. Les uns et les autres attachaient si peu d'importance à la capitulation, que les Maugrabins, au sortir du fort, offrirent de servir sous les ordres de Kléber et que les Albanais retournèrent tranquillement auprès de Dgezzar.

L'armée était restée trois jours devant El-Arisch et elle y avait perdu quelques hommes.

Autre incident. Le lendemain, Bonaparte perdit son armée. Parties en avant, la division Kléber s'en alla à gauche, vers la mer; les divisions Lannes et Bon s'en allèrent à droite dans le désert : personne n'arriva à l'étape indiquée, sauf le général en chef, qui, inquiet, voulut pousser plus loin et tomba, à dix heures du soir, dans un camp de Mamlouks, presque seul. Les Mamlouks s'enfuirent d'un côté, lui de l'autre, et ce ne fut qu'au matin que les divisions se retrouvèrent. Kléber avait fait fusiller un de ses guides.

La route dans le désert avait été horrible depuis le

départ d'Égypte. Les soldats s'étaient montrés fort indisciplinés. Ils avaient crevé les outres des chameaux
de leurs officiers pour avoir de l'eau, et l'on n'avait
rien osé leur dire. Il est vrai que les chevaux, frappés
d'apoplexie, mourait autour d'eux, foudroyés; que les
dromadaires qui traînaient l'artillerie refusaient d'a-
vancer et que l'on entrait dans le sable, chaud à faire
cuire des œufs à la coque, jusqu'à mi-jambe.

Une fois en Syrie, sur la terre ferme, tout changea.
La pluie vint, et avec elle le froid. Les soldats étaient
vêtus de toile bleue. Ils furent trempés et beaucoup
moururent de fièvre et de fluxion de poitrine. La peste
commença, dès lors, à faire des ravages. Quant aux
chameaux, ils se couchèrent : la boue était pour eux
quelque chose de nouveau dont ils ne voulaient point
tâter. Un moment, on crut qu'il faudrait renoncer à
l'expédition.

Au milieu des averses on arriva devant Gaza, qui
aussitôt se rendit. On y entra, et l'on y trouva de grands
approvisionnements de poudre, de riz et de biscuits.
L'armée s'y reposa; Bonaparte voulut y installer un
divan, c'est-à-dire une sorte de conseil municipal in-
digène. Cette institution démocratique demeura in-
comprise. Les Orientaux n'aiment point faire leurs
affaires eux-mêmes. Bonaparte envoya aussi de belles
proclamations aux cheiks des environs qui ne les lu-
rent point.

On partit de Gaza sur deux colonnes en se dirigeant
vers le nord.

Le 7 mars, Kléber et l'avant-garde s'arrêtèrent sur
une hauteur à une lieue et demie de Jaffa. La ville est
sans fossé, mais entourée d'un bon mur crénelé flan-
qué de tours, qui se continue parmi les rochers près de

la mer. L'ennemi remplissait les jardins, car la garnison était nombreuse et forte. Il fallait assiéger la
place comme autrefois Abou-Dahab.

Kléber, le lendemain matin, pousse sur la ville. Les
tirailleurs se répandent dans les jardins pour en chasser l'ennemi. Le feu est violent. Jaffa tire deux coups
de canon qui blessent deux cavaliers. A midi l'armée
arrive et les derniers Maugrabins rentrent en courant
dans la place. Kléber s'arrête. Il reçoit l'ordre de couvrir le siège et il va plus loin, au bord du fleuve Lahaya,
camper avec la cavalerie sur la route de Saint-Jean-
d'Acre. Kléber, à ce moment, commence à s'inquiéter
de ce qui se passe à Naplouse et des rassemblements
armés qui s'y forment. Daumas est chargé d'aller de
ce côté. Il emporte des proclamations éloquentes,
adressées aux cheiks et émirs, pour les engager à se
séparer de Dgezzar et à s'allier aux Français. Bonaparte et tous ses généraux croient encore que leurs
proclamations toucheront les Arabes.

Les divisions Lannes et Bon forment le blocus. Bon
est au nord, au bord de la mer : il doit surveiller le
port. Lannes est chargé de faire brèche et d'entrer.
Mais, avant de tirer, Berthier envoie par un Turc un
papier au gouverneur de Jaffa : « Dieu est clément
et miséricordieux! Le général en chef Bonaparte me
charge de vous dire que Dgezzar, pacha d'Acre, a
commencé les hostilités contre l'Égypte en envahissant le fort d'El-Arisch... Que Dieu, qui seconde la
justice, a donné la victoire à l'armée française...

« Que la place de Jaffa est cernée de tous côtés que
les batteries de plein fouet à bombes et à brèches
vont en deux heures en culbuter les murailles...

« Que son cœur est touché en songeant aux dangers

que courra la ville prise d'assaut ; qu'il offre protection
à la ville et sauvegarde à la garnison. »

On avait cru habile d'envoyer un Turc porter cela :
sa présence devait faire supposer qu'on était bien
avec le Grand Seigneur. Cette profonde politique eut
ce résultat que le Turc fut décapité sur les remparts.
Le gouverneur fit jeter son corps à la mer et sa tête
dans nos lignes.

Aussitôt on arrête le plan d'attaque. On battra le
front gauche, du côté de Gaza. Un officier du génie,
en faisant une reconnaissance dans les jardins, est
blessé. Il y a du canon dans toutes les tours. Cependant on ouvre la tranchée au milieu des citronniers et
des orangers. La batterie de 12 tirera sur une grosse
tour, accolée à une maison très haute et qui la domine. Deux contre-batteries la soutiendront, et Bon,
qui est de l'autre côté, au bord de la mer, essayera
une diversion pour attirer l'attention de l'ennemi et
diviser ses forces.

La journée du 15 se passe à travailler aux tranchées.
On a aperçu, dans la nuit, deux individus qui se sau-
vaient, au moyen de cordes, par-dessus les murs.
Malgré le feu continu de la place, on espère que
l'ennemi faiblit.

D'ailleurs on se garde mal. Les sentinelles se
laissent surpendre. Bonaparte tonne. Cette armée
d'Égypte est indisciplinée. Dans le désert elle a pris
les outres qui contenaient l'eau réservée aux officiers.
Depuis qu'elle est en Syrie, elle maraude et elle pille.
Il faut à chaque instant la réprimander. Puis, elle
est mécontente et inquiète de son isolement. Les chefs
s'ennuient de se battre contre « de la canaille arabe ».
L'ennemi n'est pas digne d'eux. Ils se surveillent peu,.

commettent des fautes. Tout le monde est nerveux et agacé. Chacun se dit que c'est en Europe, sur le Rhin, en Italie, que la grande partie se joue. Les bivacs deviennent agités et tumultueux. On sent le néant de cette grande aventure.

Le 16, quatre Maugrabins se glissent à plat ventre dans les citronniers; ils se jettent dans la batterie de gauche, où les sapeurs se croyant protégés travaillent tranquillement. La vue des ennemis qu'ils supposent nombreux les surprend : ils se sauvent tandis que les Maugrabins prennent leurs outils et leurs armes. Deux heures après, d'autres Maugrabins s'emparent d'un chantier dont on les déloge avec peine : le travail est longtemps interrompu.

Dans l'après-midi, nouvelle sortie, mais plus sérieuse. On s'était aperçu qu'une pièce de 8 et qu'un obusier, formant batterie, à droite, étaient trop éloignés et ne portaient pas. On voulut les mettre sur le mamelon où est le cimetière pour les approcher, et quinze sapeurs furent chargés du travail. Le lieutenant Liédat plaça, pour les protéger, des sentinelles sur la crête du mamelon, d'autres sentinelles en bas, près des remparts. Une barque, qui croisait en mer, vit le mouvement et fit des signaux à ceux de la ville. Les Maugrabins sortent un à un, sans être aperçus, parmi les rochers au bord de la côte. Ils sautent sur les sapeurs, qui, encore une fois surpris, se sauvent encore une fois. Pendant ce temps, une centaine d'assiégés tournent le mamelon tandis que d'autres, en plus grand nombre, l'attaquent de face, cachés par les citronniers, et repoussent les sentinelles d'en bas. Le chantier français tombe aux mains de l'ennemi. On appelle les grenadiers de la 32ᵉ demi-brigade.

L'engagement est vif. Les Maugrabins tirent à coup sûr, cachés derrière les pierres tombales. Les grenadiers sont ramenés « avec assez d'ordre ». Il faut que, la nuit tombée, le chef de brigade Sanson, accoure avec douze cents hommes. Nous avons perdu une partie de nos outils.

Les batteries sont enfin prêtes. Au nord, le capitaine Thierry, de la division Bon, doit ouvrir le feu avec les obusiers, qui sont sur la plage. Un bataillon d'infanterie, placé en dehors du prolongement du feu de l'ennemi, se tient prêt à porter secours à Thierry s'il est menacé.

Lannes protège de la même façon, au sud, la batterie de brèche : celle du capitaine Legrand. Là, deux colonnes composées chacune de trois compagnies de grenadiers attendent, pour franchir la brèche dès qu'elle sera ouverte. Derrière elles, deux détachements de sapeurs et d'artificiers sont prêts à pratiquer le logement dans la tour et dans la maison qui s'appuie à elle. L'infanterie légère entrera après : elle se jettera sur le rempart, à gauche, pour s'emparer des casemates de la mer. On tire dix coups par heure et par pièce. La batterie de brèche envoie vingt boulets par heure et par pièce. A sept heures du matin, le feu a commencé.

Vers trois heures et demie de l'après-midi, le bruit court dans les rangs de la division Lannes que les soldats de la division Bon ont trouvé un chemin au bord de la mer et qu'ils sont entrés dans la ville. Aussitôt, les grenadiers demandent l'assaut. Ils craignent de se voir ravir la victoire et le butin. La brèche n'est pas praticable encore : le haut de la tour, seul, s'est écroulé. Peu importe ! Les grenadiers s'avancent.

Bonaparte a la main forcée : il permet l'assaut qu'on donnerait sans lui. Miot, qui le rencontre dans la batterie principale le trouve furieux : on apporte le cadavre d'un officier plein d'avenir, le colonel Lejeune, qui vient d'être frappé d'une balle dans la tête, devant le rempart. La brèche est si mauvaise qu'on applique des échelles. Les grenadiers montent en même temps que les soldats de la 22ᵉ légère. Au bas de la ville, près du port, on entend les coups de fusil de la division Bon. Le sac de la ville commence.

On se croirait à Sour, pendant les massacres de Sélim. Les rues sont ensanglantées, les maisons ; le port se remplit de canots regorgeant de fuyards, de blessés, de cadavres qui échouent sur les rochers.

· Toute l'armée est entrée furieusement avec des cris sauvages ; elle n'épargne rien. « Partout, dit Miot, vous entendez les cris d'une fille qu'on viole et qui vainement appelle à son secours une mère qu'on outrage, un père qu'on égorge. Aucun asile n'est respecté. » Berthier avait chargé Miot de prendre avec lui un détachement de carabiniers et d'aller recueillir les blessés sur la brèche. Les carabiniers abandonnèrent Miot en route pour courir au pillage. Miot resté seul essaye de remplir sa tâche. Il est bousculé et les blessés sont foulés aux pieds des chevaux. Le massacre et l'orgie durent la nuit entière.

A mesure qu'ils ont pris leur butin, les soldats, pour le mettre en sûreté, sortent en tumulte par les portes, maintenant grandes ouvertes. Ils emmènent des chevaux et des mulets. Ils portent des coffres remplis sur leurs épaules. Dans la ville, des meubles, des étoffes, sont épars sur le pavé. Des femmes nues

courent affolées, en criant, enjambant les morts,
s'arrêtant parfois pour chercher à les reconnaître...
Sur le haut de la brèche flotte le drapeau de la division qui, la première, est montée à l'assaut. Bonaparte est assis sur une pièce de canon, dans un pré,
à côté du rempart, seul avec le général Lannes.

Au matin, l'armée épuisée se calma un peu. Mais,
alors, quelle surprise! Dans le désordre de la victoire,
de la boucherie et du pillage, la voix des chefs n'étant
plus écoutée; le commandement n'existant plus, Bonaparte se trouvant oublié sur l'herbe, on a négligé
de visiter l'intérieur des forts et des tours et d'en
prendre possession. On y découvre, avec stupeur,
quatre mille hommes armés, qui, pendant le sac, aba-
sourdis, sont restés là. A la première sommation, ils
se rendent. Parmi eux on reconnaît des Albanais d'El-
Arisch. Mais que faire de tous ces gens-là? Les re-
lâcher en exigeant d'eux qu'ils ne combattent pas les
Français? C'est tout simplement les rendre à Djezzar.
Les faire prisonniers? On ne peut ni les traîner à la
suite de l'armée ni les envoyer en Égypte. Bonaparte
ordonne qu'on les fusille.

Le lendemain, l'exécution a lieu. La division Bon
tout entière forme un immense carré au milieu
duquel est serrée la foule des prisonniers. Le carré
marche au sud-ouest, dans les dunes. Les prisonniers
sont résignés et calmes; cette fois ils comprennent et
ne s'étonnent pas : leurs ennemis victorieux se con-
forment aux usages du pays. Cela leur paraît simple.
Près d'une grande mare d'eau jaunâtre, le carré s'arrête. En route, on avait achevé à coups de baïonnette
quelques blessés qui ne pouvaient suivre. Les officiers
divisent les prisonniers en petits pelotons, et chacun

de ces petits pelotons, escorté et entouré de soldats, se dirige soit vers le bord de la mer, soit vers ces larges entonnoirs que forment entre eux les monticules de sable. Près de la mare, on laisse les cheiks, les agas, les vieillards. La fusillade commence. Elle dure des heures entières : les prisonniers sont horriblement longs à tuer. Blessés, ils se relèvent. Il faut, pour les achever, plusieurs décharges. D'ailleurs la division tire mal. Cette boucherie à froid, qu'elle exécute cependant, la révolte.

Les soldats reviennent par bandes près de la mare. Leurs gibernes sont vides : ils ont épuisé leurs munitions. Les cheiks et les vieillards sont là qu'il faut tuer à l'arme blanche. On hésite.

Miot, qui raconte toute la scène en grand détail, est à ce moment pris de faiblesse. Un des prisonniers, personnage religieux probablement, ne veut pas mourir de la main de ses ennemis; il fait un signe : on lui creuse un trou dans le sable où tranquillement il se couche, puis on rejette sur lui le sable qu'on a enlevé pour faire le trou. Le vent souffle : personne ne peut plus distinguer la place où, vivant, il a été enterré.

Les autres se lèvent avec lenteur. Ils se saluent en portant leurs mains sur leur cœur, sur leur bouche et sur leur tête, et ils attendent la mort. Les soldats chargent à la baïonnette, mais heureusement, par un mouvement instinctif, au dernier moment, les prisonniers se défendent. La lutte est courte, douloureuse, convulsive. Tout est fini, et la division rentre au camp, silencieuse.

Ces amoncellements de morts à l'intérieur de la ville et aux environs, les plaies qui les couvrent, les premières chaleurs qui les décomposent empoisonnent l'air. La peste commence à sévir : le corps des malades se couvre de gros bubons. Tout le monde est épouvanté. Un payeur de l'armée s'enferme dans une maison et refuse de communiquer avec personne autrement que par un petit guichet. Au bout de trois jours il est atteint et il meurt dans sa solitude. On convertit le khan en hôpital. On établit des ambulances dans la ville. Les médecins sont sur les dents. Rien n'arrête le fléau. Les cadavres que fait la maladie s'ajoutent aux cadavres qu'a faits la guerre.

Daumas, pendant ce temps, envoyé par Kléber pour catéchiser Naplouse et la montagne, était parti avec ses proclamations. L'expédition ne fut pas heureuse. On ne trouva personne à qui remettre les papiers, et de plus on reçut des coups de fusil. Engagé dans une gorge où n'existait point de sentier, Daumas se trouvait fort gêné par son artillerie et sa cavalerie, devenues des embarras. Les Arabes, dans des positions inaccessibles, cachés derrière des buissons ou des roches, lui tuaient impunément ses hommes et ses chevaux. Il s'empara pourtant d'un village, mais il ne put y passer que la nuit et, le lendemain, il se vit obligé de revenir. Toujours troublée par la fusillade, sa retraite s'effectua difficilement. Un caisson se renversa. Daumas, en essayant de le sauver, fut grièvement blessé. On le rapporta sur un brancard à Jaffa.

Bonaparte et le quartier général n'en continuèrent pas moins leurs proclamations aux habitants de Jérusalem, aux Druses, aux provinces de Ramlèh, Gaza, Jaffa, Saint-Jean-d'Acre. Toute cette littérature laissait la Syrie assez froide. Personne n'y comprenait ce que voulaient l'armée française et son chef. Si, comme ils le déclaraient, les Français n'avaient pas l'intention de s'établir dans le pays et de le garder, pourquoi faisaient-ils à la fois la guerre au sultan et aux ennemis du sultan? Pourquoi combattaient-ils Ybrahim, révolté contre la Porte, et Dgezzar, généralissime de la Porte? L'Orient ne trouvait pas la clef de ce rébus.

Bonaparte disait aux habitants de Gaza et de Ramlèh : « Ce n'est pas à vous, habitants, que j'ai l'intention de faire sentir les horreurs de la guerre. » Ce qui s'était passé à Jaffa démentait ces paroles pacifiques. Il disait aux habitants de Jérusalem : « Si vous voulez la guerre, je vous la porterai moi-même : je suis terrible comme le feu du ciel. » Il était hors d'état d'aller à Jérusalem avec un si petit nombre d'hommes. Daumas n'avait pu aller à Naplouse. Il disait à Dgezzar : « Je vous ai fait connaître plusieurs fois que mon intention n'était pas de vous faire la guerre... Quelles raisons ai-je d'ôter quelques années de vie à un vieillard que je ne connais pas? » Et cependant il marchait sur Saint-Jean-d'Acre. Toutes les paroles démentaient les actes; tous les actes, les paroles.

Des dispositions militaires furent prises qui valaient mieux que les manifestes diplomatiques, mais toutes restèrent sans effet. Pour commander Jaffa, devenu un point statégique important, puisque la place gardait la route d'Égypte et pouvait, par mer, recevoir des approvisionnements, Bonaparte choisit un militaire distingué, l'adjudant général Grisier. Mais Grisier mourut de la peste. Bonaparte ordonna encore au contre-amiral Perée de sortir d'Alexandrie avec trois frégates et de venir croiser devant Jaffa où devait se rendre un petit convoi apportant à l'armée des pièces de siège et des munitions, qu'on trouvait trop long de faire passer par le désert. Mais Perée ne fit rien avec ses frégates et laissa prendre le convoi par les Anglais.

Regnier, resté en arrière, dut rallier Jaffa, fournir des escortes, et enfin rejoindre l'armée.

Le 24, les divisions Bon et Lannes quittèrent Jaffa pour aller retrouver à Misky la division Kléber. Le lendemain on se mit en route pour Zeta.

A midi, un combat s'engagea qui fut peu heureux. Les Mamlouks d'Ybrahim et des Naplousains commandés par un certain Abdallah, pacha de rencontre qui servait sous Dgezzar, occupaient les hauteurs de Korsoum, sur la droite de l'armée. Tandis que Bon et Kléber se forment en carré et marchent sur la cavalerie, Lannes reçoit l'ordre de couper la droite de l'ennemi et de la rejeter sur Acre.

Les Mamlouks refusent le combat et se retirent; les Naplousains fuient de leur côté, mais la division Lannes s'élance à leur poursuite, au milieu des rochers et des fondrières. L'infanterie légère qui est en avant se trouve compromise. Bonaparte lui ordonne à plusieurs reprises de battre en retraite. Il est trop tard. Les Naplousains se sont arrêtés et, bien embusqués, ils fusillent nos troupes. Celles-ci se retirent en perdant du monde et les Naplousains, qu'on ne réussit pas à attirer dans la plaine, disparaissent sur les hauteurs.

Le soir, on bivaque près de la tour de Zeta, à une lieue environ du champ de bataille. Le 28 on atteint Sabarin; Kléber, avec l'avant-garde, se jette sur Haïffa, au pied du Carmel, à l'extrémité sud du golfe d'Acre, petite place défendue par de bonnes murailles, dominée par un château et où l'on trouve vingt mille rations de biscuits et de riz. Haïffa est un point stratégique important. C'est le seul mouillage sûr pour les vaisseaux qui viennent à Acre. On y laisse le chef d'escadron des dromadaires, Lambert, avec soixante hommes.

Le lendemain, par une brume très épaisse et qui enveloppe toute la plaine, l'armée se porte sur Saint-Jean-d'Acre. Le pont de bois qui traverse le Kherdonné a été rompu. Les soldats pataugent dans des marécages. Heureusement Andréossy remonte le fleuve avec le 2e bataillon de la 4e légère, trouve un gué, et chasse les Arabes disséminés sur la rive droite du fleuve. Pendant la nuit on rétablit le pont, l'armée passe, Bonaparte va camper sur la hauteur que Sélim avait négligé d'occuper autrefois, quand il bloquait Acre, et où, dans une nuit mémorable, Dgezzar avait posté ses canons.

L'enceinte d'Acre, du côté de la terre, consistait en un mur, très épais, présentant deux fronts distincts, qui s'appuyaient tous deux à la mer : celui du sud sur le golfe, celui du nord le long d'une plage. A l'angle saillant des deux courtines ces deux fronts étaient flanqués par une énorme tour bâtie au iiie siècle de l'Hégire par Ahmed-ebn-Touloum qui avait autrefois tenu les croisés en échec et où le génie arabe semblait avoir accumulé toutes ses forces de résistance. Des fortins ou des tours plus petites, au nombre de sept, prenaient ensuite quelques flancs le long des courtines.

Tout auprès de la grosse tour, à l'intérieur, se trou-

.vaient le sérail et le jardin de Dgezzar. C'est dans cette tour que, lors de la révolte, le Kasnadar s'était enfermé avec ses soixante Mamlouks.

L'enceinte était bordée d'un grand fossé que la négligence ou l'ignorance des ingénieurs de Dgezzar avait laissé à sec. Rien n'eût été plus facile, avec quelques travaux, que d'y amener l'eau. Entre ce fossé et le mur, un espace de cent coudées avait été réservé où le pacha s'était fabriqué un jardin. La contrescarpe était revêtue, comme l'armée française devait s'en apercevoir trop tard.

· Un gros fort protégeait l'entrée du port, appelé Bordj-el-Dubban.

La place possédait environ 250 canons grands et petits, des mortiers, des obusiers. Dgezzar avait depuis longtemps renforcé son artillerie, grâce au concours d'un consul d'Angleterre à Alexandrie nommé Baldwin. Ce Baldwin lui avait successivement envoyé : 1200 bombes du poids de 48 ocques ; 4000 boulets, 2 mortiers de bronze et des canons en fer, dont 2 de gros calibre. La garnison était nombreuse : aussi nombreuse, disent quelques documents, que l'armée assiégeante. Cela paraît exagéré. Elle se composait de canonniers et de fantassins turcs, venus de Rhodes, bons soldats, très tenaces derrière des murailles, de Maugrabins, d'Albanais et, enfin de ces Kapsis et de ces Deletis qui toujours avaient formé le noyau des forces de Dgezzar.

Le pacha d'Acre avait alors près de quatre-vingts ans. Mais il avait conservé une extraordinaire lucidité d'esprit et une vigueur incroyable. Il était l'aîné d'Ybrahim. Toujours il menait la même existence et, plus il vieillissait, plus il s'attachait au pouvoir. La

guerre et le péril lui avaient rendu l'énergie de la
jeunesse. Il avait calculé et combiné son plan de campagne mieux qu'il ne l'aurait fait en tout autre temps.
Les historiens ont raconté qu'un moment il avait
songé à abandonner son pachalik et à fuir devant les
troupes françaises : il n'en est rien. Dgezzar, comme
au temps de Sélim, voulait résister à l'ennemi et,
s'il y était contraint, mourir de mort violente dans
sa tanière. C'est Sidney Smith qui l'a accusé de faiblesse et de lâcheté pour s'attribuer tout le mérite
de la défense d'Acre et pour faire plus petite la part
de Dgezzar. Mais la preuve que Sidney n'a point forcé
sa résolution, c'est qu'avant l'arrivée de l'escadre anglaise, le pacha s'était déjà laissé enfermer dans Acre
par Bonaparte.

Pour se défendre et pour vaincre il n'avait jamais
compté que sur ses remparts. Connaissant par les
récits qui lui en étaient faits la campagne d'Égypte,
la tactique supérieure de l'armée française, sa fougue
violente et irrésistible, il avait défendu à ses soldats de
provoquer ou de soutenir le combat. Il voulait, les
connaissant bien, qu'ils se retirassent toujours, sauf
le cas où, comme dans la marche de Daumas sur
Naplouse ou encore comme à la journée de Kersoum,
ils pouvaient attirer l'ennemi dans le piège d'une
gorge étroite ou d'un défilé inaccessible.

A Ybrahim qui commandait les Mamlouks et la cavalerie arabe et à Abdallah qui dirigeait la tourbe des
fantassins indigènes et des mercenaires il avait en
même temps donné l'ordre de tenir la campagne;
de surveiller l'ennemi, de l'inquiéter; de surprendre
ses convois, de tomber sur les traînards.

Ses émissaires avaient soulevé la Syrie et la Palestine. Aux uns ils avaient parlé au nom de la religion, aux autres au nom de leurs intérêts. Ils avaient présenté ici les Français comme les ennemis de Dieu, là comme des conquérants impitoyables qui ne pensaient qu'à s'enrichir. Beschir avait aidé à contenir les Druses toujours hostiles, et le pays était parcouru par des bandes d'assassins qui, dès que les Français s'écartaient du camp, les tuaient et les mutilaient.

Dgezzar se rendait très bien compte qu'en rase campagne il serait vaincu, et il ne voulait point jouer son avenir dans une bataille. Il ne voyait de salut que dans les places fortes. C'est pourquoi, dès le début des hostilités, il avait jeté du monde dans El-Arisch. Fatiguer l'ennemi à des sièges meurtriers ; ralentir sa fougue par de longues haltes devant des murailles, s'aider de la maladie et du climat, lui paraissait la seule tactique propre à lasser le génie de Bonaparte et l'intrépidité de l'armée française.

Tout son effort avait porté sur El-Arisch, sur Gaza, sur Jaffa, sur Haïffa, sur Saint-Jean-d'Acre. Il les avait placés, comme autant de cailloux, sur la route du vainqueur, pour le faire buter. Gaza s'était, il est vrai, rendue ; Haïffa avait été évacuée, mais El-Arisch et surtout Jaffa avaient fait du mal à l'ennemi. Saint-Jean-d'Acre devait briser son élan.

On ne peut refuser à Dgezzar d'avoir bien jugé la situation, d'avoir bien profité de ses avantages, d'avoir bien connu ses adversaires. Sa conception stratégique était sage : le succès l'a couronnée. Il ne livrait rien au hasard. Il faisait bien tête à Bonaparte. Peut-être, sans ses alliés anglais, eût-il succombé, mais, au moins, eût il succombé honorablement.

Il était assiégé depuis deux jours quand Sidney Smith arriva d'Alexandrie, qu'il avait inutilement bombardée. Le commodore hésitait à s'approcher de terre, craignant que déjà Acre ne fût tombé au pouvoir des Français. La vue du drapeau turc le rassura. Il jeta l'ancre dans la rade et se rendit au sérail.

C'est en racontant cette entrevue qu'on a prétendu que Dgezzar voulait fuir et que Sidney l'avait forcé à rester dans la ville. La fausseté de l'anecdote est évidente puisque Dgezzar, s'il l'avait voulu, aurait pu évacuer Saint-Jean-d'Acre quelques jours plus tôt et avant d'y être investi. La vérité est que Sidney trouva le pacha très résolu à soutenir un siège et à se défendre jusqu'à la mort. Sidney, qui a jeté des doutes sur sa résolution, est très suspect dans ses écrits. Il raconte entre autres choses que ses marins, débarqués à Haïffa, ont mis en déroute l'avant-garde de Kléber qui y arrivait. Cette avant-garde, dit-il, était montée sur des ânes et des chameaux, et elle s'enfuit dans le désordre le plus grotesque. Or, l'avant-garde de Kléber s'est emparée de Haïffa deux jours avant que Sidney Smith fût en vue de la côte.

Sidney présenta à Dgezzar M. de Tromelin et Phélippeaux. Ce dernier inspecta aussitôt les remparts et combina ses moyens de défense. A la vue de l'armée française, la haine qu'il avait de son pays, aiguisée par la vieille jalousie qu'il nourrissait contre son ancien camarade de classe, Bonaparte, ressuscita plus violente que jamais. Comme tous les émigrés, Phélippeaux était plus animé contre la France que l'étranger qu'il servait. Avec la lucidité que donnent la colère et le désir de vengeance, il vit tout de suite que les forces de l'assiégeant étaient insuffisantes et qu'avec de l'activité et du travail on pouvait rendre Acre sinon imprenable, au moins bien difficile à emporter d'assaut. Il fallait pour cela ajouter un rempart intérieur à son rempart, construire des retranchements derrière le point attaqué, de telle sorte que l'assaillant, après avoir franchi une première enceinte, se heurtât à une seconde et se trouvât, fusillé de toutes parts, pris comme dans une souricière.

Phélippeaux employa à ces divers travaux les marins anglais et les habitants de la ville d'Acre, réquisitionnés. Puis, son piège tendu, il attendit.

Bonaparte, de son côté, avait pris ses dispositions pour ne point être inquiété par les Arabes d'Abdallah et par les Mamlouks d'Ybrahim qui s'étaient retirés du côté de Damas; il avait fait occuper les châteaux des cheiks de Saphed et de Nazareth. Les marchés de Tannouse et de Kerdhanné lui fournissaient du pain pour ses troupes, et, près du fleuve, une grande maison abandonnée lui servait d'ambulance.

Son premier soin fut de rejeter dans la ville les Maugrabins, épars dans les jardins plantés d'orangers et de citronniers. Il examina la place avec sa lunette et dit qu'elle était aussi facile à prendre que Jaffa. Cependant, la division Bon, campée trop près, reçut un obus qui lui tua deux officiers et fut obligée de se retirer. On se servit, pour s'établir, des fossés encore existant de l'ancienne Joppé, d'un aqueduc qui traversait les glacis et qu'on coupa en plusieurs endroits; enfin d'un petit village, situé sur la gauche, dont on crénela les maisons.

Dommartin et Caffarelli furent chargés de reconnaître la place. Ils ne le purent faire que légèrement et incomplètement, tant le feu des assiégés était vif. La question de savoir si le fossé était revêtu ne fut point résolue. Pourtant le chef de brigade du génie Sanson se glissa la nuit même, à travers les citronniers, jusqu'au bord du fossé, à plat ventre ; il tâta, allongeant le bras, pour savoir s'il rencontrerait la contrescarpe. Mais, à ce moment, une balle lui perça la main. Il eut la force de ne pas jeter un cri et de continuer son travail. Malheureusement, il ne put acquérir aucune certitude.

Le lendemain, on tint conseil dans la tente de Bonaparte. Dommartin émit l'avis qu'avant d'attaquer il fallait attendre l'artillerie de siège qu'une flottille protégée par les frégates de Perée devait amener soit à Jaffa soit à Haïffa. Caffarelli et Bonaparte soutinrent l'avis opposé ; Bonaparte était impatient, il lui répugnait de faire le blocus de cette bicoque. Il pensait en venir à bout rapidement. On lui obéit et l'attaque immédiate fut décidée. Restait un point : par où attaquerait-on ? Fallait-il s'en prendre à la courtine ou à la grosse tour ? Il était évident que la courtine offrait moins de résistance ; que la brèche y était plus facile à pratiquer. La grosse tour était de construction solide, bonne et forte, que des pièces de 3 et de 12 ne pouvaient pas entamer. En outre, on ignorait la profondeur du fossé. Dommartin voulait qu'on battît la courtine. Mais Caffarelli et les autres lui représentèrent que cela serait contraire aux principes. On se décida pour la tour.

Les travaux commencèrent aussitôt et l'on ouvrit la tranchée à 150 toises de la place environ. Prévoyant un siège assez long, les soldats avaient construit des gourbis de feuillage, et les gens des environs leur venaient vendre de l'araki et des fruits. Bonaparte avait recommandé qu'on usât de bons procédés envers eux. Il voulait surtout qu'on se mît bien avec les Druses sur lesquels il continuait à avoir des illusions. « Ce sont les amis des Français, disait-il, ne l'oubliez pas. » Malheureusement, ses ordres n'étaient pas toujours obéis. On volait des chèvres aux montagnards, et Bonaparte se trouva obligé de sévir. Il rendit les officiers responsables des délits commis par les soldats et, comme cela ne suffisait pas encore, il chargea le commandant de la cavalerie de faire la police, à l'intérieur du camp et au dehors. Il dit, dans un ordre du jour : « Le général de la cavalerie sera responsable des pillages qu'il n'aura pas su réprimer. » Et dans un autre ordre du jour : « Les pillards seront fusillés. » D'autre part, il exigea que les cheiks de Zeta, de Tabariêh, de Nazareth et les autres cheiks du pachalik, vinssent « prêter serment au général Bonaparte au lieu et place de Dgezzar ». Ce serment n'empêcha pas plus les cheiks de soulever le pays contre lui que ses ordres du jour n'empêchaient les soldats de rançonner les habitants. On n'arrêtait pas plus les derniers avec une menace que les premiers avec une parole d'honneur.

Il est vrai que les soldats n'étaient pas dans une situation toujours facile. S'ils ne prenaient pas soin de marcher en troupe, ils étaient à peu près certains d'être assassinés.

Dgezzar, de son côté, correspondait quotidiennement avec Jérusalem, Damas et Alep. Complètement maître de la mer, depuis l'arrivée de Sidney Smith, il envoyait ses émissaires dans des barques qui les déposaient sur la plage à peu de distance de la place. On s'aperçut bientôt de ce manège, et les hussards de Murat durent organiser de fortes patrouilles le long du rivage où ils allèrent camper.

Les travaux du siège avançaient, quand le commodore voulut signaler son arrivée par un fait d'armes éclatant. Ayant appris par les espions de Djezzar que Haïffa n'était que peu gardée, et sachant qu'elle renfermait d'immenses magasins de vivres et de munitions de toutes espèces, il dirigea sur elle ses canonnières, espérant s'en emparer ou au moins détruire nos établissements.

Le commandant Lambert était seul à Haïffa avec quatre-vingts hommes, une pièce de 3 et un obusier. Voyant la manœuvre de Smith, il se crut perdu. Laisser un point stratégique aussi important que Haïffa à la garde d'une poignée de soldats était une imprudence incroyable. Lambert prit, néanmoins, toutes ses dispositions pour résister à l'attaque.

Il dissimula l'obusier et la pièce de 3 derrière des rochers, et cacha ses hommes dans des maisons du bord de la mer, décidé à n'agir qu'au dernier moment. Les Anglais tirèrent d'abord contre les tours et les remparts. Personne ne leur répondit. Se croyant alors sûrs de la victoire, ils entrèrent dans le port où l'une de leurs canonnières aborda. Lambert guettait ce moment. Il démasqua son obusier et sa pièce de 3 et se jeta, avec ses quatre-vingts hommes sur les assaillants. La canonnière, dont le commandant, un jeune homme, fut tué, amena son pavillon. Les autres, endommagées, prirent le large. Des prisonniers, complètement ivres d'ailleurs, et un canon restèrent aux mains de Lambert.

Cette victoire, si glorieuse pour le commandant, réjouit fort l'armée, qui, pendant toute la canonnade qu'elle entendait de Saint-Jean-d'Acre, s'était montrée fort inquiète. La prise de Haïffa eût été, pour elle, un désastre.

À quelques jours de là, sir Sidney Smith prit sa revanche. La fameuse flottille, qui apportait des pièces de siège et des munitions tomba entre ses mains, dans les eaux du Carmel, avant de pouvoir atteindre Haïffa. Égarée au milieu d'une brume épaisse, elle alla donner dans l'escadre anglaise et les avisos et canonnières, la *Négresse*, la *Foudre*, la *Marie-Rose*, la *Vierge des Grâces*, les *Deux-Frères* et la *Tauride* amenèrent leur pavillon. Les marins et officiers prisonniers s'engagèrent « à ne plus porter les armes contre l'Angleterre pendant la durée de la guerre ». Une corvette seule échappa qui portait les papiers particuliers et des habits de rechange du général Bonaparte.

Cette capture de la flottille fut en grande partie cause de l'échec ultérieur du corps expéditionnaire. Les canons de gros calibre qu'elle transportait furent menés à Acre et garnirent ses remparts. Sidney Smith avoue dans ses mémoires que, sans le secours de cette artillerie, il aurait sans doute été impossible à Phélippeaux de défendre la place. Les canons français devaient triompher de l'armée française.

Des lettres fort courtoises s'échangèrent après cela, au sujet des prisonniers, entre Bonaparte et Sidney Smith. Sidney signait : « *Votre très humble serviteur*, le ministre plénipotentiaire de S. M. Britannique près la Porte Ottomane » ; Bonaparte disait : « Nous aurons les uns pour les autres les égards que doivent avoir deux nations faites pour s'estimer. » Dans sa correspondance, Sidney Smith faisait valoir qu'il arrachait les prisonniers à son allié Djezzar et qu'il leur sauvait la vie en les gardant·à son bord en dépit du pacha. Dgezzar n'aurait pas manqué de les tuer. Le commodore se piquait de philanthropie, mais l'étalage de ses sentiments humanitaires irritait Bonaparte et nos généraux. Ils y voyaient de l'ironie. Sidney Smith avait toujours l'air de les plaindre, et sous toutes les formes il leur répétait : « Pourquoi faites-vous tuer des hommes dans une entreprise absurde dont vous ne pouvez sortir? »

On lui rendait ses épigrammes. Un jour, en Égypte, il avait envoyé son second au camp, toujours pour un échange de prisonniers. Le second avait été retenu à dîner et, voulant connaître les dispositions de ses adversaires, il dit : « La vie doit vous sembler bien triste, loin de votre pays. Je ne sais à quoi vous pouvez vous amuser. » Sur ce, Bonaparte, le regardant en face : « Vous devez vous ennuyer bien davantage sur vos navires. Je ne vous vois d'autre distraction que la pêche. Pêchez-vous? »

Sidney Smith rêvait de mettre fin à l'expédition d'Égypte et de Syrie et d'obliger Bonaparte à traiter au nom de son armée. Il le voyait pris au piège, loin de la France, dans l'impossibilité d'être secouru. Il croyait le tenir, ne pouvant prévoir son évasion. Plus tard, il reprit son projet avec Kléber, et Kléber traita. Mais le gouvernement anglais désavoua Sidney Smith.

Pour le moment, Sidney avait à son bord un héros prisonnier : Delanelle, lieutenant de dragons. Delanelle, avec une patrouille de sept hommes, avait été environné par deux cent cinquante Arabes de Saphed. Ne voulant pas se rendre, il avait chargé. Les sept dragons étaient tombés autour de lui. Il avait reçu, de son côté, deux blessures. On l'avait garrotté et on l'avait conduit dans un village. On l'avait enfermé dans une maison et on avait placé devant lui les têtes sanglantes de ses sept dragons.

Malgré sa faiblesse, malgré le sang qu'il perdait, Delanelle avait réussi à couper ses cordes et à s'échapper. Dans l'obscurité, il avait marché, cherchant le camp français. Malheureusement, il s'était trompé de route et était tombé, au jour, au milieu de Mothualis qui, par mer, l'avaient conduit à Acre. Dgezzar l'aurait décapité, sans l'intervention de Sidney Smith.

Le commodore avait embossé ses deux vaisseaux, le *Tigre* et le *Thésée*, l'un au nord, l'autre au sud d'Acre. Ils gênaient nos travailleurs par un feu continuel et nous empêchaient de nous établir. Au reste, nos travaux étaient faits à la hâte ; les batteries étaient mal établies, les tranchées n'avaient pas de profondeur. Kléber, quand il s'y promenait, n'était pas à l'abri. Il disait à Bonaparte qui lui arrivait à peine à l'épaule : « Ces tranchées-là sont faites seulement pour vous. » Kléber critiquait très haut toutes les opérations. Il voulait qu'on attendît l'artillerie de siège. Il voulait qu'on battît la courtine et non la tour. Il croyait la place assez forte pour mériter un siège en règle. Il s'emportait contre la manie de Bonaparte de tout brusquer.

Nous nous gardions toujours mal. Le 6, l'ennemi en profita pour faire une sortie furieuse. Dgezzar, tout vieux qu'il était, marcha, la hache à la main, en tête de ses troupes. Elles se ruèrent sur nos ouvrages, mais bientôt, vigoureusement fusillées, elles durent rentrer dans la ville.

Le 28 mars au matin (8 germinal), l'artillerie fut en mesure d'agir contre la place. Nous n'avions pas de pièces de siège : celles de Dgezzar étaient d'un plus fort calibre que les nôtres. Malgré les avis de Dommartin, de Kléber et de quelques autres, le feu commença. Une reconnaissance, faite dans la matinée, avait justement constaté enfin que la contrescarpe était revêtue et, pour l'entamer au vif, il aurait fallu encore deux ou trois jours de travail souterrain : la mine dont Bonaparte avait ordonné la construction étant mal pratiquée et incomplète. Rien n'était préparé pour assurer le succès de l'attaque.

Les sept premières batteries avaient été disposées de la façon suivante : trois pièces de 12 et huit pièces de 8 contre la tour et les ouvrages adjacents; deux obusiers et deux pièces de 8 contre les bâtiments du port; deux obusiers contre le front d'attaque; trois obusiers contre le palais; deux pièces de 12 et de 4 contre les sorties. Tous les postes à la droite de l'aqueduc devaient être relevés par la division Kléber, y compris ceux qui étaient à la batterie de brèche; tous les postes à la gauche de l'aqueduc, composant la batterie du port, par la division Regnier. Bon et Lannes étaient en réserve.

Le général en chef avait ordonné que, lorsque les batteries auraient fait dans les murs une ouverture suffisante, quinze grenadiers de la division Kléber, « d'une bravoure distinguée », et six sapeurs portant des échelles, six ouvriers d'artillerie portant des pioches et conduits par un adjoint à l'état-major général, « s'élanceraient à la brèche » par un chemin indiqué. Cette avant-garde devait être soutenue par trois compagnies de carabiniers derrière lesquelles six ouvriers, avec ce qui est nécessaire pour enfoncer

les portes, ouvrir les créneaux, etc., après marche-
raient les grenadiers de Kléber.

Les deux batteries de gauche, à quatre heures du
matin, essayèrent d'éteindre le feu de tout le front
d'attaque : elles tiraient dix coups par heure. La
batterie de brèche ouvrit le feu à cinq heures. Elle
tirait par salves à raison de dix coups par pièce et par
heure.

Minerve Mailly de Châteaurenaud se promenait
la veille, dans la grande rue du camp, lorsqu'il rencontra Miot. « Vous avez l'air préoccupé, dit celui-ci.
— Mon cher, répondit Mailly, j'ai dans ma poche
mon arrêt de mort... » Berthier l'avait désigné pour
marcher en tête des grenadiers. Le frère de Mailly,
envoyé en parlementaire à Dgezzar, avait déjà eu le
cou coupé par le pacha.

Bonaparte était depuis le matin dans la tranchée,
entouré de son état-major, observant tout avec sa lor-
gnette. Il s'aventura un instant sur un tertre saillant
d'où il embrassait le front d'attaque. Une bombe siffla
et vint tomber à côté de lui. Deux de ses guides le
prirent à bras-le-corps et le sauvèrent. L'un fut tué,
l'autre blessé : ce dernier se nommait Daumesnil.
C'est lui qui, devenu général, défendit Vincennes
en 1814.

Le feu de l'ennemi s'éteignit cependant assez rapidement, quelques pierres de la tour s'écroulèrent, et
vers trois heures et demie, la mine joua, faisant seulement un petit entonnoir dans le glacis. Mais aussitôt une voix s'éleva des parallèles, criant que la contrescarpe était entamée. Il ne fut plus possible, alors,
de retenir les grenadiers. Malgré les officiers du génie
et de l'artillerie, malgré leurs chefs, ils voulurent

monter à la brèche, et Bonaparte, se souvenant du succès de Jaffa, leur ordonna de marcher.

Les voilà qui crient et qui se précipitent. Mailly de Châteaurenaud est à leur tête. Ils arrivent au fossé : il a dix-huit pieds de profondeur sur vingt-six de large; le revêtement n'avait pas été entamé : c'est une surprise. Mais les soldats ne doutent de rien; ils descendent avec des échelles, puis, une fois descendus, ils appliquent les échelles au rempart; les échelles n'arrivent qu'à dix ou douze pieds de la brèche ouverte trop haut.

A ce moment, les grenadiers sont seuls dans le fossé; les autres troupes n'ayant pas d'échelles pour descendre restaient dans les tranchées, évitant le feu de la place qui balayait les glacis.

Malgré tout, les grenadiers entreprennent leur escalade. Ils exhaussent leurs échelles sur des cadavres... Mailly est tout en haut, cherchant un moellon pour s'accrocher, perché sur les épaules d'un soldat. Une balle lui fracasse le pied et il dégringole.

Les canonniers turcs, les Maugrabins épouvantés de cet héroïsme, avaient déserté le rempart. Tout leur semble perdu quand ils rencontrent le vieux Dgezzar qui sort du sérail, un pistolet dans chaque main. « Lâches, leur dit-il, regardez! Ce sont eux qui fuient! » Et, en se retournant, ils aperçoivent la petite poignée de grenadiers qui seule est dans le fossé. Ils reviennent en masse à leurs positions de combat. La fusillade devient intense. Les adjudants généraux Lescale et Laugier sont tués. Les grenadiers, ramenés enfin, entraînent dans leur retraite deux bataillons envoyés trop tard pour les soutenir...

Mailly, tombé, appelle un grenadier à son secours.

Le grenadier l'emporte, mais bientôt, atteint à son tour d'une balle, il culbute. Mailly est abandonné. La nuit vient. De la tranchée, on entend les cris de Mailly dans les ténèbres. Puis, tout à coup, plus rien. Un Maugrabin lui a tranché la tête. Sa plainte est coupée par un couteau.

Cet assaut manqué eut, dans les deux armées, un effet moral extraordinaire. L'armée française commença à douter de la victoire et à murmurer contre son chef. Les Turcs, les Albanais et les Maugrabins de Dgezzar se crurent invincibles. Leur confiance se traduisit aussitôt par un massacre. Tous les chrétiens habitant Acre, Maronites ou Grecs, furent décapités. Nos soldats trouvèrent leurs cadavres enfermés dans des sacs, sur le rivage. La mer les leur envoyait.

Dgezzar tenta une sortie le 30, avec ses Maugrabins et ses Albanais. Ils se ruèrent en hurlant, tout à coup, sur nos travaux, chassèrent le poste dit « du Santon » qui devait protéger nos lignes et s'emparèrent de l'entrée d'une nouvelle galerie de mine et d'un boyau qui se trouvait devant la batterie de brèche. Rampon, à la tête de la 32ᵉ brigade, reprit le « Santon » sans trop de peine, mais l'entrée de la galerie de mine était exposée au feu de la place. Le chef d'état-major du génie, officier d'une haute valeur, de Troye, s'élance avec plusieurs de ses hommes... Il est tué à leur tête.

Enfin Vial fait demander du renfort. On prend les assiégés en flanc et à revers. Ils rentrent dans la ville en désordre.

Nos sapeurs se remettent à l'œuvre, et, malgré les feux des vaisseaux de Sidney, malgré le feu de la place, ils ouvrent de nouvelles parallèles ; ils creusent davantage les tranchées, ils achèvent la mine. Tout est prêt pour un second assaut.

Bonaparte inspecte les tranchées. Son impatience est visible. Il reproche aux officiers d'artillerie l'épaisseur de leurs épaulements et le soin qu'ils mettent à les faire. Cela prend du temps. « Ces officiers de l'École ! dit-il en plaisantant, ils ne peuvent se départir de leurs habitudes ! » Pour lui, Saint-Jean-d'Acre ne vaut pas tant de peine. Pourtant, les canonniers turcs et anglais, qui pointent juste, lui tuent du monde tous les jours. Les parallèles qui traversent un cimetière voisin du fossé sont pleins de cadavres anciens et récents qu'on néglige d'emporter. Kléber, à ce moment, dit de Bonaparte : « C'est un général à dix mille hommes par semaine ! »

Bonaparte ordonne que l'assaut soit donné aussitôt qu'aura joué la mine. Six compagnies de grenadiers de la division Kléber, six de la division Bon, six de la division Lannes sont réunies à midi. Les grenadiers de Régnier garderont la tranchée et empêcheront les sorties. La division Régnier marchera la première après les troupes d'assaut.

L'artillerie a fait brèche dans la tour plus bas que la première fois. Mais les ouvertures ont été barrées par des sacs de coton et des poutres. Bonaparte promet six mille francs à celui qui ira attacher un brûlot à ce barrage. Un canonnier se présente. Il descend seul dans le fossé sous une grêle de balles ; il attache le brûlot qui fait long feu. Peu importe : on livrera l'assaut.

L'explosion de la mine se produit. Comme la première fois, l'effet est à peu près nul. Le signal est néanmoins donné. Tous les grenadiers de l'armée se mettent en marche. Fusillés de toutes parts, ils reculent. On renonce à l'assaut. Il est environ six heures du soir.

Chose curieuse! Pendant qu'on luttait avec tant d'acharnement pour la possession de la grosse tour, Acre était pour ainsi dire ouverte. Non loin de la mer, le fossé où déjà tant de nos soldats étaient morts n'existait plus. Là se trouvait, hors de portée des vaisseaux anglais qui ne la pouvaient protéger, la grande porte en bois de la ville. Cette porte, par où Dgezzar sortait tous les jours avec ses troupes, était seulement fermée, à l'intérieur, par une énorme pierre qu'on roulait contre ses battants. Ainsi, pas de fossé à traverser; une porte à enfoncer d'un coup de poing et l'on entrait dans la place... Rien de plus facile. Cependant, des officiers éminents comme Caffarelli, des officiers d'artillerie comme Dommartin, des hommes de guerre comme Kléber, Lannes, Bon, Murat, Régnier, Junot, un général qui s'appelle Bonaparte, passent et repassent devant cette porte, la regardent tous les jours... elle est là qui leur crève les yeux, pas un ne pense à l'ouvrir! Ils sont tous étrangement dominés par cette idée que pour s'emparer d'une forteresse il faut creuser des parallèles, faire brèche, appliquer les principes de l'École. Est-ce l'effet d'une éducation trop forte qui impose à leur esprit de telles préoccupations que la réalité lui devient invisible? Agissent-ils en gens pressés et irrités qui ne se donnent pas la peine d'étudier les obstacles? La guerre cause-t-elle de ces vertiges aux plus prévoyants et aux plus habiles? Qui le sait? Phélippeaux, surexcité par sa jalousie, va comprendre tout de suite la situation, son premier soin sera de construire des ouvrages extérieurs qui défendront la grande porte et la rendront infranchissable. La haine a parfois des clairvoyances que n'a pas le génie.

Bonaparte s'acharne après la tour. Il faut qu'elle tombe ou qu'elle soit rasée. C'est une idée fixe. « Quand il ne me resterait que quatre grenadiers et un caporal, dit-il en frappant du poing, j'y entrerai ! » En vain Dommartin et Kléber lui disent qu'il vaut mieux faire brèche à la courtine. Il ordonne la construction d'une troisième mine qui doit ébranler l'ouvrage dans ses fondations et le renverser tout entier. C'est un duel à mort entre cette tour et lui.

Sidney et Dgezzar l'irritent davantage encore par leurs excentricités. Dgezzar, qui craint les surprises, ilumine, la nuit, les remparts de Saint-Jean-d'Acre. De grosses lanternes sont rangées en haut des tours, les unes contre les autres, et la silhouette de la ville flamboie dans l'obscurité. Des pots à feu, jetés dans les fossés, éclairent d'une lumière jaune le pied des murailles. Acre assiégée a un aspect de fête foraine. Sidney lance des bordées à tout propos et hors de propos. Tous les jours, à trois heures de l'après-midi, il crible la plage de boulets absolument inutiles. C'est une fantaisie inexplicable : il tire sur le sable. Nos soldats s'en amusent et Bonaparte, qui manque de munitions, offre cinq sous de prime à tout homme qui ramassera un de ces boulets. Aussitôt un jeu s'organise. L'armée tout entière va au bord de la mer faire la chasse aux projectiles. Elle en recueille des quantités prodigieuses. Les soldats courent après et s'en saisissent. Un seul grenadier est atteint : il avait gagné quatre-vingt-cinq francs dans sa journée. Pour s'être trop pressé de ramasser son dernier boulet, il eut le bras fracassé. « Ma foi, dit-il, celui-ci me coûte cher ! »

Cette ironie balistique du commodore ne lui fut jamais pardonnée par Bonaparte. Plus tard, sous le consulat, on lui présenta un midshipman neveu de Sidney Smith. « Je connais votre oncle, lui dit-il. Il tire bien mal le canon. » Le midshipman répondit sans s'émouvoir : « Mon oncle m'en a dit autant de vous. » Mais, sous Acre, Bonaparte rageait. Il s'écriait : « Ce capitaine de brûlots me fait manquer ma carrière ! » Dans une de ses proclamations officielles il traita Sidney Smith de « fou ». Sidney, qui l'apprit par les espions, lui envoya un cartel. La chose finit par des plaisanteries réciproques.

Malgré les bordées incessantes de Sidney, qui tirait même sur des individus isolés, prétendant que tout le terrain à portée de son canon lui appartenait, les projectiles manquèrent si bien au camp, qu'on fut obligé de ralentir le feu. On avait remarqué, d'ailleurs, que les pièces de campagne ne pouvaient rien contre une construction aussi forte que la tour. Il fallait attendre l'arrivée des pièces de siège que Perée devait amener sur ses frégates. Dgezzar voulut profiter de ce moment de répit pour anéantir nos ouvrages.

Le 7 avril (18 germinal), à la pointe du jour, les gens d'Acre sortent, formés en trois colonnes. La chose est sérieuse cette fois. Les équipages anglais, bien armés, marchent en tête. Le commodore et son ami Phélippeaux sont sur le rempart et surveillent l'action. Leur objectif est de détruire la mine dont ils redoutaient les effets.

L'attaque est subite et furieuse. La colonne de gauche s'empare de deux pièces et de deux caissons de l'artillerie des guides ; la colonne du centre, la plus forte, où les Anglais sont les plus nombreux, s'avance vers le masque de la mine et en force l'entrée. Heureusement, le canon des places d'armes les arrête. La colonne de droite plie. A gauche, le capitaine Marin, à la tête de cinquante hommes de la 13e demi-brigade, reprend les caissons et les canons à la baïonnette. Au centre, un mineur abat d'un coup de pistolet l'officier européen qui conduit la troupe de Dgezzar. Le combat s'engage corps à corps. Il dure longtemps. La colonne du centre, enfin rompue, va rejoindre, sous le feu de la place, les débris des deux autres. Nos parallèles comme les fossés sont remplis de morts.

La sortie à peine repoussée, le bruit court dans le camp que l'officier tué au masque de la mine est Phélippeaux. Quelques-uns prétendent l'avoir reconnu. Bonaparte veut s'assurer de la vérité du fait : il veut voir le cadavre. Quelques grenadiers de la 5e demi-brigade consentent à l'aller chercher sous les volées de la place. Ils s'arment de harpons. A grand'peine, dans le tas des morts, ils accrochent celui-là et le tirent à eux. On le porte devant la tente du général en chef qui se penche pour regarder. Il y a de la vendetta dans la brusquerie de ce mouvement involontaire. Mais ce n'est pas son ancien camarade de classe. On fouille les poches. L'officier est anglais. Il se nomme Thomas Oldfield. Le premier, autrefois, il est entré dans la ville du Cap. C'est un homme connu pour son intrépidité. On place son tombeau au milieu des sépultures françaises et on l'enterre avec les honneurs militaires.

Tout allait mal à ce moment. Les émissaires de Dgezzar avaient prêché la guerre sainte à Damas, à Naplouse, à Tabariéh, à Nazareth. « Les Français veulent détruire l'Islam ! » c'était le cri de guerre. Ybrahim et Abdallah, gouverneurs de Damas, rassemblaient des hordes dans la vallée du Jourdain. Sour et Seyda, d'où l'on tirait quelques secours et quelques vivres, se soulevaient. Quant aux soldats français faits prisonniers par Dgezzar, ils avaient été, malgré Sidney Smith, décapités ou coupés en morceaux. On avait promené leurs restes sanglants dans les bazars.

Vial marche sur Sour avec quelques troupes et des Mothualis qu'il a enrégimentés. Sur sa route, il trouve les habitants qui se sauvent épouvantés de l'approche des Mothualis et des Français. Vial les rassure et les fait rentrer dans la ville. Il y rétablit l'ordre et en confie la garde à ses alliés.

Junot reçoit l'ordre de marcher sur Nazareth et Murat de marcher sur Saphed pour observer, disperser s'il est possible, les rassemblements armés d'Ybrahim et d'Abdallah. Saphed est au nord du lac de Tabarièh. Elle commande la vallée du Jourdain à peu près en face du point où se trouve la « digue des filles de Yacoub » ou pont d'Yacoub par où l'on arrive de Damas. Nazareth est à l'ouest, non loin du mont Thabor, entre Haïffa et le bord du lac.

Murat avait avec lui quelques compagnies d'infanterie et une partie du 3ᵉ dragons commandé par le colonel Brau. Il avait emmené Miot, ses deux aides de camp Colbert et Beaumont et enfin le Père Francesco, du couvent de la Propagande au Caire, qu'on respectait beaucoup dans l'armée, qu'on plaisantait sur ses vœux et qui ripostait dans le langage des corps de garde.

Murat marcha droit à l'est, traversa la plaine, et, à travers le plus pittoresque pays du monde, riant avec ses officiers, s'en vint camper à Rhama. « Notre besoin le plus pressant, dit Miot, était de parler de la France et des femmes. » Toute la route fut égayée d'indiscrétions et de confidences. Murat adorait les histoires scabreuses : le Père Francesco lui en racontait. Le lendemain, on arriva à Saphed, mais si vite et si secrètement, que les Maugrabins qui gardaient le château eurent à peine le temps de fuir. On en prit un qui était justement le chef. Le pauvre homme, sûr d'être tué, se mit à pleurer en arrivant devant Murat. Heureusement, Murat n'avait point de férocité dans l'âme. Il s'égaya de la douleur du vieillard qui regrettait, à la fois, la vie qu'il allait perdre et les bijoux que, dans sa tentative de fuite, il avait perdus. Le général les lui fit rendre et le garda près de lui. Il se sentait très joyeux. Les habitantes de Saphed lui avait semblé très blanches, très bien faites et très jolies.

Laissant sa cavalerie à Saphed, Murat descendit, avec un détachement d'infanterie, dans la plaine d'Yacoub. Il ne vit rien ni dans la plaine ni sur le pont. Il laissa une garnison à Saphed, et revint devant Acre. On lui assigna un camp séparé, sur la colline, à l'entrée des gorges.

Murat, loin de Bonaparte, se mit à mener là une vie élégante et paisible. Il était séparé de l'armée, dont il ne partagea jamais ni les découragements, ni les inquiétudes, ni le désespoir. De sa tente, prise aux Mamlouks, et dont la forme permettait d'établir d'agréables courants d'air, il dominait le camp, la ville assiégée, la flotte ennemie, la mer, dont le spectacle toujours changeant l'enivrait. Il avait rapporté de bon vin d'or de la montagne et sa table était recherchée. On s'amusait beaucoup à ses dîners, toujours égayés par de fortes gauloiseries. Il mangeait aux heures de

Paris : à dix heures et à cinq heures. La matinée était consacrée au service. L'après-midi, il allait dans les parallèles pour savoir des nouvelles et causer avec ses camarades. Le soir, il prenait le café sous sa fameuse tente en regardant le soleil se coucher du côté de la France. Mais Murat ne pouvait pas rester longtemps sans se battre. Pour se distraire, de temps en temps, il demandait à servir comme volontaire parmi les grenadiers. C'était les jours d'assaut. Alors on le voyait, en tête des soldats, sauter dans les fossés, se ruer sur les brèches, se jeter au milieu des ennemis, lutter corps à corps contre les Albanais ou les Maugrabins, sabrer, pointer, assommer avec des bonds furieux et des cris extraordinaires, pareil à un chef de l'*Iliade*. Le soir, il rentrait tranquillement chez lui, apaisé. Seul, entre tous les généraux, il se déshabillait complètement pour se mettre au lit. « Ne craignez-vous pas qu'une attaque de nuit vous surprenne en cet état? disait Miot. — Eh bien! répondait-il, je monterais à cheval en chemise et, dans l'obscurité, mes soldats me verraient mieux. »

Le 13 avril, Murat dut repartir, car le bruit courait qu'Ybrahim et Abdallah avaient passé le pont d'Yacoub. La garnison qu'il avait laissée à Saphed avait été assiégée, et quatre de ses hommes, outre un jeune Italien nommé Tedesco, enthousiaste de son général, avaient été pris et décapités. Murat avait environ mille fantassins avec lui et seulement une compagnie de dragons. Il se dirigea droit sur la plaine d'Yacoub, à l'entrée de laquelle il vint bivaquer.

Le lendemain il déboucha sur le terrain plat. A sa droite, près du Jourdain et du pont, on distinguait des cavaliers. A sa gauche, du côté de Saphed, dans la montagne, on entendait la fusillade. Murat hésita un instant, puis il envoya Beaumont avec une compagnie de carabiniers soutenir la garnison de Saphed assiégée et, lui-même, avec sa troupe, il marcha sur les cavaliers dont le nombre avait augmenté considérablement.

Murat forma son corps en deux bataillons carrés, La cavalerie ennemie commença l'attaque. Un Mamlouk, vêtu en Dalmate, vint se faire tuer dans nos rangs. Aussitôt, on battit la charge, et les soldats, la baïonnette au poing, prirent le pas de course : ils avaient vu, de l'autre côté du Jourdain, un camp superbe et qui promettait du butin. Les Arabes se dispersèrent, s'étouffèrent au passage du pont, ou se jetèrent à l'eau. Le camp fut pris. Miot, chargé de s'emparer de tout ce qui pouvait servir à la troupe, trouva sous les tentes une telle quantité de bonbons damasquins et de confiserie, que les soldats, après en avoir rempli leurs poches et leurs havresacs, furent obligés de jeter le reste. Le soir, on brûla tout ce qui était inutile et l'on soupa gaîment, éclairé par l'incendie. Dès l'aube, il fallut repartir et se diriger du côté du mont Thabor où se trouvait la division Kléber. Dans un rapport admirable de netteté et de concision, Murat a raconté son expédition au général en chef. Il y faut noter ce détail : « Les soldats n'ont plus de souliers. »

Pendant que Murat menait à bien son entreprise, Junot, le 6 avril, s'était emparé de Nazareth. Au rapport des espions envoyés de Haiffa par le commandant Lambert, les Naplousains devaient être dans les environs, au nombre de sept à huit mille, sous les ordres de Ghérard Youssef et de Achmet-bey-el-Tockam. Des paysans de Jérusalem étaient venus les joindre et ils attendaient la cavalerie de Damas, commandée par Dinam-Effendi. Junot n'en résolut pas moins de marcher en avant. Il n'avait avec lui que cent cinquante grenadiers du 19ᵉ de ligne, cent cinquante carabiniers de la 2ᵉ légère, commandés par Desnoyers, et cent chevaux (dragons), sous les ordres du chef de brigade Duvivier.

Le petit-fils de Dahers, qu'on utilisait, fut chargé de conduire une avant-garde arabe. Dès qu'il aperçut l'ennemi, il vint prévenir le général et disparut.

Junot s'avance jusqu'à Kanaa Galilea, à l'entrée de la plaine où le cheik l'avertit de ne pas aller plus loin. Mais il ne veut rien écouter : l'ennemi se rassemblait du côté du mont Thabor : il y marche, gardant toujours la hauteur. Bientôt un groupe de Damasquins paraît au sommet d'un mamelon. Duvivier reçoit l'ordre de le tourner tandis que Junot l'aborde de front avec l'infanterie. Les Damasquins, voyant le mouvement, dégringolent aussitôt dans la plaine où Junot les suit.

Pendant cette escarmouche, les forces ennemies ont augmenté, et les Français se trouvent avoir environ mille hommes devant eux. Ils avancent encore, mais voilà que, sur leur flanc, part de Loubiêh une grosse colonne d'Arabes au galop qui tourne et tâche de les prendre en queue. Junot fait faire demi-tour à ses dragons qui reçoivent la charge sur un terrain détestable, semé de rochers et de grosses pierres. Duvivier est héroïque. « Frappez aux yeux ! » crie-t-il à ses hommes, en joignant l'exemple au précepte. Sa cavalerie est cependant ébranlée. Plus de deux mille bédouins, Kurdes, Mothualis, Saphédiens tombent sur la petite troupe. L'infanterie riposte par des feux de file, entourée de tous côtés

Le premier contact avait coûté deux cents morts à
l'ennemi. Il se repose et revient avec plus d'acharnement. Alors s'engagent des combats singuliers. Junot
qui s'est éloigné de la troupe pour juger le champ de
bataille est reconnu à son uniforme et à son grand
plumet. Deux cavaliers fondent sur lui : il tue le premier d'un coup de pistolet et il fend la tête à l'autre
d'un coup de sabre. Teinturier, son aide de camp, célèbre par la façon dont il jouait les rôles d'Arlequin
sur le théâtre du Caire, fait des prodiges ; les maré-
chaux des logis Rousse et Decan tuent tout ce qui se
présente. Un dragon, resté obscur, se jette sur un
porte-étendard arabe. Ils luttent. Leurs chevaux s'a-
battent en même temps sans qu'aucun d'eux vide les
arçons. Enfin le dragon trouve moyen de plonger son
sabre dans le ventre de son adversaire. Il rapporte le
drapeau.

Une seconde fois, l'ennemi est repoussé et laisse
cent cinquante hommes sur le carreau. Mais la troupe
de Junot commence à manquer de cartouches. Le général regagne la hauteur voisine, où « chacun reprend
son rang », faisant toujours feu en arrière. La nuit
arrive et l'on n'est plus inquiété.

Junot rapporte cinq drapeaux et des prisonniers. Il
a eu douze hommes tués, quarante-huit blessés, treize
chevaux tués et quatorze blessés. La nouvelle de ce
combat, éloquemment raconté par lui, arrive au camp
où elle excite l'enthousiasme. Bonaparte en profite
pour transformer cette mêlée en bataille et cette retraite héroïque en victoire. Il lui faut remonter le
moral de l'armée d'Égypte qui s'affaiblit ; il lui faut
faire parler de l'armée d'Égypte à Paris, où il envoie
des courriers qui arrivent quelquefois. Il lance un

ordre du jour pour commander un tableau. « Le général en chef... ordonne : Art. Ier. Il sera proposé une médaille de cinq cents louis pour prix du meilleur tableau représentant le combat de Nazareth. — Art. II. Les Français seront costumés avec l'nniforme de la 2e légère et du 14e dragons. Le général Junot, le chef de brigade Duvivier et Desnoyers y devront figurer. — Art. III. L'état-major fera faire par les artistes que nous avons en Égypte des costumes de Mamlouks, de Janissaires, de Deletis, des Alépins, des Maugrabins, des Arabes, et les enverra au ministre de l'intérieur, à Paris, en l'invitant à en faire différentes copies et à les envoyer aux principaux peintres de Paris, Milan, Florence, Rome et Naples et à déterminer l'époque du concours et les juges qui devront décerner le prix. » Le concours eut lieu. Gros obtint le prix, mais son esquisse ne fut jamais exécutée.

L'aventure de Junot prouvait qu'il existait des forces sur le Jourdain qui pouvaient, à un moment donné, devenir inquiétantes. La tactique de Bonaparte consistait à aller toujours au-devant du danger. Dès qu'il eut commandé son tableau, il ordonna à Kléber de se porter sur Nazareth.

Kléber suivit à peu près la même route que Junot, qu'il rejoignit. Il campa à Nazareth, s'avança vers la plaine du côté de Loubich où l'ennemi était toujours en force, et arriva devant Chagaràh. Là, des troupes armées parurent sur toutes les crêtes environnantes et Chagaràh se trouva remplie de piétons belliqueux. Kléber s'empara de Chagaràh et fit charger la cavalerie, qui évoluait autour du village, à la baïonnette. Tout se dispersa en un instant et s'éparpilla du côté du Jourdain. Kléber aurait tué beaucoup de monde s'il avait

eu des munitions suffisantes. Il s'arrêta, faute de cartouches. Chose remarquable et triste! jamais les
troupes françaises ne sont approvisionnées! Bonaparte
n'a pas de munitions, Kléber n'en a pas, Murat n'en a
pas, Junot n'en a pas. On se croirait en 1870.

Après ce combat qui porta le nom de « combat de
Kana », parce que c'est de Kana que Kléber avait dé-
bouché, le général se replia sur Nazareth. Le rassemblement était dispersé, mais l'affaire n'était pas finie.
En Orient, c'est toujours ainsi. On disperse les armées
sans jamais les détruire. Un choc violent les fait évanouir, mais elles se reforment le lendemain. Elles ont
quelque chose des mirages du désert. A mesure qu'on
approche, elles se dissipent pour reparaître plus loin.

Trois jours après, le rassemblement qu'on appelait
l'armée des pachas, et qui s'était enfui jusqu'à Tabarièh d'une part, jusqu'au Jourdain de l'autre, se retrouva, plus nombreux, à Khan-ayoun-el-Touggar,
non loin de Loubièh, à peu près au même endroit
qu'auparavant. Il y avait là les Mamlouks d'Ybrahim,
les tribus errantes·des petits bédouins, des Bachibou-
zouks, des Maugrabins à cheval et à pied, des Alépins
et des Damasquins, des Mothualis venus de la plaine
de la Beka, des Albanais, des Kourdes, et tout le ramassis de gens sans aveu que la guerre ballottait d'un
bout à l'autre de la Syrie : dix-huit à vingt mille hommes environ.

Khan-ayoun-el-Touggar, khan de la fontaine des
marchands, est dans un coin de la plaine d'Esdrelon,
à l'ouest du Jourdain, dont il est peu éloigné, au nord
du mont Thabor distant de trois lieues environ, au
sud de Loubièh, au sud-est et à une bonne journée et
demie de marche de Saint-Jean-d'Acre. Les Arabes

appellent aussi cet endroit « le Bazar », c'est-à-dire
le marché. Au moment où le rassemblement l'occupait, le 14 avril (25 germinal), il présentait encore
l'aspect d'un de ces grands marchés qui se tiennent
sur les limites du désert : inextricable chaos de tentes
diverses, les unes en toile verte, les autres en peaux,
celles-ci carrées, celles-là pointues et rondes ; grands
feux de cèdres dont les fumées bleues montent minces
et droites dans le ciel ; troupeaux immenses de dromadaires et de chameaux qui bossuent l'horizon ;
chevaux entravés paissant sur trois jambes ; longues
théories de femmes revenant des puits avec des urnes
rouges sur la tête ; pêle-mêle de moutons et de bestiaux ; Arabes vêtus seulement de tuniques en toile,
la tête rasée qu'ombrage une touffe de cheveux laissée
au sommet du crâne ; Kourdes vêtus de manteaux écarlates ; Mothualis habillés de blanc ; Maugrabins enveloppés de burnous ; Mamlouks aux pantalons larges,
aux bottes énormes, à la petite veste et aux gilets mul-
tiples ; fantassins, jambes nues, armés de fusils, de
tromblons, de kandjiars ; çà et là, quelques cuirasses
moyen âge et des casques où les épées des soldats de
Philippe-Auguste ont laissé des entailles ; quantité de
drapeaux flottant au vent ; des lances de roseau garnies de plumes d'autruche fichées en terre ; de loin
en loin, des fantasias enveloppées de poussière qui se
croisent au milieu du pétillement des pistolets : bruit
énorme fait de vagissements, de bêlements, de hen-
nissements, de beuglements, de hurlements, de chansons, de disputes et de cris.

Kléber prévint Bonaparte et marcha là-dessus, renforcé par de la cavalerie et quatre pièces de canon. Il
comptait tourner le rassemblement et le surprendre ;

mais, égaré encore une fois, comme au début de la campagne, il n'arriva qu'après le lever du soleil et fut signalé par les Arabes placés en vedette sur le Djebel-Hamann. Le rassemblement grouilla comme une fourmilière et prit les armes.

Kléber s'empara d'un petit fortin où il laissa cent hommes avec Vinoux, qui devait lui servir d'ambulance pendant le combat et de point d'appui en cas de retraite. Puis, ayant formé deux carrés, éclairés par des tirailleurs répandus sur leurs fronts, il déboucha dans la plaine. Il était au centre du premier carré; Junot au centre du second. Il avait avec lui deux mille hommes.

Quatre à cinq mille cavaliers se détachèrent aussitôt du rassemblement et vinrent fondre sur la petite troupe. Kléber s'arrêta et disposa devant ses carrés, comme Bajazet à Nicopolis, des pieux reliés entre eux par des chaînettes de fer. Ses soldats exécutèrent des feux de file très nourris. Les ennemis tombèrent en masse et s'enfuirent. Kléber eut ainsi deux remparts : ses chaînettes et des cadavres d'hommes et de chevaux.

Une seconde et une troisième charge succédèrent à la première, sans plus de succès. Vers dix heures du matin, Kléber reconnut que le carré de Junot était trop petit pour contenir les caissons et les équipages dont il avait la garde. Il donna l'ordre de former un seul carré. Malgré tous les efforts de l'ennemi Junot exécuta son mouvement avec une précision admirable. Les charges de cavalerie recommencèrent.

Les heures passaient. On se battait toujours, et les mêmes épisodes se renouvelaient, monotones. Les cavaliers mamlouks, arabes, kourdes, mothualis, se jetaient sur le carré, s'efforçaient de l'enfoncer, faisaient cabrer leurs montures, déchargeaient leurs armes, repartaient au galop et revenaient plus nombreux. Nos soldats mouraient de faim et de fatigue. A la longue, leurs munitions s'épuisaient. Les cartouches manquaient aux fusils, les gargousses aux canons. On ne tirait plus qu'à bout portant. La chaleur était accablante. Il fallait songer à la retraite.

A une heure de l'après-midi, tout à coup, le canon retentit du côté d'Acre. Un cri courut toute la division : « C'est Bonaparte! »

Bonaparte était parti le 15 avril avec la division Bon, laissant devant Acre Lannes et Régnier. Il se trouvait alors sur les hauteurs où il permettait à ses troupes de reprendre haleine. De là, le spectacle était curieux. On voyait dans un coin de la plaine, presque imperceptible, le petit carré de Kléber, assailli par des cavaliers, entouré de cadavres au-dessus desquels voletaient des fumées grises et des éclairs de sabres, puis, plus loin, le rassemblement avec son aspect ordinaire, ses troupeaux, ses fantasias, ses dormeurs couchés devant les tentes, ses longues files de femmes allant aux puits, ses drapeaux verts ou rouges qui, dans l'immobilité de l'atmosphère, pendaient le long de leurs hampes de roseau.

Bonaparte déboucha à son tour sur le terrain plat, son armée formée en trois carrés : deux d'infanterie, un de cavalerie. La cavalerie, sous Leturc, eut ordre de marcher sur le rassemblement. Quant aux carrés d'infanterie, ils devaient former, avec celui de Kléber, les trois sommets d'un triangle équilatéral de deux mille toises de côté où la cavalerie ennemie et combattante se trouverait enfermée. De la sorte, on lui coupait la retraite sur Tabariêh et on ne lui laissait d'autre ressource que de s'aller noyer dans le Jourdain. La figure de Bonaparte rayonnait à ce moment. Il allait sauver le plus violent de ses ennemis : Kléber!

Mais Kléber ne voulait pas être sauvé comme cela. Entendant Bonaparte, il change de tactique et passe de la défensive à l'offensive. En face de lui se trouve le village de Souleyn, occupé par des Maugrabins et des Deletis. Il y envoie Verdier à la tête de quatre compagnies détachées du carré et Junot qui prend le commandement d'un piquet de dragons. Le village, au moment où Bonaparte arrive, est enlevé à la baïonnette. Alors Bonaparte envoie Vial à la montagne de Nouse ; les guides à pied à Genyn pour couper la retraite aux musulmans, tandis que Rampon, avec la 32e demi-brigade, prend l'ennemi, délogé de Souleyn, à revers et à dos. Le rassemblement culbuté par la cavalerie, ne sachant plus par où s'échapper, se dissout et s'éparpille pris de vertige. Hommes, femmes, troupeaux, dromadaires, chevaux, Mamlouks, Mothualis, Kourdes, bédouins, se choquent, s'entassent, se culbutent, dans des mêlées inextricables. La plus grande masse roule derrière le mont Thabor, poursuivie par la fusillade. Nos soldats s'acharnent après elle. La nuit arrive et elle court toujours, jusqu'au Jourdain qu'elle remplit de ses cadavres.

Six mille Arabes sont tués ; cinq cents chameaux capturés ; trois villages incendiés.

Pendant ce temps, Murat a descendu le long du lac. Il a pris sans coup férir Tabariêh où se trouvaient d'immenses magasins. Maintenant on peut être tranquille du côté de l'est, grâce à ce qu'on appelle la bataille du mont Thabor. Bonaparte revient à Acre et laisse Kléber, avec sa division, surveiller le cours du Jourdain. Ventura, l'interprète de l'expédition, orientaliste distingué et homme de ressources, meurt de la fièvre à Nazareth. C'est une perte immense pour l'armée. Mais on a bien le temps de songer aux morts! Les hordes de bédouins, rassemblés sur le mont Carmel, pillent nos convois et assassinent nos soldats. Leturc est envoyé contre eux avec trois cents hommes. Il exécute plusieurs razzias, massacre les guerriers et ramène au camp huit cents bœufs.

Tout est à peu près tranquille devant la ville assiégée. On a appris que Lambert, qui commande à Haïffa, a capturé avec ses dragons une galiote turque comme déjà il avait capturé une canonnière anglaise. L'amiral Perée a enfin réussi à débarquer à Jaffa trois pièces de 24 et six de 18. Les frégates françaises poursuivies par le *Thésée*, capitaine Miller, lui ont échappé grâce à un accident. Les projectiles du *Thésée* rangés sur la dunette se sont enflammés et lui ont endommagé l'arrière. Ce hasard a sauvé Perée.

Cependant, le camp est inquiet. Pendant l'absence de Bonaparte un personnage mystérieux est arrivé. C'est un envoyé du Directoire, chargé de nouvelles de France, à qui le hasard a permis de débarquer à Damiette. Il vient d'Égypte à franc étrier. Tout le monde l'a interrogé, mais il n'a voulu rien dire. L'expression de son visage est triste et préoccupée. Que se passe-t-il en Europe? Que deviennent la République et l'armée? La guerre a-t-elle éclaté, et quelle en a été l'issue? L'homme est muet. Diplomate, il se retranche derrière le secret professionnel. C'est seulement au général en chef qu'il peut parler. On attend. Enfin, rentre la division Bon, et Bonaparte en tête, avec son état-major. Le soleil est couché. Les officiers se groupent dans la grande rue du camp. L'entrevue doit avoir lieu immédiatement et, après, à coup sûr, Bonaparte donnera des nouvelles. Les regards sont tournés vers sa tente éclairée où l'on voit deux grandes ombres immobiles. Jusqu'à minuit, l'entretien se prolonge à voix basse : alors Bonaparte soulève la porte de toile ; tout le monde se presse autour de lui. Il fait signe qu'on le laisse en paix.

Bonaparte se promène à travers le camp et machinalement se dirige vers les parallèles. On voit de loin sa silhouette qui se détache sur les murailles illuminées par Dgezzar : il s'arrête en haut d'un tertre près d'un grand pan de mur auquel il s'appuie. Il rêve. On vient de lui apprendre les désastres de l'Italie et du Danube : Schérer battu, Macdonald taillé en pièces, Moreau en retraite, Joubert tué, les frontières menacées ; il sait le Directoire faible, méprisé, attaqué, calomnié, haï, les Chambres divisées, les royalistes puissants. Au milieu de tous ces vaincus, il se trouve seul intact. Il regarde les vaisseaux de Sidney, la bicoque qui l'arrête ; nos petites batteries impuissantes ; toute sa fantaisie orientale s'évanouit. Il se tourne vers la France. Le 18 brumaire lui apparaît.

L'armée reste dans l'ignorance de ce qui s'est passé, mais elle soupçonne des catastrophes : l'attitude et le mutisme de son chef la stupéfient. Elle remarque aussi qu'à partir de ce moment il est plus nerveux, plus agité, plus irrité, plus violent, plus décidé à sacrifier du monde. La terre lui brûle les pieds. Il lui faut se débarrasser de l'Orient.

Le lendemain, Berthier ordonne secrètement de

préparer ses appartements au Caire. Le bruit de son
retour en France court dans les rangs.

D'ailleurs la Syrie lui est fatale. Ses lieutenants les
plus éminents sont frappés. Caffarelli vient de mourir.
Il était à la tranchée, tranquillement, le bras appuyé
à un épau'ement, disent les uns, le poing sur la hanche
disent les autres, quand une balle lui fracassa le coude.
Il poussa un cri et tomba, souffrant horriblement mais
n'ayant rien perdu de son sang-froid. Larrey, en l'exa-
minant, à l'ambulance, déclara nécessaire l'amputa-
tion. « J'ai déjà laissé ma jambe gauche devant Luxem-
bourg, je laisserai mon bras droit devant Acre, dit
Caffarelli, cela rétablira l'équilibre. » Sa jambe ab-
sente avait déjà inspiré cette plaisanterie aux soldats :
« Il est bien heureux, celui-là, il est toujours sûr d'a-
voir un pied en France. » L'opération réussit et l'on
put croire que tout irait bien, quoique Caffarelli dissi-
mulât mal d'horribles souffrances morales. Son chef
d'état-major, qu'il avait protégé et qu'il aimait et esti-
mait beaucoup, Horace Say, frère de Jean-Baptiste Say,
venait d'être frappé lui aussi, et agonisait sous sa tente,
de l'autre côté du camp. Caffarelli se reprochait sa mort
et il était obsédé par cette idée que, sur quinze officiers
du génie qu'il avait amenés avec lui, dix étaient hors
de combat. Il s'écriait : « Pauvre Say! pauvres jeunes
gens! c'est moi qui les ai entraînés! C'est moi qui les
ai fait tuer devant cette bicoque! » Sans doute, il s'accusait en secret d'avoir trop aveuglément appuyé les
avis du général en chef, relativement à la grosse tour
et au plan d'attaque. S'il avait résisté, lui, commandant du génie, combien de malheurs eussent été évi-
tés! Il croyait sentir peser sur lui toute la responsa-
bilité du siège. On raconte que Bonaparte, qui allait

tous les jours le voir et qui le savait un de ses dévoués, eut cependant une scène violente avec lui. Que put-il dire à ce malade aigri par sa blessure, et par ses chagrins?... Une fièvre nerveuse survint après cet entretien à laquelle les médecins ne purent remédier.

Ses derniers instants furent admirables. Il retrouva du calme et se mit à discourir, avec ses amis, sur l'économie politique qui le préoccupait beaucoup. La mort interrompit le dialogue. Toute l'armée le pleura, et Bonaparte dit avec raison, dans une proclamation funèbre : « L'armée perd un de ses plus braves chefs, l'Égypte un de ses législateurs, la France un de ses meilleurs citoyens, la science un homme célèbre. » Avant de rendre l'âme, il avait reçu de Junot une très noble et très touchante lettre, datée de Nazareth et qui se terminait ainsi : « Salut et admiration. »

Le payeur de l'armée achète aux soldats la vaisselle d'argent prise à la bataille du mont Thabor dans les tentes des Mamlouks, et l'on prépare un nouvel assaut. L'armée commence à se démoraliser un peu et à douter de son chef. Elle est mal nourrie. Le pain qu'on fabrique dans les moulins de Tannouz est pâteux et gluant comme de la colle; le jour on est piqué des scorpions; la nuit les chacals viennent rôder jusque dans les parallèles remplies de cadavres en décomposition, qu'on n'enlève plus. La dyssenterie, dont tout le monde se ressent, affaiblit les courages, la peste éclaircit les rangs. Les soldats, quand ils ne se sentent pas surveillés, désertent la tranchée et le travail. Ils abandonnent leurs outils que, dans ses sorties, l'ennemi ramasse. Les anciens officiers de l'armée du

Rhin, qui se trouvent là, raillent l'ancien général en chef de l'armée d'Italie. Des odeurs de pourriture remplissent le camp.

La table de Bonaparte est triste. Personne n'y parle plus. Un jour, pour ramener la gaîté et pour dire quelque chose, Bonaparte se tourne vers un de ses convives : « Que diable, dit-il, nos femmes font-elles en France, pendant que nous sommes ici? » Personne ne répond.

On travaillait toujours à la grande mine, et Phélippeaux mettait ce temps à profit. Protégés par le feu de la place, les matelots anglais avaient pu défendre la porte d'Acre par des constructions extérieures. Ils avaient levé des cavaliers et marché en contre-attaque sur nos propres ouvrages. Devant les remparts d'Acre s'élevaient des défenses nouvelles rendues chaque jour plus formidables.

La grande mine fut enfin prête. Vingt et un jours on y avait travaillé malgré le manque d'air, les bombes, le feu de la place. Elle se composait de deux fourneaux, espacés de huit pieds, chargés de six cents livres de poudre chacun, et, sous le glacis, à trois pieds de la galerie principale, d'un globe de compression chargé, lui, de quinze cents livres de poudre. On attendait un effet effroyable de l'explosion.

Elle eut lieu le 24 avril au matin, et d'abord on crut tout Acre par terre. Un nuage de poussière s'éleva si grand et si large que la ville y disparut. Peu à peu, tout cela tomba; on revit les remparts, et la déception fut cruelle. Le tiers à peine de la tour avait croulé. La face gauche, les courtines de droite et de gauche existaient encore : à proprement parler, il n'y avait pas de brèche. L'explosion, disait-on, avait été absorbée par un souterrain qu'on ne connaissait pas. Néanmoins, croyant avoir épouvanté la garnison, Bonaparte ordonna l'assaut. Sur les décombres qui remplissaient le fossé, quinze carabiniers de la 2e de ligne s'élancèrent au pas de course, en avant-garde. Quatorze tombèrent mortellement atteints : un seul revint : Lablachée, né à Pocquericourt (Oise). Le reste des troupes n'osa plus avancer.

Bonaparte ne voulut pas qu'on restât sur cet échec. Manqué le matin, l'assaut dut recommencer à trois heures de l'après-midi. Mais Phélippeaux avait placé sur la plate-forme de la tour, qui existait encore presque entière, des soldats turcs qui pouvaient nous fusiller sans être atteints. En vain notre pauvre artillerie, bien inférieure à celle de la place, lance projectile sur projectile ; la division Bon, ayant à sa tête les 18e et 32e demi-brigades, oscille et recule sur les décombres où le matin déjà sont tombés les carabiniers. Bonaparte, qui suit les mouvements, appuyé à l'épaulement d'une batterie, est pris d'un accès de désespoir : il tire l'épée et se précipite. Mais deux guides le retiennent à bras-le-corps. « Grenadiers, crie-t-il, avancez ou retirez-vous! » Le général Vaux, qui s'était jeté en tête des tirailleurs, tombe, à ce moment, frappé d'une balle. La division rentre dans ses lignes.

Toute la journée du lendemain, l'artillerie continua son feu, tâchant de faire brèche et de débusquer l'ennemi du haut de la tour. Celle-ci, à demi ouverte, entourée de décombres, démembrée par la mine, noircie par les explosions, hérissée de poutres et de ballots de laine qui dissimulaient ses blessures, protégée par des constructions élevées dans les fossés par Phélippeaux, avait un aspect tragique. Des fumées noires se traînaient à sa base éclaboussée de sang, et, çà et là, on apercevait des cadavres français décapités.

Alors les assauts se confondent et il devient impossible de les séparer. Le capitaine du génie Brulé meurt en montant à la brèche. A six heures du soir, des grenadiers de la 32ᵉ demi-brigade avec leur capitaine Laplane, grimpent sur les décombres, escaladent les pierres et parviennent au premier étage de la tour. C'est un cul-de-sac. Ils sont là, enfermés sous une rotonde, fusillés par en haut, sans apercevoir d'autre issue qu'un petit escalier, où l'on ne peut passer qu'un à un et qu'ils bouchent de leurs cadavres. Ils crient et demandent des échelles. Morel, lieutenant du génie, accourt avec douze sapeurs. Il applique des échelles sur le flanc droit de la tour et, seul, il arrive au second étage que l'ennemi vient d'évacuer. C'est encore une pièce sans issue ; mais en descendant le petit escalier, Morel aperçoit les Turcs qui, dans le fossé, roulent des ballots de laine pour faire une caponnière, et prendre à revers la brèche et les grenadiers qui sont dans la tour. Au milieu des balles et des pots à feu, il revient avertir le général en chef. Le lieutenant Fuseaud prend sa place de combat en tête des sapeurs : il est tué. Bonaparte ordonne la retraite et, appelant le mineur Liédat dans sa tente, il va combiner l'établissement de nouveaux fourneaux.

Fuseaud, jeune homme de dix-huit ans à peine, s'était lié d'une amitié passionnée, comme il arrive parfois à la guerre, avec l'ingénieur Favier. Ils logeaient dans la même tente et l'armée les appelait « les inséparables ». Favier avait suivi Fuseaud au bord du fossé et, le voyant tomber, sans rien écouter, malgré les balles qui pleuvaient autour de lui, il était allé chercher ce cher cadavre et il l'avait rapporté, fou de douleur, sur ses épaules, hurlant des imprécations contre Bonaparte. On enterra Fuseaud, et Favier se coucha sursa tombe, « grattant la terre, disent les rédacteurs de l'*Histoire de l'expédition d'Égypte*, comme s'il eût voulu encore embrasser son ami ». Un jour, Bonaparte se promenant avec le médecin Desgenettes sur le front de bandière du camp, passa devant la tente de Favier. Celui-ci, écumant, l'apostropha devant les soldats et, dans un paroxysme de rage, l'insulta. Bonaparte resta calme et, se tournant vers Desgenettes : Voyez-vous, dit-il, cette gorge qui se gonfle, ces yeux qui luisent comme des charbons ardents, ces membres qui se tordent... C'est ainsi qu'un peintre devrait représenter Alexandre après la mort de Clitus. » Desgenettes donna de l'opium à Favier qui se calma. Mais l'effet produit sur l'armée fut déplorable. L'indiscipline y fermentait et le prestige de Bonaparte s'évanouissait.

Phélippeaux, qui d'abord n'avait songé qu'à la défensive, prit l'offensive peu à peu. Le duel s'engagea entre Bonaparte et lui, duel scientifique et militaire, à coups de combinaisons tactiques et de calculs. Après avoir défendu la porte d'Acre, Phélippeaux poussa des lignes de contre-approche de façon à prendre à revers les tranchées des assaillants et à se ménager des « flancs » sur le front d'attaque. Bonaparte, que le manque de munitions neutralisait et qui souvent était obligé de cesser le feu faute de poudre, riposta en construisant des cavaliers de tranchée, en établissant des traverses dans les deuxième et troisième parallèles, des places d'armes et des boyaux qu'il opposait à ceux de l'ennemi. Il fit retoucher les bat-

teries qu'il avait d'abord trouvées élevées avec trop
de soin; il les fit fermer à la gorge pour résister avec
plus d'avantage aux sorties. Enfin, il établit des « fou-
gasses » qui permettaient d'entrer dans les travaux
ennemis, Français et Turcs n'étant parfois séparés
que par deux ou trois toises de terrain.

Malgré tant d'efforts, Phélippeaux avançait toujours
et devenait plus menaçant. Ses ouvriers protégés par
la tour et le rempart travaillaient en sécurité. Il était
maître du terrain. Le 1er mai, il avait poussé si loin
ses ouvrages que, lorsque les grenadiers se présentèrent à la brèche, ils furent pris à revers par un boyau
creusé dans le fossé et fusillés à bout portant. L'assaut échoua encore. Cette fois cependant l'armée
était pleine d'espérance : les canons de 24, amenés à
Jaffa par l'amiral Perée, venaient d'être mis en batterie.

Dgezzar, pendant ce temps, continuait ses sorties.
Il en fit une, ce jour-là, mais malheureuse. Cinq
cents de ses Maugrabins furent culbutés et jetés à
la mer.

Bonaparte tint conseil. A la suite de tant et de
si douloureux échecs, on reconnut qu'on aurait dû
suivre, dès le principe, l'avis de Dommartin; que la
tour était imprenable; que, fût-elle prise ou rasée,
elle ne donnait pas accès dans la ville; que tout ce
qu'on avait fait jusqu'alors ne servait à rien, et qu'il
fallait se tourner vers la courtine, la battre en brèche
et la faire sauter. On décida, aussitôt, un changement
dans les batteries et l'établissement d'une nouvelle
mine.

Phélippeaux s'aperçut vite du danger et il s'empressa d'avancer sa sape de droite de façon à empê-

cher les assaillants de communiquer de leur nouvelle mine avec la tranchée. Bonaparte ordonna une attaque nocturne pour détruire les ouvrages de Phélippeaux. Les grenadiers se précipitèrent à ce nouvel assaut avec furie ; ils encloubrent trois pièces de canon, massacrèrent les Albanais et les Turcs ; mais ils ne purent se maintenir, écrasés par le feu de la place. En se repliant, ils abandonnèrent un soldat qui, ayant grimpé sur le retranchement, se trouvait au milieu des ennemis, seul et sans secours. Les pots à feu, la lueur des canons l'éclairaient, et on le voyait debout sur une crête, le sabre à la main. Quatre Turcs tombèrent sur lui à la fois. Il parait leurs coups sans reculer, ayant derrière lui le vide. Mais se voyant prêt d'être atteint, il prit un de ses adversaires à bras-le-corps et le lança dans le fossé ; puis il cassa la tête à un second et les deux autres s'enfuirent. Alors il cria : « Vive la République! » et s'en alla. C'était un guide du nom de Rostaing.

Le jour où devait avoir lieu l'explosion de la nouvelle mine arriva enfin, mais les soldats de Phélippeaux débouchèrent par la sape, sur le masque de mine, et s'en emparèrent. Quand on les délogea, les châssis étaient détruits et le puits comblé.

On pensa, alors, à une attaque de l'artillerie avec les pièces de 24 arrivées de Jaffa. Après tant de déceptions on ne croyait plus aux mines ; on voulait en finir vite ; Bonaparte ne songeait qu'à enlever la place par un coup de force et à revenir en Égypte. Malheureusement, il fallait attendre un convoi de poudre qui, lentement, arrivait de Gaza. Des compagnies d' « éclaireurs », qui plus tard devinrent des « voltigeurs », furent formées d'hommes d'élite. Elles devaient marcher en tête des troupes, dans les assauts, comme les grenadiers.

Dans la nuit du 6 au 7 mai, les ouvrages de Phélippeaux devenant de plus en plus dangereux, on fut obligé de tenter encore un assaut de nuit. Avant d'aborder le rempart, il fallait maintenant prendre les places d'armes extérieures de l'ennemi et les tranchées qui flanquaient la brèche. Les soldats marchèrent avec moins d'ardeur que de coutume : beaucoup se défilèrent et l'attaque manqua d'ensemble. Le feu de la place éclaircit les rangs des assaillants. Il y eut une panique. Des blessés restèrent, abandonnés sur le terrain.

Le lendemain matin, Miot sortait de la tente de Murat, après déjeuner, quand il fit remarquer à ses amis une voile qui pointait à l'horizon. Il en vint avertir le général en chef et le camp tressaillit de joie. A la première voile en avait succédé une seconde, puis une troisième, puis trente voiles étaient apparues. Qu'était-ce que cette flotte, sinon celle que le Directoire devait envoyer au secours de l'armée d'Égypte? N'avait-elle pas touché à Alexandrie et, ayant appris que Bonaparte était devant Acre, n'arrivait-elle pas avec des secours? Une autre flotte n'aurait-elle pas été arrêtée par Perée, qui devait tenir la mer? Ces espérances parurent, un instant, se justifier. On vit Sidney Smith lever l'ancre, rallier ses canonnières et, suivi du *Thésée*, prendre le large.

La déception fut cruelle. Bientôt Sidney hissa son pavillon. La flotte en vue hissa les siens : c'étaient des pavillons turcs. Un convoi amenait à Dgezzar, sous le commandement de Hassan-Bey, le régiment des Chychlys et d'autres renforts.

Si Bonaparte laissait à ces nouvelles troupes le temps de débarquer, Acre était perdu pour lui. Il ordonna l'assaut pour le soir. A dix heures, la division Bon commença l'attaque et ce fut, cette fois, avec furie. Rampon et Vial marchèrent à la tête des troupes. On grimpa sur les décombres, on se jeta à travers les tranchées ennemies; on se fit des épaulements de cadavres; on s'empara de la tour dont on occupa les étages supérieurs. Les grades se mêlèrent dans cette obscurité héroïque, dix-sept officiers de la 13e demi-brigade et son chef Boyer furent tués. Le jour vint sans cependant que nous pussions entrer dans la place. Mais les batteries se mirent à démolir la courtine de telle sorte que, vers deux heures de l'après-midi, Berthier annonça à Bonaparte l'ouverture d'une nouvelle brèche. Elle n'était pas large, offrant seulement passage à trois hommes de front et présentant un dos d'âne au milieu de deux murs de cinq pieds d'épaisseur. Bonaparte ordonna encore l'assaut. Il ne voulait pas laisser reposer l'ennemi. La division Bon, épuisée par le combat de la nuit, céda la place à la division Lannes, qui se fit précéder par cinq cents grenadiers ou éclaireurs commandés par Rambaud. Bonaparte, dans l'ordre d'assaut, avait dit que les troupes logées dans la tour attaqueraient, au moment où l'on arriverait sur la brèche, un ouvrage extérieur qui en défendait la droite; que les bataillons de tranchée se porteraient sur les places d'armes de l'ennemi de façon qu'il ne pût pas prendre nos colonnes à revers. Rien de tout cela ne fut fait. On commençait à ne plus obéir. On était las.

Cependant, le lieutenant Boyer, de la 13e demi-brigade, avec trente hommes, escalade la brèche et plante le drapeau sur le terre-plein du rempart. Rambaud et ses grenadiers le suivent; on les voit un instant entre les créneaux, puis ils disparaissent et, au milieu d'une grande fumée qui les enveloppe, ils plongent de l'autre côté, dans la ville. Acre est prise! Le bruit en court partout. Bonaparte félicite Bon dans la tranchée où il le rencontre. La 69ᵉ demi-brigade, conduite par son plus vieux commandant, parce qu'elle a perdu son chef, monte à la brèche pour soutenir Rambaud. Elle arrive à son tour sur le terre-plein. Mais on a oublié de la renforcer par des sapeurs; des blessés qui remontent de la ville, disent qu'on est tombé dans un piège et qu'une fortification intérieure empêche d'avancer. Ils répandent l'alarme. Des volées de coups de fusil partent des remparts. La 69ᵉ hésite. Elle n'ose descendre et aller rejoindre Rambaud. La 13ᵉ demi-brigade, qui venait à la rescousse, s'arrête, derrière elle, sur les décombres; un piétinement prolongé amène l'inquiétude. Les lignes de fantassins oscillent et reculent. Lannes, furieux, tire son sabre, et s'avance à travers la colonne, jusque sur le rempart, bousculant ses hommes, criant : « En avant! » Une balle le frappe à la tête et il tombe.

Les ordres de Bonaparte n'ayant pas été exécutés, les Turcs et les Anglais ont pu venir vers nous, tranquillement, le long des remparts, dans le fossé couvert par les fortifications de Phélippeaux. A ce moment ils débouchent autour de la brèche et prennent la colonne assaillante en flanc et en queue. Les guides envoyés par Bonaparte pour lui porter secours arrivent trop tard : elle est déjà disloquée et rompue. Elle se réfugie dans la troisième parallèle. Le capitaine Digeon a été à demi enseveli sous les décombres; l'adjudant général Renard a été renversé d'un coup de pierre. Murat, qui se battait en volontaire, est couvert de sang ennemi.

Cependant, Rambaud, dans la ville, s'était d'abord jeté sur une batterie de mortiers cachée derrière les premières maisons. Il l'avait enlevé à la baïonnette, puis il s'était trouvé enserré entre le sérail, des murs, des habitations percées de meurtrières et reliées entre elles dont Phélippeaux avait fait une sorte de seconde enceinte. Il avait dépêché son aide de camp au chef de la 69e pour lui dire de se hâter, puis il avait continué l'attaque au milieu de la fusillade qui pétillait autour de lui.

La garnison décimée et épouvantée avait reculé. Mais Sidney Smith venait de mettre à terre tous ses équipages et se hâtait de débarquer les hommes d'Hassan-Bey. Accourant sur le lieu du combat, il avait rencontré Dgezzar le sabre au poing, qui, disait-il, « voulait mourir avec ses amis les Anglais ». Cependant, entre eux, s'était élevée une dispute violente. Sidney demandait à jeter ses marins dans les jardins du sérail d'où ils pouvaient facilement fusiller Rambaud, et Dgezzar, se souvenant de la trahison de ses femmes, refusait absolument. Dgezzar finit par céder. Pendant ce temps, Hassan-Bey accourt avec le régiment des Chychlys.

Rambaud continuait ses escalades. Il avait forcé la seconde enceinte. Les grenadiers s'arrêtèrent et crièrent : « Victoire! » Ils s'aperçurent alors, en se retournant, que la 69e ne les appuyait pas et ils se virent entourés. La route qu'ils avaient suivie était barrée.

Rambaud et ses hommes se résignèrent à mourir.

Une obscurité plane sur cette mort. On dit qu'ils s'emparèrent d'une petite mosquée et qu'ils s'y défendirent pendant deux heures. Le vrai, c'est que tous furent massacrés. Un seul survécut, sauvé par Sidney, qui, plus tard, l'employa comme domestique.

Il faut rendre justice au commodore : il fit tous ses efforts pour empêcher ce dénouement. Il envoya des officiers pour demander à nos grenadiers de se rendre, mais ces officiers furent écartés du massacre, à grands coups de sabre, par les Turcs d'Hassan-Bey. C'est ainsi que MM. Yves et Jones et le colonel Douglas reçurent de graves blessures.

La division Régnier était exténuée; la division Bon était décimée, la division Lannes avait perdu son élite; Bonaparte, exaspéré, songea à Kléber qui toujours occupait Nazareth et lui ordonna de revenir. Seul de toute l'armée, doué de l'entêtement prodigieux qui a été une des causes de sa grandeur, il croyait encore à la possibilité de prendre Acre, sans artillerie suffisante et presque sans munitions. Kléber rallia ses brigades et accourut.

La peste sévissait alors sur l'armée. Sous la tente, dans la tranchée, sur le champ de bataille, les soldats étaient subitement atteints et tombaient à terre, convulsionnés. D'ordinaire ils se sentaient un malaise profond, puis d'intolérables douleurs de tête; des bubons leur venaient aux aines et aux aisselles; le délire arrivait ensuite, et les rendait fous. Des hommes traversaient le camp, en chemise, et allaient se jeter à la mer. D'autres s'affaissaient et refusaient de bouger. La face se décomposait; les lèvres se contracturaient et la langue pendait, tuméfiée et roussâtre, hors de la bouche toute pleine d'une salive gluante et épaisse.

Les ambulances étaient pleines, comme aussi les hôpitaux où l'on évacuait les malades : Haïffa, Jaffa, le Mont-Carmel. Les morts qu'on enterrait étaient déterrés par les chacals. Le fléau emporta cinq médecins : Auriol, Vallet, Davèvre, Saint-Ours, Bruant. En ces circonstances, Desgenettes fut héroïque. Il nia la peste, et pour rassurer les soldats, il s'inocula à l'aine et à l'aisselle le pus d'un bubon où il avait trempé sa lancette.

On ne connaissait point de remède au mal. D'ailleurs on manquait de médicaments. Le pharmacien en chef n'en avait point apporté. Il avait chargé ses chameaux avec du vin et des liqueurs fortes qu'il vendait très cher aux soldats. Bonaparte, sans l'intervention assez inexplicable des médecins, l'aurait fait fusiller. Les infirmiers étaient des bandits étrangers.

Au moment de partir pour l'Égypte, chose à peine croyable! on les avait pris dans les bagnes de Gênes, de Civita-Vecchia et plus tard de Malte. Ils dévalisaient les malades, les tuaient quelquefois pour prendre leur argent.

Les miasmes rendaient dangereuses toutes les blessures. Les cas de tétanos se multipliaient. Les mouches bleues de Syrie déposaient leurs larves dans les plaies qui devenaient grouillantes. Les suppurations étaient infectes; les gangrènes décomposaient le sang. Dans leurs fusils, les soldats de Dgezzar mettaient toujours deux balles reliées entre elles par une tige de fer. Cela les rendait mortelles. Larrey n'avait pas un instant de repos, et ses aides se faisaient blesser ou tuer chaque jour sur le champ de bataille.

Pendant toute la journée du 9 mai (20 floréal), Bonaparte fit agrandir la brèche par son artillerie; mais, de son côté, Phélippeaux construisit à l'intérieur de la ville, là où Rambaud avait passé, des redoutes très fortes que le canon seul pouvait détruire et qui se trouvaient hors de la portée du canon. Le 10 mai, Bonaparte arriva dans la tranchée à deux heures du matin, pour combiner son attaque et reconnaître le terrain. Les éclaireurs des quatre divisions avaient été commandés, les carabiniers de la 2ᵉ légère; les grenadiers des 75ᵉ et 19ᵉ demi-brigades. Le général en chef passa sur le front des troupes, parlant aux soldats, donnant des poignées de main, montrant la brèche, excitant les courages par des mots brefs et violents.

Le général Verdier, qui commandait l'assaut, s'élança le premier. Les troupes suivirent. On conquit le rempart. Mais alors on se trouva au milieu du piège tendu par Phélippeaux. La fusillade venant de partout assaillir les assaillants, il fallut battre en retraite.

A quatre heures du soir, les grenadiers de la 25ᵉ demi-brigade demandèrent à renouveler l'assaut. Ils venaient de Nazareth avec Kléber. Venaux, qui était leur chef, dit à Murat : « Si ce soir Acre n'est pas prise, Venaux sera mort. »

Kléber voulut commander en personne, et cet assaut fut le plus furieux de tous. Jamais les assiégés n'avaient tiré si juste et avec plus de rapidité. Jamais les assaillants n'avaient été emportés d'un élan pareil.

La 25ᵉ se jette sur la brèche au milieu d'une explosion. La mitraille qui vient des parallèles de Phé-

lippeaux semble sortir de terre ; le fossé est plein
de crépitements et de pétillements ; les soldats disparaissent dans une tempête dont il semble qu'en marchant ils font craquer les tonnerres. Des éclats de fer
jaillissent çà et là ; Bonaparte qui se trouve dans la
batterie de brèche est renversé, et Berthier, le re-
cevant dans ses bras, le croit mort. La fumée cache le
rempart et recouvre le fossé où l'on entend les hurlements de la lutte. On n'aperçoit plus que la figure
colossale de Kléber, debout sur le rebord d'un mur,
éclairé par les bombes qui crèvent autour de lui,
frappant sa cuisse de son sabre nu et hurlant des
ordres.

La 25ᵉ a franchi le rempart et elle se trouve
enfermée dans les murs de l'enceinte intérieure.
L'adjudant général Fouber est mort ; le chef de bataillon Croisier, aide de camp du général en chef,
est mort ; Pinaud, officier d'état-major, est mort ;
Gerbaud, officier d'état-major, est mort ; Roussel-
Montpont est mort ; Nithervood, aide de camp de
Kléber est mort ; le général Venaux est mort ; le général Bon a reçu un coup de feu dans le bas-ventre :
il agonise.

Bonaparte fait un geste brusque : il ordonne la
retraite. Tout est fini. Il renonce à prendre Saint-
Jean-d'Acre.

A ce moment, un capitaine d'artillerie, son parent,
Arrighi, depuis duc de Padoue, tombe frappé d'une
balle et l'éclabousse de son sang. « C'est un homme
mort, dit Bonaparte, qu'on l'emporte. » Il monte à
cheval, revient au camp ventre à terre, se précipite
dans sa tente, aplatit son chapeau d'un coup de
poing sur la table et demande sa musique. Pendant

qu'elle joue, il se promène dans la grande rue, remuant les bras, les mains crispées.

Le lendemain, il envoya un parlementaire à Dgezzar pour demander à enlever les morts. Le parlementaire, d'abord reçu à coups de fusil, pénétra ensuite dans la place. Dgezzar répondit par une sortie générale qui fut repoussée. Le 16 mai, Dgezzar recommença. Toutes les milices turques, tous les Maugrabins, tous les Albanais fondirent sur le camp conduits par Hassan-Bey, Soliman-Aga et les officiers anglais. Murat, qui combattait en volontaire, tua de sa main plusieurs Turcs. Dgezzar fut battu. Mais, ô surprise! le combat fini, on trouva nos parallèles, un instant envahies, pleines des proclamations de la Porte, qui invitaient les soldats français à conclure la paix avec l'Angleterre. C'était une dernière plaisanterie de sir Sidney Smith.

Dgezzar tenta encore deux sorties qui, toutes deux, furent également repoussées. Bonaparte usa ses dernières munitions sur la ville qu'il incendia ou détruisit en partie; il fit jeter à la mer ses caissons, ses canons de siège, tout le matériel qu'il ne pouvait emporter, puis il adressa à ses troupes cette proclamation célèbre où, après leur avoir rappelé leurs exploits, il leur annonce que le but qu'il se proposait est rempli.

A neuf heures du soir, le 20 mai, la retraite commence. Lannes est en tête de sa division, porté sur un brancard; la division Bon vient ensuite, commandée par Rampon, qui remplace son chef tué à l'ennemi; après, marche la division Régnier. Kléber, posté près du fleuve, ne doit se mettre en mouvement qu'après les autres. La cavalerie de Murat est rangée en bataille dans la plaine, pour protéger, s'il est besoin, le mouvement.

Dans l'obscurité, au bord de la mer, l'armée file silencieuse et muette, vers Tenthoura, où elle jettera à la mer ses derniers canons, vers Oum-Khaled qu'elle devra incendier, vers Jaffa où l'attendra la peste, vers le désert où la soif fera de nouvelles victimes, escortant son jeune chef, vaincu pour la première fois et emportant avec elle ses rêves de domination orientale, les débris de son empire écroulé.

Le lendemain matin, Dgezzar monta sur le rempart et passa sa tête entre les créneaux. Il vit Acre entourée d'une ceinture de pourriture humaine, la campagne déserte, et il demeura immobile, stupéfait de cet évanouissement.

Après le siège d'Acre, Dgezzar ne voulut pas se mêler à la guerre que la Porte continua. Il donna de l'argent pour équiper des soldats au grand vizir Youssef, lorsque celui-ci traversa la Syrie pour aller se faire écraser à Héliopolis. Ce fut tout. Phélippeaux mourut de la peste, près de lui, dans la ville qu'il avait défendue.

En 1801, le colonel Sébastiani fut chargé par Napoléon d'une mission auprès de Dgezzar. Il se rendit à Acre, accompagné de M. Jaubert. La ville était restée telle qu'elle était après le siège, hérissée de boulets français, pleine de ruines. On y vivait dans la terreur, sous la main de fer du pacha.

Dgezzar habitait toujours son sérail. M. Jaubert le trouva dans le jardin, seul, assis sous un palmier près d'une treille. Sa barbe était devenue blanche et rare. Il portait des vêtements sordides. Un vieux schall crasseux lui servait de turban. Il reçut fort mal

l'ambassadeur. « Que me voulez-vous? Venez-vous
encore exciter ma colère? Ne savez-vous pas que
Dgezzar, immobile comme un bloc de marbre, résiste
à ses ennemis? »

Puis il ajouta : « J'ai toujours aimé les Français.
Pourquoi m'ont-ils déclaré la guerre? Néanmoins je
les admire depuis que je les ai vus de près. » A ce
moment, il s'anima, et le vieux hâbleur bosniaque
reparut. « Dans un des assauts, un de vos généraux,
Mourad (il voulait dire Murat), monta jusque sur
mes murailles. Là, il se défendait comme un lion
furieux. J'aurais pu le tuer, mais je me contentai de
lui couper son grand plumet. Et je l'écartai de la
brèche. Mais tout est fini, maintenant. La paix est
faite. Nous n'avons pas besoin de traiter. »

Il demanda ensuite au colonel Sébastiani : « Crois-
tu que la mort de chaque homme est arrêtée à
l'avance? Moi, je le crois. Je ne t'offre pas même à
boire, parce que tu te croirais empoisonné. Je te fais
asseoir à côté de moi, c'est beaucoup, car je ne per-
mettrais pas cette familiarité au grand vizir Youssef
qui est borgne. Si je te reçois mal, écoute cet apolo-
gue : Un noir avait trouvé dans le désert un coin de
terre, ombragé de palmiers où coulait une source.
Un voyageur passa qui lui adressa le salam. L'esclave
répondit : « Que la malédiction de Dieu soit sur ta
tête! » Il eut raison. S'il avait répondu aimablement,
le voyageur se serait arrêté et il aurait pris sa part de
l'ombre des palmiers et de l'eau de la source. Adieu!
Je suis maître chez moi et je gouvernerai la Syrie,
jusqu'à ma mort, depuis l'Oronte jusqu'à l'embouchure du Jourdain. »

Dgezzar mourut en 1808, entouré de la vénération

de son peuple. On lui dressa un tombeau dans la
mosquée; on le considéra comme un saint et, mort,
il fit des miracles. Il avait désigné pour son successeur, son vieil esclave, l'enfonceur de portes, Soleïman son bien-aimé.

FIN

TABLE

Paris. — Typ. G. Chamerot, 19, rue des Saints-Pères. — 21992.

9 782019 134822